桐朋高等学校

〈収録内容〉

便利な DL コンテンツは右の QR コードから

解答用紙　過去年度　非対応 リスニング

⇒

※データのダウンロードは 2025 年 3 月末日まで。
※データへのアクセスには、右記のパスワードの入力が必要となります。 ⇒ 839384

〈合格最低点〉

2024年度	154点
2023年度	165点
2022年度	136点
2021年度	155点
2020年度	163点
2019年度	141点
2018年度	154点
2017年度	157点

本書の特長

実戦力がつく入試過去問題集

- ▶ 問題 …………… 実際の入試問題を見やすく再編集。
- ▶ 解答用紙 …… 実戦対応仕様で収録。
- ▶ 解答解説 …… 詳しくわかりやすい解説には、難易度の目安がわかる「基本・重要・やや難」の分類マーク つき（下記参照）。各科末尾には合格へと導く「ワンポイントアドバイス」を配置。採点に便利な配点つき。

入試に役立つ分類マーク

基本 確実な得点源！
受験生の 90%以上が正解できるような基礎的、かつ平易な問題。
何度もくり返して学習し、ケアレスミスも防げるようにしておこう。

重要 受験生なら何としても正解したい！
入試では典型的な問題で、長年にわたり、多くの学校でよく出題される問題。
各単元の内容理解を深めるのにも役立てよう。

やや難 これが解ければ合格に近づく！
受験生にとっては、かなり手ごたえのある問題。
合格者の正解率が低い場合もあるので、あきらめずにじっくりと取り組んでみよう。

合格への対策、実力錬成のための内容が充実

- ▶ 各科目の出題傾向の分析、合否を分けた問題の確認で、入試対策を強化！
- ▶ その他、学校紹介、過去問の効果的な使い方など、学習意欲を高める要素が満載！

解答用紙ダウンロード 解答用紙はプリントアウトしてご利用いただけます。弊社ＨＰの商品詳細ページよりダウンロードしてください。トビラのＱＲコードからアクセス可。

UD FONT 見やすく読みまちがえにくいユニバーサルデザインフォントを採用しています。

桐朋 高等学校

普通科
生徒数　947名
〒186-0004
東京都国立市中3-1-10
☎042-577-2171
中央線国立駅、南武線谷保駅
各徒歩15分

充実した施設を持つ恵まれた環境 選択科目主体の高レベル授業で 東大ほか難関大学に多数合格

URL	https://www.toho.ed.jp/

プロフィール　豊かな個性を育む中高一貫校

1941（昭和16）年、山水育英会を母体に、第一山水中学校を設立。その後、1948年に桐朋中学・高等学校となった。一人ひとりの人間を大切にし、豊かな個性と自主の精神を育む“人間教育”が創立以来の基本方針。「自主的態度を養う、他人を敬愛する、勤労を愛好する」を教育目標に、豊かな心と高い知性を持つ創造的人間の育成を目指している。

環境　静かな文教地区に充実した教育施設

文教地区国立市のほぼ中央に位置し、一橋大学や国立高校が隣接している。23000坪の敷地に小学校から高校までの校舎と広いグラウンドを配し、それら施設全体が武蔵野の名残をとどめる林に囲まれている。2014年に共用棟・高校棟、2015年に中学棟の新校舎が完成。コンピュータ教室・理科実験室・プラネタリウム・音楽室・美術室などの特別教室や体育館やプール、さらに約6万5千冊の蔵書がある図書館や視聴覚室、食堂など施設も充実。

カリキュラム　選択科目の充実で生徒の進路に対応

各人の志望や適性が活かせるよう、必修科目と選択科目がバランスよく配置されている。各教科は「必修」「必修選択」「任意選択（２年次より）」に分かれ、学年が上がるにつれて選択の幅が広がり、３年次には選択科目主体のカリキュラムになる。さらにいくつかの科目で段階別授業を採用。２年から３年にかけての授業では実践的な問題演習も増え、授業に沿って学習を進めることによって、大学進学に見合う学力をつけていく。

「文武両道」という言葉が似合う生徒たち

学校生活　高校からは私服通学もＯＫ

生徒の自主性を尊重し、クラブ活動は自由参加である。陸上部、テニス部、スキー部、卓球部、将棋部囲碁班が全国大会に、水球部、スキー部が関東大会に、野球部、サッカー部、バレーボール部など多くのクラブが都大会に出場している。

「行事は生徒が創る」が本校の方針。すべての行事が生徒の委員会を中心に企画され実行されていく。たとえば２年次の修学旅行ではクラスごとにコースを決めたりする。６月の桐朋祭（文化祭）は最大の行事で、テーマを掲げ全員参加を目指し、委員たちが奮闘する。

[運動部]　体操、バレーボール、陸上競技、ソフトテニス、卓球、バスケットボール、野球、サッカー、柔道、水泳、剣道、空手、バドミントン、ラグビー、スキー、ワンダーフォーゲル、サイクリング、オリエンテーリング、ゴルフ

[文化部]　生物、地学、化学、ESS、社会、美術、文芸、音楽、交通研究（鉄道研究班・赤とんぼ班）、将棋、囲碁、コンピュータ、コーラス、ルーツミュージック・ソサエティ、パズル、クイズ研究

[同好会]　釣り、なわとび、菜園、数学、写真、オカルト研究会、ボードゲーム

自分のために自分で選んで自分で学ぶカリキュラム

進路　難関大学に進学抜群の合格実績

合格実績は首都圏でもトップクラスで、毎年、東大や一橋大、東京工業大などの国公立大をはじめ、早稲田大、慶應義塾大などの難関私立大へ、多数の合格者を輩出している。

2023年度は、東大７名、一橋大７名、東京工業大３名など国公立大に73名、早稲田大52名、慶應義塾大43名、中央大47名など私立大に564名が現役合格した。

2024年度入試要項

試験日　2/10
試験科目　国・数・英

募集定員	受験者数	合格者数	競争率
約50	244	154	1.6

過去問の効果的な使い方

① **はじめに**　入学試験対策に的を絞った学習をする場合に効果的に活用したいのが「過去問」です。なぜならば，志望校別の出題傾向や出題構成，出題数などを知ることによって学習計画が立てやすくなるからです。入学試験に合格するという目的を達成するためには，各教科ともに「何を」「いつまでに」やるかを決めて計画的に学習することが必要です。目標を定めて効率よく学習を進めるために過去問を大いに活用してください。また，塾に通われていたり，家庭教師のもとで学習されていたりする場合は，それぞれのカリキュラムによって，どの段階で，どのように過去問を活用するのかが異なるので，その先生方の指示にしたがって「過去問」を活用してください。

② **目的**　過去問学習の目的は，言うまでもなく，志望校に合格することです。どのような分野の問題が出題されているか，どのレベルか，出題の数は多めか，といった概要をまず把握し，それを基に学習計画を立ててください。また，近年の出題傾向を把握することによって，入学試験に対する自分なりの感触をつかむこともできます。
　過去問に取り組むことで，実際の試験をイメージすることもできます。制限時間内にどの程度までできるか，今の段階でどのくらいの得点を得られるかということも確かめられます。それによって必要な学習量も見えてきますし，過去問に取り組む体験は試験当日の緊張を和らげることにも役立つでしょう。

③ **開始時期**　過去問への取り組みは，全分野の学習に目安のつく時期，つまり，9月以降に始めるのが一般的です。しかし，全体的な傾向をつかみたい場合や，学習進度が早くて，夏前におおよその学習を終えている場合には，7月，8月頃から始めてもかまいません。もちろん，受験間際に模擬テストのつもりでやってみるのもよいでしょう。ただ，どの時期に行うにせよ，取り組むときには，集中的に徹底して取り組むようにしましょう。

④ **活用法**　各年度の入試問題を全問マスターしようと思う必要はありません。できる限り多くの問題にあたって自信をつけることは必要ですが，重要なのは，志望校に合格するためには，どの問題が解けなければいけないのかを知ることです。問題を制限時間内にやってみる。解答で答え合わせをしてみる。間違えたりできなかったりしたところについては，解説をじっくり読んでみる。そうすることによって，本校の入試問題に取り組むことが今の自分にとって適当かどうかが，はっきりします。出題傾向を研究し，合否のポイントとなる重要な部分を見極めて，入学試験に必要な力を効率よく身につけてください。

数学

各都道府県の公立高校の入学試験問題は，中学数学のすべての分野から幅広く出題されます。内容的にも，基本的・典型的なものから思考力・応用力を必要とするものまでバランスよく構成されています。私立・国立高校では，中学数学のすべての分野から出題されることには変わりはありませんが，出題形式，難易度などに差があり，また，年度によっての出題分野の偏りもあります。公立高校を含め，ほとんどの学校で，前半は広い範囲からの基本的な小問群，後半はあるテーマに沿っての数問の小問を集めた大問という形での出題となっています。
　まずは，単年度の問題を制限時間内にやってみてください。その後で，解答の答え合わせ，解説での研究に時間をかけて取り組んでください。前半の小問群，後半の大問の一部を合わせて50％以上の正解が得られそうなら多年度のものにも順次挑戦してみるとよいでしょう。

英語

　英語の志望校対策としては，まず志望校の出題形式をしっかり把握しておくことが重要です。英語の問題は，大きく分けて，リスニング，発音・アクセント，文法，読解，英作文の5種類に分けられます。リスニング問題の有無(出題されるならば，どのような形式で出題されるか)，発音・アクセント問題の形式，文法問題の形式(語句補充，語句整序，正誤問題など)，英作文の有無(出題されるならば，和文英訳か，条件作文か，自由作文か）など，細かく具体的につかみましょう。読解問題では，物語文，エッセイ，論理的な文章，会話文などのジャンルのほかに，文章の長さも知っておきましょう。また，読解問題でも，文法を問う問題が多いか，内容を問う問題が多く出題されるか，といった傾向をおさえておくことも重要です。志望校で出題される問題の形式に慣れておけば，本番ですんなり問題に対応することができますし，読解問題で出題される文章の内容や量をつかんでおけば，読解問題対策の勉強として，どのような読解問題を多くこなせばよいかの指針になります。
　最後に，英語の入試問題では，なんと言っても読解問題でどれだけ得点できるかが最大のポイントとなります。初めて見る長い文章をすらすらと読み解くのはたいへんなことですが，そのような力を身につけるには，リスニングも含めて，総合的に英語に慣れていくことが必要です。「急がば回れ」ということわざの通り，志望校対策を進める一方で，英語という言語の基本的な学習を地道に続けることも忘れないでください。

国語

　国語は，出題文の種類，解答形式をまず確認しましょう。論理的な文章と文学的な文章のどちらが中心となっているか，あるいは，どちらも同じ比重で出題されているか，韻文(和歌・短歌・俳句・詩・漢詩)は出題されているか，独立問題として古文の出題はあるか，といった，文章の種類を確認し，学習の方向性を決めましょう。また，解答形式は，記号選択のみか，記述解答はどの程度あるか，記述は書き抜き程度か，要約や説明はあるか，といった点を確認し，記述力重視の傾向にある場合は，文章力に磨きをかけることを意識するとよいでしょう。さらに，知識問題はどの程度出題されているか，語句(ことわざ・慣用句など)，文法，文学史など，特に出題頻度の高い分野はないか，といったことを確認しましょう。出題頻度の高い分野については，集中的に学習することが必要です。読解問題の出題傾向については，脱語補充問題が多い，書き抜きで解答する言い換えの問題が多い，自分の言葉で説明する問題が多い，選択肢がよく練られている，といった傾向を把握したうえで，これらを意識して取り組むと解答力を高めることができます。「漢字」「語句・文法」「文学史」「現代文の読解問題」「古文」「韻文」と，出題ジャンルを分類して取り組むとよいでしょう。毎年出題されているジャンルがあるとわかった場合は，必ず正解できる力をつけられるよう意識して取り組み，得点力を高めましょう。

数学

出題傾向の分析と合格への対策

●出題傾向と内容

本年度の出題は，大問6題，小問17題で例年通りである。問題の量，質にほとんど差はなく，出題形式，問題内容も似通っている。

出題内容は，[1]が，式の計算，因数分解，平方根，[2]は，2次方程式，関数，確率の小問群で，[3]は速さの文章題，[4]は図形と関数・グラフの融合問題，[5]は平面図形，[6]は空間図形の問題であった。

[1]，[2]の，小問群は，基本的な計算問題が少なく，[3]以降の小問も，即座に答えられるような問題はなく，時間がかかり，計算力を必要とされる問題が多い。問題を読み解く読解力と思考力・応用力が問われる問題がほとんどである。後半に向かって難易度が上がり，時間を要する問題になっていくので注意が必要である。

✔学習のポイント

まず，中学数学の全分野にわたって，基礎力を充実させること。その上で，応用問題，融合問題を数多く解くことが重要である。過去問を解いて，問題の傾向や特徴を知ることは，絶対に必要である。

●2025年度の予想と対策

来年度も，問題の量と質に大きな変化はないと思われる。例年，証明や説明問題が出題される点に注意すること。

まず，基本問題はすぐに答えられるような勉強をしたうえで，応用問題・融合問題などのいろいろな問題を，数多く解いておこう。解法暗記がそのまま使えるような問題はほとんどでない。問題の内容を正確に読み取る読解力と，さまざまな問題に対応できる思考力・応用力を養っておこう。また，傾向として，証明問題の結果や前の小問の結果を利用して解く問題と，グラフや図形を自分で書いて解く問題が多い。日頃から意識して練習しておくことが重要である。

▼年度別出題内容分類表 ……

出題内容			2020年	2021年	2022年	2023年	2024年
数と式		数の性質					
		数・式の計算	○	○	○	○	○
		因数分解		○		○	○
		平方根	○	○	○	○	○
方程式・不等式		一次方程式			○		
		二次方程式	○	○			○
		不等式					
		方程式・不等式の応用	○	○	○	○	○
関数		一次関数	○		○	○	○
		二乗に比例する関数	○	○	○	○	○
		比例関数					○
		関数とグラフ	○	○	○	○	○
		グラフの作成					
図形	平面図形	角度		○			
		合同・相似	○	○	○		○
		三平方の定理	○		○	○	○
		円の性質		○	○	○	○
	空間図形	合同・相似	○				○
		三平方の定理	○		○		○
		切断			○		○
	計量	長さ	○	○	○		○
		面積	○	○	○		○
		体積	○			○	○
	証明		○		○	○	○
	作図						
	動点				○		○
統計		場合の数					
		確率	○	○	○	○	○
		統計・標本調査				○	
融合問題		図形と関数・グラフ	○	○	○	○	○
		図形と確率					
		関数・グラフと確率					
		その他					
その他							

英語

出題傾向の分析と 合格への対策

●出題傾向と内容

大きな変化はなくリスニング問題，長文読解問題2題，和文英訳問題の計4題が出題された。

リスニング問題では，内容に関して日本語で答える設問があるため，話の流れと要点を聞く力が求められた。長文読解問題は2題とも比較的に長いため，限られた時間内で内容を把握できるまで読み取る読解力が必要となる。また読解問題内で条件英作文が出題された。読解力にも条件英作文にも，豊富な語彙力と正確な文法知識は重要である。和文英訳問題も重要構文や表現を正確に用い，また総合的な英語力が試されるものとなっている。

学習のポイント

時間配分を考えて，長文を速く正確に読解する練習をしよう。基本的な構文や文法を活用して，さまざまなテーマについての自分の意見を英語で表現できるように日頃から英作文の練習もしよう。

●2025年度の予想と対策

出題形式や内容に若干の変化が生じる可能性はあるが，問題の量・難易度の変化は大きくはないと思われる。長文読解を中心とした英語力を問う出題傾向は変わらないだろう。

リスニング対策として，毎日英語を聞く習慣をつけ，内容の要点と話のあらすじを理解できるようにしておくことが重要だ。

長文読解については論説文を中心にさまざまなジャンルの問題を限られた時間内で解く練習を多く行おう。単語，熟語・慣用表現，構文などの知識をレベルアップすることは，英作文対策も兼ねているので，重要である。

▼年度別出題内容分類表 ……

出題内容		2020年	2021年	2022年	2023年	2024年
話し方・聞き方	単語の発音					
	アクセント					
	くぎり・強勢・抑揚					
	聞き取り・書き取り	○	○	○	○	○
語い	単語・熟語・慣用句		○			
	同意語・反意語					
	同音異義語					
読解	英文和訳(記述・選択)	○		○	○	
	内容吟味	○	○	○	○	○
	要旨把握				○	○
	語句解釈		○		○	○
	語句補充・選択	○	○	○	○	○
	段落・文整序		○		○	○
	指示語		○			
	会話文					
文法・作文	和文英訳	○	○	○	○	○
	語句補充・選択		○			
	語句整序	○	○	○	○	○
	正誤問題					
	言い換え・書き換え					
	英問英答					
	自由・条件英作文	○	○	○	○	○
文法事項	間接疑問文		○			○
	進行形		○		○	○
	助動詞		○		○	○
	付加疑問文					
	感嘆文				○	
	不定詞		○		○	○
	分詞・動名詞	○	○		○	○
	比較	○	○		○	○
	受動態	○	○		○	○
	現在完了	○		○	○	○
	前置詞	○		○	○	○
	接続詞	○	○		○	○
	関係代名詞	○		○	○	○

桐朋高等学校

国語

出題傾向の分析と合格への対策

●出題傾向と内容

本年度は，論説文1題，随筆1題の出題であった。

出題形式は記述・論述が多いが，文章中の表現を用いて答えさせる問題も見られた。自分自身で読解した内容を問われるタイプの記述式も出題されている。全体としては，文章を要約する力，文章表現力も要求されており，難度の高い良問揃いとなっている。

また，慣用句や表現技法など，国語の知識に関する問題も，大問に含まれる形で出題されている年度もある。

✔学習のポイント

どのようなジャンルの文章が出題されてもいいように，幅広く，様々な文章を読んで，読解力を養っておこう。記述力も必須なので，記述対策用の問題集で備えておきたい。

●2025年度の予想と対策

現代文中心の出題傾向は今後も継承されるだろう。ただし，2021年度に，近年は出ていなかった詩の問題が出題されたように，意外なジャンルから出題される可能性もある。

文学的文章では，心情・情景の理解や，主題の把握などに留意しながら，読み進めることが大切である。論理的文章では，文脈を丁寧に追いながら，筆者の考えを正確に読みとることが求められている。記述力を養うために，新聞のコラムの要約や，本の感想を書くことを習慣づけよう。

国語常識対策も，怠らないようにする。

▼年度別出題内容分類表 ……

出題内容			2020年	2021年	2022年	2023年	2024年
内容の分類	読解	主題・表題	○				
		大意・要旨		○			
		情景・心情	○	○	○	○	○
		内容吟味	○	○	○	○	○
		文脈把握	○	○	○	○	○
		段落・文章構成					○
		指示語の問題					
		接続語の問題					
		脱文・脱語補充	○	○	○	○	○
	漢字・語句	漢字の読み書き	○	○	○	○	○
		筆順・画数・部首					
		語句の意味	○	○		○	○
		同義語・対義語					
		熟語		○		○	
		ことわざ・慣用句	○	○			
	表現	短文作成					
		作文(自由・課題)	○	○	○	○	○
		その他				○	
	文法	文と文節					
		品詞・用法					
		仮名遣い					
		敬語・その他					
	古文の口語訳						
	表現技法			○		○	
	文学史						
問題文の種類	散文	論説文・説明文		○	○	○	○
		記録文・報告文					
		小説・物語・伝記	○				
		随筆・紀行・日記	○	○		○	○
	韻文	詩		○			
		和歌(短歌)					
		俳句・川柳					
	古文						
	漢文・漢詩						

2024年度 合否の鍵はこの問題だ!!

数学 [2](3), [4](2)・(3), [5](2), [6]

[2] (3) 余事象を考え，$x=1$，2，3，4の場合をもれなく数え上げる。

[4] (2)・(3) 実際の面積を求めると，計算が複雑になる。線分比や等積変形で考えよう。

[5] (2) 前問を手がかりに解いていく。むずかしくはない。

[6] 平面ABCDと平面OADは垂直であることに気づくこと。

◎図形分野は過去の出題例をよく研究し，定理・公式を使いこなせるようにしておくことが大切だ。

英語 Ⅱ 問8，Ⅳ

Ⅱの問8の条件英作文とⅣの和文英訳問題(小問2題より構成)を取り上げる。本校では配点が非公表であるが，その比重は低くはないと推定され，一定の対策は必要だと言える。

条件英作文だが，課せられた条件をよく理解したうえで，その要件を過不足なく満たすものを作成するように心がけること。

一方，和文英訳問題に取り組む際には，設問のこなれた日本語を，自分が英語で表現できるレベルの平易な日本語にいったん置き換えて考えるとよいだろう。

英作文は，構文・熟語・慣用表現を含む語彙力や文法等，英語の総合力が問われることになるので，日頃から，この分野の勉強を欠かさないこと。また，類題となる英作文問題に数多く取り組むことも必要で，その際に，可能な限り他の人に英文をチェックしてもらうとよい。

国語 ― 問十一

★なぜこの問題が合否を分けるのか

本文の内容の中から，必要な要素をどれだけ取り上げ，またまとめ上げることができるかを問う問題である。高度な記述力が求められる。

★こう答えると合格できない

文章は三つの場面に分かれている。時間的な経過で言えば，③→①→②の順番である。①は，尚美に犬の収容センターでのボランティアを勧められ，実際に殺処分される犬の現場や施設を目の当たりにしている場面である。②はその後，レストランで昼食を取っていた際，同じ場所にいた主婦の会話を聞いて，自分（恵利子）は彼女らとは違い，今まで傍観でいたことに立ち向かおうとしている場面。③は収容センターのボランティアとして働いてから二年が経ち，なぜここで働いているのかを回想している場面である。文章内容を単に書き抜くのではなく，どのようにまとめあげるのか，また制限字数はないので必要な事を余す事なく記述すれば高得点が望まれる。記述問題の配点が厚いと考えられるので，過不足なく，内容を書きあげたい。

★これで合格！

波線部のある場面は，文章の最初にあたるが，時間軸からいえば最後にあたるので，全体の内容を踏まえて記述するようにしよう。また波線部には，「では，なんのために？」とあるが，これに続くのは「私は，収容センターで働いているのだろう」という内容である。よって，収容センターで働くようになった経緯をまとめるとよい。実際には尚美に誘われたからであるが，自身の中にあったのは，「恵利子の前に現れたのは（中略）人間に捨てられ人間に捕らえられた無数の犬たちだった。その瞳が，その咆哮があまりにもリアルだったから，恵利子は見ないふりをして通りすぎることができなかった」からである。

それまでの恵利子の人生は，「自分になにができるのかと考えることは，自分の無力さと向かいあうことだ。だから恵利子は長いことそれを放棄していた。（中略）そうして目をそむけてさえいれば，恵利子の毎日はそこそこ平穏に，波風もなくゆるゆる通りすぎていった」というように，現実にある誰もが避けて通りたい困難に自分も通りすぎるだけの人生を過ごしていたが，「それでも心のどこかに本当にこれでいいのかと，こうしてゆるゆると年だけを重ねていくのだろうかと，形にならない疑問がうごめいてもいた」と日々の過ごし方に疑問を感じていた。その中で，尚美に収容センターのボランティアの仕事を紹介され，犬の現実を目の当たりにしたことで，「私はすでに関係してしまったのだ」「もしかしたら生まれて初めて自ら進んで関係することを選んだのだ」と，主体的に犬に対して関わる生き方をしていこうと決意したのである。

2024年度

★★★★★★★★★★★★★★★★★★★★★★★

入　試　問　題

2024年度

桐朋高等学校入試問題

【数　学】（50分）〈満点：100点〉

【注意】

答えが無理数となる場合は，小数に直さずに無理数のままで書いておくこと。また，円周率はπとすること。

1 次の問いに答えよ。

（1）$\left(\frac{5}{9}a^2b\right)^3 \times \frac{1}{5}a^3b^4 \div \left(-\frac{5}{3}a^2b\right)^2$を計算せよ。

（2）$(x-2)^2+(x-10)(x-2)+2x$を因数分解せよ。

（3）$\dfrac{(3\sqrt{2}-\sqrt{6})(\sqrt{3}+3)}{\sqrt{6}}$を計算せよ。

2 次の問いに答えよ。

（1）$x=3$がxについての2次方程式$ax^2+2a^2x-6=0$の解であるとき，定数aの値をすべて求めよ。

（2）xの変域が$1 \leqq x \leqq 6$のとき，2つの関数$y=\dfrac{12}{x}$と$y=ax+b$のyの変域が一致する。このような定数a，bの値の組$(a,\ b)$をすべて求めよ。

（3）大，小2つのさいころを投げ，大きいさいころの出た目の数をa，小さいさいころの出た目の数をbとする。下の図のように，辺ABの長さが4cm，辺BC長さが2cmの長方形ABCDがある。点P，Qはどちらも頂点Aを出発点として，点Pは$a$cm，点Qは$(a+b)$cmだけ，図の矢印の方向に辺上を動く。線分PQの長さを$x$cmとするとき，xが無理数となる確率を求めよ。

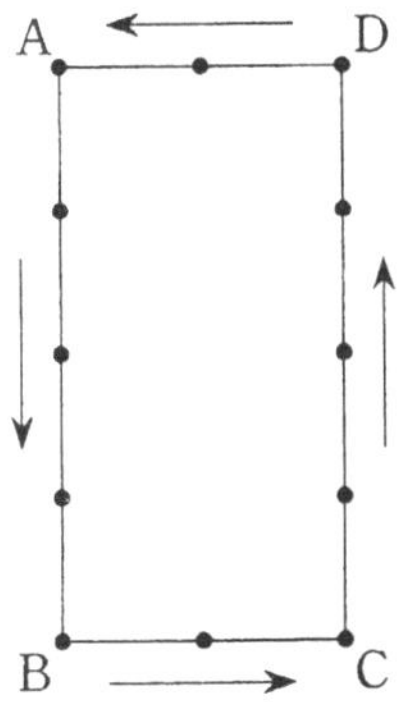

3　下の図のように，P地からQ地，R地を通ってS地まで続くサイクリングコースがある。PS間の道のりは30kmである。A君とB君は同時にP地を自転車で出発し，2時間後に同時にS地に着いた。A君の走る速さは，P地からQ地までは時速12km，Q地からR地までは時速16km，R地からS地までは時速20kmである。B君の走る速さは，P地からQ地までは時速18km，Q地からR地までは時速16km，R地からS地までは時速12kmである。PQ間の道のりを$x$km，RS間の道のりを$y$kmとして，x，yについての連立方程式をつくり，x，yの値を求めよ。答えのみでなく，求め方も書くこと。

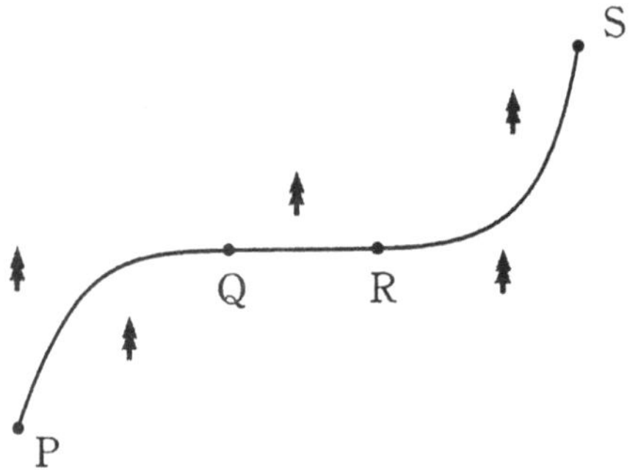

4　放物線$y=ax^2$上に2点A，Bがある。点Aの座標は(4，24)で，点Bのx座標は1である。点Bを通る傾きが負の直線をℓとし，ℓと放物線$y=ax^2$の交点のうち，Bとは異なる点をCとする。また，直線ℓとx軸の交点をDとする。CB：BD＝16：9のとき，次の問いに答えよ。

（1）　aの値を求めよ。また，点Cの座標を求めよ。

（2）　△OABと△OACの面積の比を求めよ。

（3）　x軸上の$x<0$の部分に，点Eを△AEDと四角形ODACの面積が等しくなるようにとる。点Eのx座標を求めよ。

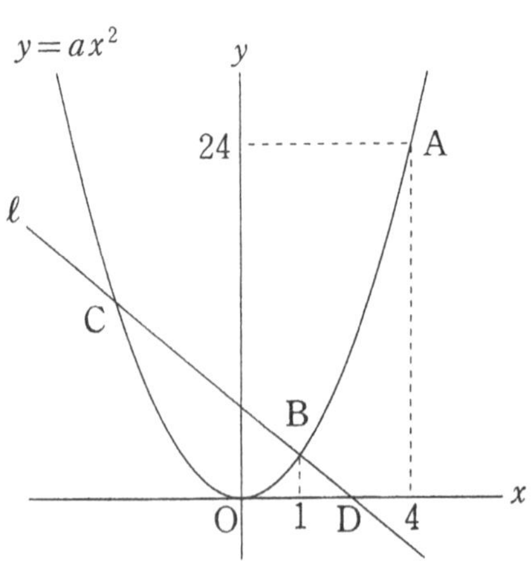

5 下の図のように，点Cを中心とし，線分ABを直径とする半円と，点Bを中心とし，線分DEを直径とする半円がある。ただし，Dは線分AC上の点である。$\overset{\frown}{\mathrm{AB}}$と$\overset{\frown}{\mathrm{DE}}$の交点をFとし，線分EFと$\overset{\frown}{\mathrm{FB}}$の交点のうち，Fとは異なる点をGとする。

（1） GA＝GEであることを証明せよ。

（2） AC＝5，BE＝8のとき，次のものを求めよ。

① △CBFの面積

② EFの長さ

③ △GAEの面積

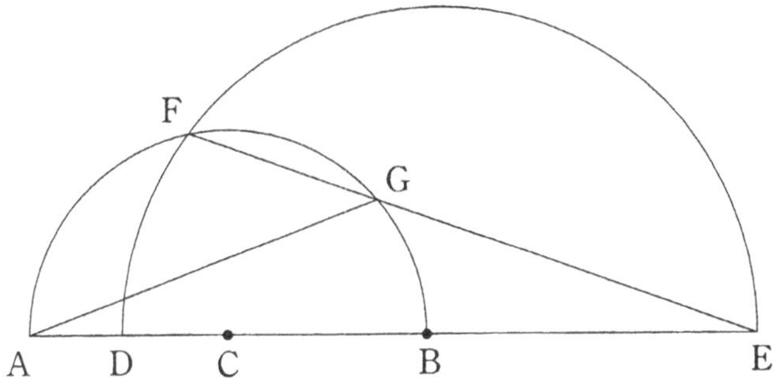

6 AB＝1である長方形ABCDを底面とする四角錐O－ABCDで，OA＝AB，OD＝CD，∠OAB＝∠ODC＝∠AOD＝90°とする。

（1） △OBCの面積を求めよ。

（2） 四角錐O－ABCDの体積を求めよ。

（3） 辺OAの中点をMとし，3点M，C，Dを通る平面で四角錐O－ABCDを切る。このとき，点Oを含む方の立体の体積を求めよ。

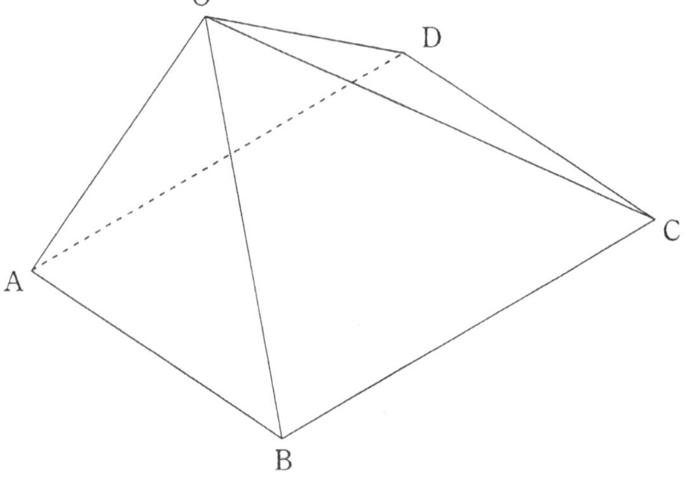

【英　語】（50分）〈満点：100点〉

I　リスニング問題　　放送を聞いて次のA，Bの問題に答えなさい。

問題A　これから英語で短い対話を放送します。そのあとでその対話についての質問がなされますから，その答えとして最も適切なものを選び，記号で答えなさい。対話と質問は**1回だけ**読まれます。

（1）　A. By bus.
　　　B. By train.
　　　C. By car.
　　　D. On foot.

（2）　A. He worked in the garden.
　　　B. He watched his favorite movie.
　　　C. He played video games with his children.
　　　D. He bought some flowers.

（3）　A. He answered the question on the wrong page.
　　　B. He made a few mistakes.
　　　C. He did it before watching TV.
　　　D. He didn't answer one of the questions.

（4）　A. He came to the wrong restaurant.
　　　B. He did not have enough money.
　　　C. He called the wrong number.
　　　D. He could not read the menu.

（5）　A. Four dollars.
　　　B. Eight dollars.
　　　C. Sixteen dollars.
　　　D. Twenty dollars.

問題B　これから放送される英文について，以下の問いに答えなさい。英文は**2回**読まれます。

問1　以下の質問の答えとして最も適切なものを選び，記号で答えなさい。

（1）　Why did Tim and the director call other museums?
　　　A. To sell the mysterious painting.
　　　B. To get back the stolen painting.
　　　C. To see if the painting was stolen.
　　　D. To find out where people could see the painting.

（2）　What did people think of the painting?
　　　A. It was very strange.
　　　B. It was a great work of art.
　　　C. It was too easy to understand.
　　　D. It was nice but not very deep.

問２　最後に美術館の館長はなぜ困惑したのですか。その理由となるように，以下の日本語の空所部分をそれぞれ10字以内の日本語で埋めなさい。

（　ア　）と思ったものが，実は（　イ　）だったから。

STOP　　STOP　　STOP

リスニングテストが終わるまで筆記問題に進んではいけません。

※リスニングテストの放送台本は，問題の最後に掲載してあります。

Ⅱ　次の英文を読んで，後の問いに答えなさい。

If you cannot imagine how you would get along without your phone, then say a word of thanks to its inventor, Alexander Graham Bell. Bell was born in Scotland in 1847. [1-a] His grandfather was an actor and a famous speech teacher, and his father developed the first *international phonetic alphabet. His mother's influence was quite different. Communication took a great effort for her because (2)she was almost completely deaf. She usually held a tube to her ear in order to hear people. Her son Alexander discovered (3)another way to communicate with her when he was a little boy. He used to press his mouth against her *forehead and speak in a low voice. The *sound waves traveled to her ears through the bones of her head. This was among the first of his many discoveries about sound.

As a teenager, Bell taught music and public speaking at a boy's school. In his free time, he had fun working on various inventions with an older brother, inventions that included a useful machine for farmwork. Then both of Bell's brothers got sick and died. He came down with the same terrible sickness —*tuberculosis — leading his parents to move the family to Canada. There his health returned.

[1-b] He went to Boston to teach at a school for deaf children. In Boston, he fell in love with Mabel Hubbard, a student (4)[his / his / who / wife / of / later became]. During this period of his life, Bell was a very busy man. In addition to teaching, he was working on several inventions.

Bell's main goal was to make machines to help deaf people hear. [1-c] In those days, the *telegraph was the only way to send information quickly over a long distance. Telegraph messages traveled over wires and were sent in *Morse code, which used long and short sounds for the letters of the alphabet. Bell was trying to find a way to send the human (　5　) along a wire. However, almost no one believed in this idea, and people kept telling him, "You're wasting your time. You should try to invent a better telegraph — that's where the money is."

[1-d] Luckily, he met a man (6)name Thomas Watson, who turned out to be a great help to Bell. One day — it was March 10,1876 — the two men were working in *separate rooms. They were getting ready to test a new invention, which had a wire going from one room to the other. Something went wrong and Bell shouted, "Mr. Watson, come here. I want you!" His voice traveled along the wire, and Watson heard it coming from the new machine. It was the world's first telephone call. Bell may or may not have realized it at the time, but he was on his way to becoming a very rich man.

Soon afterward, Bell wrote to his father:

> The day is coming when telegraph wires will go to houses just like water or gas — and friends will *converse with each other without leaving home.

Maybe his father laughed to hear this idea. At the time, (7)most people expected the phone to be just a tool for business, not something that anyone would ever have at home. Bell could see a greater future for it, but (8)even he could probably never have imagined what telephones are like today.

［注］

international phonetic alphabet: 国際音声記号
forehead: 額(ひたい)
sound wave: 音波
tuberculosis: 結核
telegraph: 電報
Morse code: モールス符号
separate: 離れた
converse: 会話する

問1　空所［ 1-a ］～［ 1-d ］に入る英文をそれぞれ一つ選び，記号で答えなさい。ただし，使用しないものが一つあります。

A. He was also trying to improve on the telegraph.

B. Bell moved to the United States when he was twenty-four.

C. He also had a dream of having his own school for deaf children.

D. All through his life, he had a strong interest in communication, partly because of the influence of his family.

E. Bell understood a great deal about sound and electricity, but he was actually not very good at building things.

問2　下線部(2)の意味に最も近いものを以下より選び，記号で答えなさい。

A. She could not hear well.

B. She could not see things clearly.

C. She could not speak in a loud voice.

D. She could neither talk nor hear at all.

問3　下線部(3)が示す具体的な内容を日本語で説明しなさい。

問4　下線部(4)の［　　］内の語句を並べかえて，意味の通る英文にしなさい。

問5　空所(5)に入る最も適切な1語を，［ 1-d ］から始まる第5段落から抜き出して書きなさい。

問6　下線部(6)の動詞を本文に合う形にしなさい。

問7　下線部(7)を日本語にしなさい。

問8　下線部(8)は「ベルでさえも，今日の電話がどのようなものか，全く想像できなかっただろう」という意味です。そこで，あなたが「今日の電話」に関してAlexander Graham Bellに説明をすると仮定し，以下の空所①，②に入れるのに適切な英語を，それぞれ15語程度で書きなさい。その際，文が複数になってもかまいません。

The telephones we use now are different from the ones you invented in the nineteenth century. I'll explain what they are like. First, ①＿＿＿＿＿＿＿＿＿＿＿＿＿＿＿＿＿＿＿＿＿＿＿＿＿＿＿＿＿＿ ＿＿＿＿＿＿Second, ②＿＿＿＿＿＿＿＿＿＿＿＿＿＿＿＿＿＿＿＿＿＿＿＿＿＿＿＿＿＿＿＿＿＿＿

Ⅲ 次の英文を読んで，後の問いに答えなさい。

One of the first skills a child will learn upon entering school is (1) to write his or her name and (1) to write the other alphabet letters. It is a learned skill that *requires knowledge of words, fine *motor skills, and memory. Along with reading, it is one of the most basic skills needed for all subjects. However, writing did not always *exist in alphabet form as we know it today. In fact, there was a time when it did not exist at all.

The ancient Egyptians created *hieroglyphics, the first form of writing, around 3500 BC.

(2)

However, hieroglyphics were not limited to pictograms. Some pictures could represent a sound. For example, a picture of a bird *functioned as the sound "a." It was a very *complicated form of writing. In total, there were more than 700 pictures or symbols — many more than the 26 letters in the English alphabet. In addition, there was no *punctuation. To make things more difficult, hieroglyphics could be written from left to right, right to left, or even from top to bottom. Because hieroglyphic writing had (3)such a complex written form, it took many years of practice to master it. Most Egyptians at that time could not read or write. Writing was a highly learned skill that only the government writers or the *priests knew how to do.

Like the Egyptians, the ancient Chinese also developed a writing system based on (4ア) from around the period of 1500 BC. Like some hieroglyphics, the first Chinese characters looked like the word they were meant to represent. For example, the word *sun* was a visual (4イ) of the sun. Also, like hieroglyphics, the Chinese characters were not limited to pictograms. Other characters were created to represent *concepts. They did not necessarily look like the word itself. In fact, many Chinese characters are a combination of two or more characters. For example, the character combination of (5ア) and (5イ) means *bright*. In this way, each character and combination has a unique meaning. Chinese speakers had to learn thousands of unique pictures or characters to be able to read and write the language. (6)This makes Chinese one of the most difficult languages even today. The form of the pictograms used in ancient Chinese writing has changed and now only *makes up a small percentage of the Chinese characters. However, it is still *considered one of the longest-lasting writing systems that exists today because of its ancient roots.

Pictograms, like those used in ancient Egyptian and Chinese writing, are still used in today's world. That is, (7)pictures are still used to communicate ideas even today. For example, anywhere you may travel, a sign that shows a simple figure of a man or woman is *sufficient to communicate which restroom is for women and which is for men. On roads, a picture of children walking shows where children usually cross the street. A picture of an animal on a sign by the road warns drivers that such animals are in the area. In addition, you can find no-smoking pictograms almost anywhere you go. These days, young people are also *making more use of pictograms in emails and text messages in the form of emojis. These are used to communicate feelings or other thoughts.

Though the invention of writing started with the use of pictograms, hieroglyphics are not written in Egypt anymore and ancient Chinese pictograms have changed. In addition, writing has *evolved and most modern languages now use an alphabet system. Still, pictograms remain the most basic form of written language communication and are still in use today.

[注]

require: ～を必要とする
motor skill: 運動機能
exist: 存在する
hieroglyphics: ヒエログリフ(象形文字)
function: 機能を果たす
complicated: 複雑な
punctuation: 句読点
priest: 神官，聖職者
concept: 概念
make up～: ～を占める
consider: ～とみなす
sufficient: 十分な
make use of ～: ～を使う
evolve: 発達する

問1　空所(1)に共通して入る最も適切なものを以下より選び，記号で答えなさい。

A. how　B. what　C. where　D. why

問2　空所 (2) には次の四つの文が入ります。文意が最も自然になるように並べかえたものを，A～Fの中から一つ選び，記号で答えなさい。

ア．For example, if the word was a bird, then the picture would be a bird.
イ．Hieroglyphics looked like pictures.
ウ．Some pictures would *represent the objects.　(represent: ～を表す，象徴する)
エ．These are called pictograms.

A. イ→ア→エ→ウ　B. イ→ウ→ア→エ　C. イ→エ→ア→ウ
D. エ→ア→イ→ウ　E. エ→イ→ア→ウ　F. エ→ウ→ア→イ

問3　下線部(3)の内容に含まれるものとして，本文に書かれていることと合うものを以下より一つ選び，記号で答えなさい。

A. It had more than 700 symbols and more than 26 alphabets were in it.
B. It had no punctuation and could be written in different directions.
C. It was so difficult that no one could master it at that time.
D. It was taught to the people in Egypt by the government writers and the priests.

問4　空所(4ア)と(4イ)に入る語の組み合わせとして最も適切なものを以下より選び，記号で答えなさい。

A. (4ア)alphabets　(4イ)effect
B. (4ア)alphabets　(4イ)image

C. (4ア)pictograms　　(4イ)effect

D. (4ア)pictograms　　(4イ)image

問5　空所(5ア)と(5イ)に入る最も適切な語を以下より二つ選び，解答用紙の記号を丸で囲みなさい。なお，それぞれの語が入る順番は問わない。

A. eye　　B. moon　　C. mountain　　D. sun　　E. tree　　F. water

問6　下線部(6)が示す内容を35字以上40字以内の日本語で具体的に説明しなさい。

問7　下線部(7)について，本文に書かれていることと合うものを以下より一つ選び，記号で答えなさい。

A. A figure of a woman helps us understand that the restroom with this sign is for women.

B. School children must not cross the street if they find a pictogram of children walking.

C. When drivers see a pictogram of animals, they must tell other drivers to be careful.

D. When you see a no-smoking pictogram, you must not play with fire.

問8　本文の内容をまとめた以下の文中の空所(1)～(4)に入れるのに適切なものをそれぞれ一つ選び，記号で答えなさい。

Most of today's writing systems use(　1　). However, old forms of writing used(　2　). Egyptian hieroglyphics used many pictograms, and the ancient Chinese also created a writing system that used pictograms. Although hieroglyphics are no longer used and(　3　)of the ancient Chinese pictograms remain in today's Chinese characters, pictograms are used in (　4　)communication in forms such as road signs and emojis.

(1)	A. alphabets	B. knowledge	C. memory	D. names
(2)	A. letters	B. pictures	C. sounds	D. subjects
(3)	A. none	B. very few	C. many	D. almost all
(4)	A. ancient	B. difficult	C. emotional	D. modern

Ⅳ　次の下線部(1)，(2)を英語にしなさい。

(1)日本に留学中のカナダの友人を連れて高尾山(Mt. Takao)に登った。ぼくは久々の山登りでちょっときつかったけど，彼は人気の観光名所を訪れることができてとても喜んでくれた。(2)山頂が思いのほかごった返していたために彼は目を丸くしていた。良い思い出になってくれるといいな。

2024年度 英語入試問題＜リスニング放送原稿＞

M ... male speaker　　**F** ... female speaker

問題A

F : One.

M : It has been raining so hard. It's been very windy, too.

F : How did you come to the office?

M : All the trains were cancelled, so I took a bus.

F : As for me, my husband drove me to the office.

F : Question: How did the woman come to the office?

F: Two.

F : How was your weekend, Joe? Did you go somewhere?

M : No, my family and I stayed home and relaxed. My children played video games, and my wife watched her favorite movie, and I looked after the flowers in my garden.

F : How is your garden this year?

M : It's really beautiful! Why don't you come and see it?

F : Question: What did the man do on the weekend?

F: Three.

F : I've just finished checking your science homework, Max.

M : Thanks, Mom. Were there any mistakes?

F : Well, no, but there was one question you forgot to answer. It's number 9 on page 5.

M : Oh, I'll do it right now before I watch TV.

F : Question: What did the mother say about her son's science homework?

F: Four.

M : Hello. I'd like to order two bowls of Vietnamese noodle soup for delivery, please.

F : I'm sorry, but we don't serve Vietnamese noodles. We are an Italian restaurant.

M : Isn't this Saigon Café on Lincoln Street?

F : No. This is Saint Gordon's Café on Washington Avenue. Well, our names sound quite similar, so people sometimes call us by mistake.

F : Question: Why can't the man order Vietnamese noodles?

F: Five.

F : Here is your change, sir. Thank you for shopping with us.

M : Excuse me. I gave you 20 dollars, but you only gave me back four dollars. I bought two T-shirts, and I saw in the ad that if I buy one, I can get another one for free.

F : Well, that is just for the red T-shirts. Yours are blue, so it's 16 dollars in total.

M : Oh, I see. Can I exchange them with the red ones, then?

F : Question: How much is the man probably going to pay?

問題B

[M]

It was six o'clock in the evening. No one was in the museum. Tim Hilton, the guard, was going around, checking to see that everything was all right. Then, Tim saw something on the floor. He walked over. It was a beautiful painting. Tim picked it up and brought it to the director of the museum. The director said, "What a wonderful piece of art! Where did it come from?" Tim said, "I found it on the floor, on the fourth floor. Maybe it was stolen from another museum."

They called several museums to see if it was really a stolen painting, but they could not find the owner of the painting. So the director decided to hang it on the wall of his museum. Many people came to see the mysterious painting. They all said it was beautiful and had very deep meaning. The director was proud of the new painting in his museum. Tim felt proud of his discovery.

A few weeks later, a woman came to the museum with her son, who was five years old. While they were looking at the paintings, the little boy started crying loudly. The director came over to the child and asked, "Why are you crying?" The boy pointed to the painting and said, "That's my painting on the wall. I drew it with my mom the other day and I liked it! Please give it back to me!"

The director was very embarrassed.

[F] Listen again.

ウ　動詞をあえて使わないことで、自分が運動する存在であることをかえって印象深く表せることに気づかされ、視野の広がりを覚えたから。

エ　他人の目を気にすることなく、運動機能の向上を目指した結果としての体重を肯定的に受けとめる姿勢に、いさぎよさを感じたから。

いを「走って、ボールを蹴る体」と認めて目になる言葉が、グラウンドを広く使う方法を教えてくれる。そんな言葉が私の世界を広げ続ける。美しい人より強い人でありたいと思わせてくれる。誰かが言っていたように、強さは美しさに決して **B** をとらない価値なのだ。

今でも「私の体紹介コーナー」は続いている。ある講演で、ボクシングを始めて三年という女性が自分の体を「六十六キロ以下級」と紹介していた。⑤読んだ私は思わずグッときてしまった。なるほど。このシンプルでキッパリした一言で十分なんだな、私たちの体って。そうやってまた一つ学ぶ。誰もがそれぞれの運動で、自分の体を紹介する言葉を見つけられたらいい。そういう言葉が押し広げる世界で、ともに広がっていければいい。私たちの体の奥に、飛び出したくてウズウズしている動詞がどれほどたくさん隠れていることか。知ったら驚くはずなのだ。

（キム・ホンビ「私たちのグラウンドを広く使う方法」小山内園子《おさないそのこ》訳　による）

問一　——線部a・bのカタカナを漢字に改めなさい。

問二　——線部①について。「私たち」の多くは「自分の体をどう認識している」のか。「～ではなく、～認識している。」という形で、わかりやすくまとめなさい。

問三　——線部②について。ここで筆者が「忘れさせられた」という言い方をしているのはなぜか。その説明にあたる次の文の □ を補うのに最もふさわしい言葉を本文中からさがし、**十五字以内**で抜き出して答えなさい。

・□ によってもたらされる意識の変化であるから。

問四　——線部③について説明した次の文の □ を補うのに最もふさわしい言葉を本文中からさがし、**十五字以内**で抜き出して答えなさい。

・以前は、むやみに体重を増やしたり筋肉をつけすぎたりした体は □ であるかのように筆者には感じられていたが、サッカーにのめり込み、さまざまな運動をするようになって、それは自分の体にふさわしい取り扱い方を知らなかったからだと気づくことができた。

問五　空欄 **A** を補うのにふさわしい言葉を考え、**漢字一字**で答えなさい。

問六　——線部④について。このような瞬間を筆者が「一番好き」だと思うのはなぜか、わかりやすく説明しなさい。

問七　空欄 **B** を補うのにふさわしい言葉を考え、**二字**で答えなさい。

問八　——線部⑤について。筆者が「グッときてしまった」理由の説明として最もふさわしいものを次の中から選び、記号で答えなさい。

ア　仲間と群れずに、ただひとりで自分の体のあるべき姿を見すえているような女性の言葉に、手本とするべき意志の強さを感じたから。

イ　取り組んでいる運動における基本的な観点だけで自分の体を捉えた簡潔で新鮮な表現に触れ、共感とさらなる世界の広がりを覚えたから。

カーや講演を通じて多くの女性たちと出会い、言葉を交わしながら、この「女らしさ」という社会的抑圧のせいでぺちゃんこになった女子の世界のことをしょっちゅう考える。「女らしさ」と「運動」がどれほど真逆の性質を持つかについても。運動は、大体が体も声も大きく大きく使う必要があるが、「女らしさ」は大体が体も声もちぢこませ、小さくすることを要求される。ついには笑い声も大きいとダメ、感情表現も派手だとダメ、グラウンドのはじの狭いスペースでドッジボールでもしてれば十分と思わされる。体だって細くなくてはダメ。「細い体」へのプレッシャーはすさまじく、せいぜい十代になったぐらいで、メディアに登場する芸能人の体形を基準に果てしない飢餓状態へと体を追い込み、ひたすらダイエット目的の運動をし、運動のせいで細くあるべきところに筋肉がつくんじゃないかと不安に震える。そんな時間を過ごすうち、次第に自分でも自分の体を鑑賞用オブジェみたいに思い始める。機能などまったく重要じゃない、常にその場に静かに美しく置かれるべきもの。でなければ修理返品交換が必要な不良品のごとく。

そうやって長い間鏡の前と体重計の上でハラハラ綱渡り生活をしていて、一足遅れでサッカーみたいな運動にハマった女性たちは、一様に悔しがっていた。なんでもう少し早くやらなかったんだろう？　小さい頃、なんで私たちには本格的に運動をするチャンスがなかったんだろう？　自分を小さく、細く、弱く、力のない存在にし、狭い空間や服の中に体をおさめようとがんばっているあいだ、男子のほうは広い空間を全速力で走り、激しくぶつかり、闘って勝利の感覚を重ねていたとようやく気づくからだ。グラウンドの上で思いきり走り、蹴り、転がり、押し、叩き、叫び、怒り、泣き、笑い、熱狂しながら、形容詞でばかり修飾しがちだった自分たちの体が、実はこんなにもたくさんの動詞を抱えていたことに改めて愕然《がくぜん》とするからだ。動詞的な体。動く体。その中で取り戻していく、自分の体を新たに紹介しうる言葉。私もそう。③この楽しいサッカーをもっと上手くなれるなら、体重増加もふくらはぎのこぶが育って太ももが太くなるのも全く関係ないと本気で思ったその瞬間に、はじめて自分の体の取扱説明書を見つけた気がした。ちぢこまっていた私の世界を運動が大きく大きく押し広げ、するとすべてが変化した。

「見られる体」と「機能する体」の間で、いまだにときどきグラつくことがある。だが、見られることを[A]に介さず、ひたすら勝つぞ、ワンゴール決めるぞ、この運動をうまくやってみせるぞという欲望だけにメラメラ燃え上がる女性たちとプレーしていると、グラグラはたちまち落ちつく。世界で一番大事なのは、彼女たちと力を合わせてゴールを決めること。そういう世界に身を置いている時間が、体にしつこくbカラみついた社会的な目を払い落としてもくれる。そのごっそり落ちる感じが蓄積されるたび、防御力が目盛りを刻んでじわじわと上昇していく。④サッカーをやっていて一番好きなのは、ボールを取ってドリブルしている私に仲間たちが「ホンビ、〇〇が後ろからきてるう！」「ホンビ、あそこの右がガラ空き」と叫んでくれる瞬間だ。自分の目だけでは画角に限界があっても、そんなふうに叫んでもらえたら360度すべてが見える。言葉で互いの目になる瞬間。互

問十　――線部⑧は、恵利子にとってどのような意味をもつものであったか。その説明として最もふさわしいものを次の中から選び、記号で答えなさい。

ア　社会のありように失望させるという意味。
イ　主婦たちへの怒りをつのらせるという意味。
ウ　自分のありようを省みさせるという意味。
エ　若者たちへの理解を深めさせるという意味。

問十一　〜〜線部（1ページにある）について。本文全体をふまえると、「では、なんのために？」に対する答えはどのようなものだと考えられるか。わかりやすく説明しなさい。

問十二　══線部a〜dのカタカナを漢字に改めなさい。

二　次の文章は、三十代になってからサッカーを好きになり、地元のアマチュア女子サッカーチームに入団して活動している、韓国のエッセイスト、キム・ホンビ氏の文章である。これを読んで、後の問に答えなさい。

いつからか「女性と体」、あるいは「女性とスポーツ」というテーマで講演をするようになり、そのたびに参加した女性たちと簡単な作文コーナーの時間を持っている。お題はいつも同じだ。「自分の体を部位別に紹介してください」。この作文の目的は、①私たちが自分の体をどう認識しているか一緒に感じてみることである。先日行ったある女子高でも、五十九人の生徒から正直でユニークな紹介文をもらったが、うち九十八パーセントという圧倒的な割合で多数を占めたのは、体の「形態」についての回答だった。「足が細くて真っ直ぐなほう」「ふくらはぎと足首が太い」「二の腕の肉が垂れている」「狭い骨盤に脇腹の肉がのってドラム缶みたい」「鎖骨がきれいに出ている」といった答え。この学校が特殊なわけでは断じてない。たいていの講演で、似たような答えが似たような割合で返ってくるからだ。そしてそれは長いあいだ私自身の答えでもあった。「太い」「細い」という形容詞をとっぱらって自分の体を説明する方法を、私は知らなかった。

残りの二パーセントの回答は、運動を心底楽しんで続けている女性たちのものだった。運動を生活の中心にaスえる彼女たちの答えは、明らかに違う。自転車を時速二十キロで二時間漕ぎ続けられる足だ、腕立て伏せを十一回までできる、一キロ走ると痛くて休憩が必要な偏平足、柔道の投げ技を五十回以上した肩などなど、体の「機能」に集中しているのである。そんな回答をその場の誰かに直接聞かされ、あるいは私から間接的に聞かされて、多くの女性たちが驚く。「これまで一度も自分の腕や足がどんな運動をどれくらいできるか考えたことがない」「自分の体をそんな方法で紹介できるってこと自体、考えたことがない」と。私もやはり、六年間サッカーをしていなかったら、驚く以前に信じられなかっただろう。いつから私たちは、自分たちの体が「見られる体」ではなくて「機能する体」だという事実を少しずつ②忘れさせられたのだろうか？

女の子男の子関係なく一緒にわあーっと走り、叩いたり叩かれたり喧嘩したりというのが自然な特定の時期を過ぎると、女子は「女らしくしなくてはいけない」という新たなミッションを下される。サッ

は自分ではなく、自分とよく似た誰かの声であるにもかかわらず、恵利子はなんとも言いがたい羞恥の念に襲われた。——いや、それがあまりにも自分とよく似た誰かの声であったが故かもしれない。

自分には関係ない、と目をそむければすむ誰かやなにかのために、私はこれまでなにをしたことがあるだろう？

デザートを待たずに席を立った帰りの道で、恵利子は初めてそんな問いを自分自身へ投げかけた。

尚美の口から「ボランティア」の一語を聞いたのは、その数日後——恵利子があの羞恥をかろうじて意識の表層に留めていた頃だった。

（森絵都「犬の散歩」による）

※**仮宿クラブ**……尚美が所属する、犬の保護団体の名称。

問一　——線部①・②の意味として最もふさわしいものをそれぞれ次の中から選び、記号で答えなさい。

①「繰り言」

ア（繰り返し口にする）愚痴　　イ（繰り返し口にする）不安

ウ（繰り返し口にする）批判　　エ（繰り返し口にする）説教

②「ごまんと」　ア　明らかに　　イ　残念ながら

ウ　非常に多く　　エ　どこの場所にも

問二　——線部③について。その理由の説明として最もふさわしいものを次の中から選び、記号で答えなさい。

ア　男の言葉は、犬ではなく人を助けたい恵利子の気持ちを鋭く見抜き、皮肉な言い方でからかうものだったから。

イ　男の言葉は、はっきりとした目的もなく過ごす恵利子の日常を暴き出し、その怠惰を糾弾するものだったから。

ウ　男の言葉は、無意味なことだと自覚しつつ活動を続けている恵利子の良心を厳しく責め立てるものだったから。

エ　男の言葉は、恵利子が答えを見つけられず、つねに頭の中にあった問いを目の前に突きつけるものだったから。

問三　——線部④について。「瞼」を「長く閉ざしていた」とはどういうことか、簡潔に説明しなさい。

問四　空欄［Ⅰ］を補うのにふさわしいことわざもしくは格言を考え、**十字程度**で答えなさい。

問五　——線部⑤とはどういうことか、説明しなさい。

問六　——線部⑥について。「ふれあい広場」と「　」をつけて表記したのには、それが固有名詞であることを示す外にも意味があると考えられる。その意味を説明しなさい。

問七　次の一文は、もともと本文18～19ページの中にあったものである。戻すのに最もふさわしい箇所をさがし、その箇所の**直後の五字**を抜き出して答えなさい。

・が、下手に理解の範疇《はんちゅう》にあったからこそ、その痛ましさ、救いのなさに足下をすくわれ、身動きがとれなくなっていた。

問八　空欄［Ⅱ］（二箇所ある）を補うのにふさわしい言葉を考え、**十字程度**で答えなさい。

問九　——線部⑦について。その「転機」によって、じっとしてはいられない気持ちになった恵利子の様子が最もはっきりとうかがえる**十五字以内**の表現を、——線部⑦よりも後の本文中からさがし、抜き出して答えなさい。

けれどもその夜、眠れないまま鉄柵越しに見た犬たちの姿を頭によみがえらせていくうちに、恵利子ははたと思ったのだ。いや、私はすでに関係してしまったのだ、と。もしかしたら生まれて初めて自ら進んで関係することを選んだのだ、と。

　テレビをつけるたび、新聞をめくるたび、そこには無数の事件や活路の見えない難題がぞろめいている。その多くが恵利子の理解を超えている。自分になにができるのかと考えることは、自分の無力さと向かいあうことだ。だから恵利子は長いことそれを放棄していた。ただの主婦である自分になにができるでもない、と。学生時代はただの学生である自分に、と思っていた。

　そうして目をそむけてさえいれば、恵利子の毎日はそこそこ平穏に、波風もなくゆるゆると通りすぎていった。独身時代は両親に守られ、結婚してからは夫に守られ、家庭という王国でふんぞり返っていられた。

　それでも心のどこかに、本当にこれでいいのかと、こうしてゆるゆると年だけを重ねていくのだろうかと、形にならない疑問がうごめいてもいた。

　⑦転機は、よくある一齣《こま》のような顔をして恵利子の日常にもぐりこんだ。

　恵利子はその日、今では犬の散歩コースとなった川沿いにあるイタリアンレストランを訪れた。そこは比較的リーズナブルな料金でランチのミニコースを供する店で、一人でも落ちつけるカウンター席があるせいか、ランチタイムはいつも恵利子のような主婦たちでにぎわっている。恵利子の真後ろのテーブル席にいたのも、恐らく三十代の半ばと思われる主婦の二人づれだった。

「どうして私たちの税金で、無分別な日本人の尻ぬぐいをしなきゃいけないのよねえ」

　二人は食事のあいだじゅう、米軍による攻撃下のイラクで拉致され、解放された日本人三人の話題で白熱していた。

「正義だとか、平和だとかって、そりゃあ本人たちは立派なことをした気でいるんでしょうけど、なにも危ない国にわざわざ行かなくたって、ねえ」

「売名よ、売名。今の若い子たちはね、なにかをやって有名になるんじゃなくて、まずは有名になってからなにかしようって考えるんですって」

「日本政府はイラクへの入国は危険だって勧告してたわけじゃない。なのに勝手に入って、捕まって、身代金は私たちの税金から……なんて、いい迷惑よねえ。自己責任でなんとかさせればいいのよ」

「そうそう、自己責任よ」

　それは当時の日本を支配していた論調であり、恵利子自身、その流れに便乗して解放された三人にどこかしら批判的な目を向けていた。税金を納めている自分には無分別な日本の若者を裁く権利がある、とでもいうように、内心はその志や行動力が妬《ねた》ましくもある彼らのことをふんぞり返ってながめていた。

　が、しかしそのとき唐突に、同じようにふんぞり返っている⑧背後の声がひどくグロテスクな冗談のように響いたのだ。この麗《うら》らかな昼下がり、グラスワインを片手にカラフルな前菜をつつきながら、自分以外の誰かのためになにかをしようとした若者たちを弾劾する。それほどの惨劇がそこにあったなら、逆に恵利子は一時的にbギョウギョウしくうろたえて終わりにできたかもしれない。

総じて清潔な場所ではあった。空調が整っているため、糞尿の臭気が鼻をつくこともなく、温度も適切に保たれている。ひんやりとした薄ら寒さは、だから肌ではなく別の器官を通じて心に忍び入ってくるのだろう。不安げな犬の遠吠え。なけなしのcキョセイをふりしぼるような威嚇。収容施設へのドアをくぐって最初に現れたのは小型犬や老犬、傷ついた犬などが隔離されている犬舎で、その日は八匹の犬がいた。鉄柵からのぞくどの顔もおびえ、ここから出たいとdコうている。ある犬はなぜ自分がここにいるのかわからずに混乱して吠えつづけ、ある犬は自分がここにいるわけを悟った恐怖から吠えつづける。吠え疲れたのか諦念の目を宙にさまよわせる犬も、恵利子たちにむかって必死に尾をふり愛想をふりまく犬もいる。

犬にも感情があるのだ。ごく当然のその事実を、よりによってこんな場所で恵利子は初めて突きつけられた。

生き物を飼ったことのない恵利子は、これまで人間以外の命にうとかった。犬は犬だと思っていた。猫もインコも、縁日の金魚も同じこと。自分とは関係のないところで生まれ死んでいく。ふにゃふにゃとした異質の存在――。けれども今、自らの運命を予期したような犬たちの表情を目の当たりにしていると、人間以外の命もまた人間同等に生々しいのだ、と認めずにはいられなかった。

にわかに重くなった足を動かし、さらに通路を進んでいく。その先に現れたのは中型犬や大型犬用の広い犬舎で、六畳ほどに仕切られたいくつかの舎内に、数匹ずつの犬がまとめて収容されていた。ラブラドールやセッター犬などの純血種もいる。恵利子たちの気配を感じるが早いか、彼らはこぞって甲高い遠吠えを響かせ、舎内をそわそわとうろつきだした。自分はここにいるのだと、こうしてたしかにいるのだと、生い先の不透明なその存在を懸命にアピールしている。どの犬も全身で待っている。信じていた飼い主を。安らげる場所を。自由を。

「東京にはもうほとんど野良犬はいないから、ここにいるのはみんな捨て犬か迷い犬よ。ときどき、飼い犬をもてあました飼い主が自分で持ちこむケースもあるけどね」

尚美はもはやこの情景に心を慣らしたのだろうか。こちら側とあちら側とを隔てる鉄柵の前に膝をつき、尾を揺らして歩みよってくる犬に「飼い主はどうしたの?」などとささやきかけている。

「保護活動とか言ってもね、私たちが救いだせるのはこの中の一割にも満たないの。ぜんぶを救うには人手も資金もとうてい足りないし、そんなことしてたらすぐに活動自体が破綻しちゃう。だから、私の中にいつもあるのは、自分はこの犬たちの一割を救ってるんだって思いじゃなくて、ここにいる［Ⅱ］んだって思いなの」

［Ⅱ］。そんな思いを背負いつづける覚悟があるのなら、どうか私たちの仲間になってちょうだい――。

そんな言葉を恵利子に投げかけた尚美は、内心、さしたる期待を抱いてはいなかっただろう。恵利子には無理だ。務まるわけがない。瞳がそう語っていたし、恵利子自身もそう思っていた。私には無理だ、できるわけがない。そもそも他人の捨てた犬がどんな最期を迎えようと自分には関係のないことじゃないか、と。

今にして思えば、⑤あれは一種の通過儀礼だったのだろう。尚美はテストをしたのだ。気ままな主婦の恵利子にこのボランティアが務まるのか。

実際、その時点での恵利子にはなんの覚悟もなかった。一体そこにはなにがあるのかと、少しばかりの興味を胸に尚美のあとについて電車を乗り継ぎ、八幡《はちまん》山という見慣れぬ駅に降り立っただけだ。そもそも収容センターがどのような施設であるのかもろくに知らずにいた。

八幡山の駅から徒歩十五分ほどの国道沿いにあるその施設は、一見したところはごく普通の四角い建物にすぎず、その内側に犬たちの咆哮が轟《とどろ》いているとは思えない。が、敷地内に一歩踏みこめば、そこには殺処分された犬たちを弔う慰霊碑や、⑥「ふれあい広場」なる犬の放し飼いスペース、犬猫の運搬用キャリーケースなど、意味ありげな物影がつぎつぎと目に留まる。職員用とおぼしき自転車置き場にはなぜだか巨大なサンドバッグが吊されている。動物のみならずここには人間のストレスまでもが滞っているのかと怖気《おじけ》づく恵利子に、「去年はここに一万五千匹近くの犬と猫が収容されたの」と尚美がささやいた。

「そのうちの一万二千匹が殺処分された」

「殺処分?」

「ここに収容された犬に残された時間は、七日間だけ。そのあいだに飼い主が引きとりにこなかったら、べつのセンターに移されて、炭酸ガスで殺されるのよ」

しかし中にはまだ若かったり、性格が温厚だったりと、家庭犬としての再出発が見込める犬もいる。一定の基準をもとに職員がその可能性を認めた犬にかぎっては七日間をすぎてもセンターに残され、一般家庭への譲渡を前提としたしつけ訓練をほどこされることになる。※仮宿クラブを含む保護団体もセンターと連携し、譲渡先探しに協力をしたり、再出発をはたせるか否かの微妙なライン上にいる犬を引きとったりしている――。

尚美の話に耳を傾けているうちに、所内の事務室から一人の職員が姿を現した。

「こんにちは」

「ああ、いつもお世話さまです」

犬を捕らえる側と、解きはなつ側と――理屈上は敵同士のようでもある女性職員と尚美とは、しかし無闇な殺生はしたくないという一点で通じあっているらしく、顔みしりの親しさで言葉を交わしている。尚美はしばしばここを訪れているようだ。

それでも、実際に犬たちの収容場所へと足を踏みいれる段になると、尚美は急にひどく頼りなげな顔をして、その鼓動が伝わるほどに大きな深呼吸をした。ただならぬその様子を前にして、恵利子はそのとき、少々aフキンシンな高ぶりを感じたのを憶えている。

このドアの向こうにドラマティックな悲劇が待ちうけている。普段の日常からは及びもつかないような、自分という人間を底辺から揺さぶり変質させるような、そんな決定的な衝撃がひそんでいるのではないか、と。

しかし実際、そこにあったのは日常の至るところに影を落とす悲劇の一部にすぎなかった。多くの人々が目をそむけ、あるいは見なかったふりをして通りすぎるたぐいの後ろ暗い現実。自分の理解を超える

【国　語】〈五〇分〉〈満点：一〇〇点〉

一　次の文章を読んで、後の問に答えなさい。

　観ることもなくつけているテレビからは朝のワイドショーが流れ、昨日やおととい、一年前と代わりばえのしない事件がつぎつぎに映しだされていく。殺人。未成年者の犯罪。幼児虐待。政治家の汚職。他国の紛争や戦争。このところ暗い話題が多くて気が滅入りますねえ。本当に、始末に負えない事件ばかりで。滑舌の悪いコメンテイターが昨日やおととい、一年前と代わりばえのしない①繰り言をくりかえす。まったく始末に負えない。さらに悪いことに、話題性に富んだこれらは相次ぐ事件のごく一部で、実社会ではニュースにものぼらない無数の悲劇が日ごと人々を苦しめている。不慮の事故。リストラ。中小企業の倒産。自殺。たしかに、犬になどかまけていなくても、救いの手をさしのべるべき対象は②ごまんと存在する。

「犬助けとは、まったく優雅なもんだ」

　さっきの男の声を思いだすと、だからこそ③恵利子の胸はうずく。自分は正しいことをしているのだと言いきることはできないし、そもそも正しいことをしたいわけでもない。

　では、なんのために？

　ここ二年間、つねに頭のどこかにあった問い。

　一言でいえばなりゆきかな、と多少、肩の力が抜けてきた今の恵利子は思っている。

　④長く閉ざしていた瞼《まぶた》を開いたとき、恵利子の前に現れたのは虐待に苦しむ子供でも遠い国の難民でもなく、人間に捨てられ人間に捕らえられた無数の犬たちだった。その瞳が、その咆哮《ほうこう》があまりにもリアルだったから、恵利子は見ないふりをして通りすぎることができなかったのだ。

　犬猫の収容センター――捨て犬や迷い犬、飼育を放棄した飼い主に持ちこまれた犬猫が拘禁されている施設を恵利子が訪ねたのは、ちょうど二年前の春先だった。

　きっかけは、尚美からかかってきた一本の電話だ。

「このまえ話したボランティアの件だけど、本当にやる気があるんなら、ちょっとつきあってほしいところがあるの」

　尚美は大学時代から快活なリーダー肌で、恵利子はひそかにそんな彼女に憧れもしていたが、卒業後は片や専業主婦、片や独身の薬剤師という境遇の差のせいか、長らく年賀状だけのやりとりが続いていた。再び交流がはじまったのは、尚美が恵利子の近所に越してきた数年前。二人はときどきお茶をするようになり、恵利子は尚美が学生時代と変わらぬ精神の若さを維持していることに驚いた。ある日、尚美からボランティア活動の話をきいた恵利子は、反射的に「私もやりたい」と口走っていた。

　よほどの犬好きでなければ務まらない仕事だ、とその場では諭されて終わったものの、尚美もどこかで気にかけていたのだろう。

「［　Ⅰ　］。あれこれ説明するより、とにかくその目で見てもらおうと思って」

「見るって、なにを？」

「センター。俗にいう保健所の犬たちよ」

2024年度

解　答　と　解　説

《2024年度の配点は解答欄に掲載してあります。》

＜数学解答＞

1　(1)　$\frac{1}{81}a^5b^5$　　(2)　$2(x-3)(x-4)$　　(3)　$2\sqrt{3}$

2　(1)　$a=\frac{1}{2}$，-2　　(2)　$(a,\ b)=(2,\ 0)$，$(-2,\ 14)$　　(3)　$\frac{5}{9}$

3　$x=12$，$y=10$(求め方は解説参照)

4　(1)　$a=\frac{3}{2}$，$\mathrm{C}\left(-\frac{5}{3},\ \frac{25}{6}\right)$　　(2)　△OAB：△OAC＝27：85　　(3)　$-\frac{85}{36}$

5　(1)　解説参照　　(2)　①　12　　②　$\frac{24\sqrt{10}}{5}$　　③　27

6　(1)　$\frac{\sqrt{3}}{2}$　　(2)　$\frac{1}{3}$　　(3)　$\frac{1}{8}$

○推定配点○

1　各5点×3　　2　各5点×3　　3　10点　　4　各5点×4

5　(1)　10点　　(2)　各5点×3　　6　各5点×3　　計100点

＜数学解説＞

基本　1　(単項式の乗除，因数分解，平方根)

(1)　$\left(\frac{5}{9}a^2b\right)^3\times\frac{1}{5}a^3b^4\div\left(-\frac{5}{3}a^2b\right)^2=\frac{5^3a^6b^3}{9^3}\times\frac{a^3b^4}{5}\times\frac{3^2}{5^2a^4b^2}=\frac{1}{81}a^5b^5$

(2)　$(x-2)^2+(x-10)(x-2)+2x=x^2-4x+4+x^2-12x+20+2x=2x^2-14x+24=2(x^2-7x+12)$
$=2(x-3)(x-4)$

(3)　$\frac{(3\sqrt{2}-\sqrt{6})(\sqrt{3}+3)}{\sqrt{6}}=\frac{3\sqrt{6}+9\sqrt{2}-3\sqrt{2}-3\sqrt{6}}{\sqrt{6}}=\frac{6\sqrt{2}}{\sqrt{6}}=\frac{6}{\sqrt{3}}=2\sqrt{3}$

2　(2次方程式，関数，確率)

基本　(1)　$ax^2+2a^2x-6=0$に$x=3$を代入して，$9a+6a^2-6=0$　　$2a^2+3a-2=0$　　解の公式を用いて，$a=\frac{-3\pm\sqrt{3^2-4\times2\times(-2)}}{2\times2}=\frac{-3\pm5}{4}=\frac{1}{2}$，$-2$

基本　(2)　$y=\frac{12}{x}$に$x=1$，6をそれぞれ代入して，$y=12$，2　　よって，$2\leqq y\leqq12$　　$y=ax+b$に$x=1$，6をそれぞれ代入して，$y=a+b$，$6a+b$　　①　$a+b=12$，$6a+b=2$のとき，これらを満たすa，bの値は，連立方程式を解いて，$(a,\ b)=(-2,\ 14)$　　②　$a+b=2$，$6a+b=12$のとき，これらを満たすa，bの値は，連立方程式を解いて，$(a,\ b)=(2,\ 0)$

重要　(3)　さいころの目の出方の総数は6×6＝36(通り)　このうち，$x=1$となるとき，$(a,\ b)=(1,\ 1)$，$(2,\ 1)$，$(3,\ 1)$，$(4,\ 1)$，$(5,\ 1)$，$(6,\ 1)$の6通り。$x=2$となるとき，$(a,\ b)=(1,\ 2)$，$(2,\ 2)$，$(2,\ 6)$，$(3,\ 4)$，$(4,\ 2)$，$(6,\ 2)$の6通り。$x=3$となるとき，$(a,\ b)=(1,\ 3)$，$(6,\ 3)$の2通り。$x=4$となるとき，$(a,\ b)=(5,\ 6)$，$(6,\ 4)$の2通り。以上，xが有理数となるのは，6＋6＋2＋2＝16(通り)だから，求める確率は，$1-\frac{16}{36}=\frac{5}{9}$

3　(方程式の利用)

QR間の道のりは$30-(x+y)$kmだから，時間について，$\frac{x}{12}+\frac{30-(x+y)}{16}+\frac{y}{20}=2$…①，$\frac{x}{18}+\frac{30-(x+y)}{16}+\frac{y}{12}=2$…②　　①－②より，$\frac{x}{36}-\frac{y}{30}=0$　　$5x-6y=0$…③　　①×240より，$20x$

$+450-15(x+y)+12y=480$　$5x-3y=30$…④　④－③より，$3y=30$　$y=10$　これを③に代入して，$5x-60=0$　$x=12$　これらのx，yの値は問題に適する。

重要 4 （図形と関数・グラフの融合問題）

(1)　放物線$y=ax^2$は点A(4，24)を通るから，$24=a\times4^2$　$a=\frac{3}{2}$　$y=\frac{3}{2}x^2$に$x=1$を代入して，$y=\frac{3}{2}\times1^2=\frac{3}{2}$　よって，$B\left(1,\ \frac{3}{2}\right)$　点Cのx座標を$t(<0)$とすると，$C\left(t,\ \frac{3}{2}t^2\right)$　CB：BD＝16：9より，CD：BD＝25：9　平行線と比の定理より，$\frac{3}{2}t^2:\frac{3}{2}=25:9$　$t^2=\frac{25}{9}$　$t<0$より，$t=-\frac{5}{3}$　$y=\frac{3}{2}x^2$に$x=-\frac{5}{3}$を代入して，$y=\frac{25}{6}$　よって，$C\left(-\frac{5}{3},\ \frac{25}{6}\right)$

(2)　直線ℓの傾きは，$\left(\frac{3}{2}-\frac{25}{6}\right)\div\left\{1-\left(-\frac{5}{3}\right)\right\}=-1$　直線ℓの式を$y=-x+b$とすると，点Bを通るから，$\frac{3}{2}=-1+b$　$b=\frac{5}{2}$　また，直線OAの傾きは，$\frac{24-0}{4-0}=6$だから，直線OAの式は$y=6x$　直線ℓと直線OAとの交点をPとすると，$y=-x+\frac{5}{2}$と$y=6x$からyを消去して，$6x=-x+\frac{5}{2}$　$7x=\frac{5}{2}$　$x=\frac{5}{14}$　よって，$P\left(\frac{5}{14},\ \frac{15}{7}\right)$　したがって，△OAB：△OAC＝BP：PC＝$\left(1-\frac{5}{14}\right):\left\{\frac{5}{14}-\left(-\frac{5}{3}\right)\right\}=\frac{9}{14}:\frac{85}{42}=27:85$

(3)　△AED＝△ODA＋△OAE，(四角形ODACの面積)＝△ODA＋△OACより，△AED＝(四角形ODACの面積)のとき，△OAE＝△OACだから，OA//CE　直線CEの式を$y=6x+n$とすると，点Cを通るから，$\frac{25}{6}=6\times\left(-\frac{5}{3}\right)+n$　$n=\frac{85}{6}$　$y=6x+\frac{85}{6}$に$y=0$を代入して，$x=-\frac{85}{36}$　よって，点Eのx座標は$-\frac{85}{36}$

5 （平面図形の証明と計量）

基本 (1)　点FとBを結ぶ。$\overset{\frown}{\mathrm{GB}}$に対する円周角だから，∠GAE＝∠BFE…①　半円Bの半径だから，BE＝BF…②　よって，△BEFで②より，∠GEA＝∠BFE…③　①，③より，∠GAE＝∠GEAだから，△GAEでGA＝GE

基本 (2)　①　ABは直径だから，∠AFB＝90°　よって，$AF=\sqrt{AB^2-BF^2}=\sqrt{(5\times2)^2-8^2}=6$　△CBF$=\frac{1}{2}$△AFB$=\frac{1}{2}\times\frac{1}{2}\times6\times8=12$

重要 ②　FからABにひいた垂線をFHとすると，2組の角がそれぞれ等しいから，△AFB∽△FHB　AF：FH＝BF：BH＝AB：FB　$FH=\frac{AF\times FB}{AB}=\frac{6\times8}{10}=\frac{24}{5}$，$BH=\frac{BF\times FB}{AB}=\frac{8\times8}{10}=\frac{32}{5}$　よって，$EF=\sqrt{FH^2+EH^2}=\sqrt{\left(\frac{24}{5}\right)^2+\left(8+\frac{32}{5}\right)^2}=\frac{24\sqrt{10}}{5}$

重要 ③　底角が等しい二等辺三角形だから，△GAE∽△BFE　相似比は，AE：FE＝$(5+5+8):\frac{24\sqrt{10}}{5}=15:4\sqrt{10}$だから，面積比は，$15^2:(4\sqrt{10})^2=45:32$　△BFE$=\frac{1}{2}\times$BE×FH$=\frac{1}{2}\times8\times\frac{24}{5}=\frac{96}{5}$　よって，△GAE$=\frac{45}{32}$△BFE$=\frac{45}{32}\times\frac{96}{5}=27$

重要 6 （空間図形の計量）

(1)　仮定より，△OAB，△ODC，△AODは合同な直角二等辺三角形だから，OB＝OC＝BC＝$\sqrt{2}$AB＝$\sqrt{2}$となり，△OBCは正三角形である。1辺の長さがaの正三角形の高さは$\frac{\sqrt{3}}{2}a$で表せるから，△OBC$=\frac{1}{2}\times\sqrt{2}\times\frac{\sqrt{3}}{2}\times\sqrt{2}=\frac{\sqrt{3}}{2}$

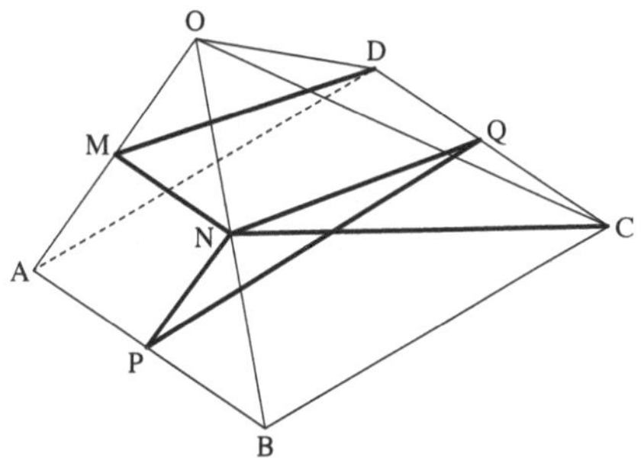

(2)　四角錐O－ABCDの高さはOからADにひいた垂線OHとなる。OH$=\frac{1}{2}$AD$=\frac{\sqrt{2}}{2}$より，四角錐O－ABCDの体積は，$\frac{1}{3}\times1\times\sqrt{2}\times\frac{\sqrt{2}}{2}=\frac{1}{3}$

(3)　辺OBの中点をNとすると，切断面は台形MNCDとなる。また，Nを通る平面ABCDに垂直な平面と辺AB，CDとの交点をそれぞれP，Qとする。点Oを含まない方の立体の体積は，三角柱MAD－NPQと四角錐N－PBCQの体積の和に等しい。MからADにひいた垂線をMIとすると，MI＝$\frac{1}{2}$OH＝$\frac{\sqrt{2}}{4}$　また，MN＝$\frac{1}{2}$AB＝$\frac{1}{2}$　三角柱MAD－NPQの体積は，$\frac{1}{2}\times\sqrt{2}\times\frac{\sqrt{2}}{4}\times\frac{1}{2}=\frac{1}{8}$　四角錐N－PBCQの体積は，$\frac{1}{3}\times\left(1-\frac{1}{2}\right)\times\sqrt{2}\times\frac{\sqrt{2}}{4}=\frac{1}{12}$　よって，点Oを含む方の立体の体積は，$\frac{1}{3}-\left(\frac{1}{8}+\frac{1}{12}\right)=\frac{1}{8}$

★ワンポイントアドバイス★

空間図形が復活し，出題構成や難易度も例年どおりであり，さまざまな分野からバランスよく出題されている。時間配分を考えながら，できるところから解いていこう。

＜英語解答＞

Ⅰ　A　(1)　C　(2)　A　(3)　D　(4)　C　(5)　B
B　問1　(1)　C　(2)　B　問2　ア　素晴らしい芸術作品　イ　5歳児が描いたもの

Ⅱ　問1　1－a　D　1－b　B　1－c　A　1－d　E　問2　A　問3　母の額に口を当てて低い声で話すという方法。　問4　of his who later became his wife　問5　voice
問6　named　問7　ほとんどの人々は，電話は仕事のための道具にしかならないと思っており，自宅に置くものになるとは思ってもいなかった。　問8　①　they don’t need a wire. So we can carry them easily and use them anywhere.　②　they have many functions. For example, we can take pictures and send and receive messages.

Ⅲ　問1　A　問2　B　問3　B　問4　D　問5　B，D　問6　中国語の読み書きには，何千もの個別の絵や文字を身につける必要があること。　問7　A　問8　(1)　A
(2)　B　(3)　B　(4)　D

Ⅳ　(1)　I climbed Mt. Takao with a Canadian friend who is studying in Japan.
(2)　He was very surprised to find that the top of the mountain was more crowded than he had expected.

○推定配点○

Ⅰ　各2点×9　Ⅱ　問3・問4・問7　各5点×3　問8　各7点×2　他　各2点×7
Ⅲ　問6　5点　他　各2点×10(問5完答)　Ⅳ　各7点×2　計100点

＜英語解説＞

Ⅰ　リスニング問題解説省略。

Ⅱ　**（長文読解問題・歴史・伝記：文挿入，語句解釈，内容吟味，語句整序，条件英作文，進行形，関係代名詞，分詞・動名詞，前置詞，助動詞，不定詞，間接疑問文）**

（全訳）　電話を持たずに，いかに暮らしていくかを想像することができないのであれば，電話の発明家であるアレクサンダー・グラハム・ベルに感謝の言葉を述べるとよい。ベルは1847年にスコットランドで生まれた。1-a D生涯を通じて，自己の家族からの影響も部分的にあり，彼は意思疎通に関して強い興味を抱いていた。彼の祖父は役者で，有名な演説の指導者であり，彼の父は最初の国際音声記号を開発した。彼の母からの影響は，非常に異なるものだった。(2)彼女はほぼ完全に耳が聞こえなかったので，彼女にとって意思疎通は多大な努力を要した。人々の話を聞くために，彼女は通常，自分の耳元に筒をあてがった。幼い頃，彼女の息子のアレクサンダーは(2)彼女と意思疎通をするための別の方法を見つけ出した。彼は自分の口を彼女の額に押し付けて，低い声で話すのが常だった。音波が彼女の頭部の骨を通って彼女の耳へと送られた。このことは，音に関する彼の多くの発見の中で，最初のものの1つであった。

10代(13歳から19歳まで)の若者として，ベルは男子校で音楽と弁論術を教えた。自由時間には，彼の1人の兄とさまざまな発明に励み，楽しんだ。その中には，農場労働用の便利な機械も含まれていた。その後，ベルの兄弟のどちらもが病気になり，亡くなった。彼は同じ恐ろしい病気，結核にかかり，その結果，彼の両親は家族でカナダへ移ることを決意した。その地で，彼の健康は回復した。

1-b [B]24歳の時に，ベルはアメリカへ移った。耳が聞こえない子供達の学校で教えるために，彼はボストンへ赴いた。ボストンで，彼はメイベル・ハバードと恋に落ちた。(4)彼女は彼の生徒で，後に彼の妻になった。人生のこの時期において，終始，彼は非常に多忙な人であった。教えることに加えて，彼はいくつかの発明に取り組んでいた。

ベルの主な目標は，ろう者の聴覚を補助する装置を作ることだった。1-c [A]同時に，彼は電報を改良しようとしていた。当時，電報は，遠く離れたところへ情報を迅速に送る唯一の手段であった。電報によるメッセージは導線を通じて送られ，アルファベットの文字に符合する長短の音を用いたモールス信号にて伝達された。ベルは人の5声を導線によって送る方法を見つけようとしていた。しかしながら，ほとんどこの考えを信じる人はいなくて，人々は彼に言い続けた。「あなたは時間を無駄にしているだけです。より良い電報，つまり，それはお金が関与する，ということですが，そのようなものを発明しようとするべきです」

1-d [E]ベルは音や電気に関して多くを理解していたが，実際に，ものを作ることにそれほど秀でているわけではなかった。幸運にも，彼はトマス・ワトソンという名前の男と出会った。ワトソンは，ベルにとって，非常に手助けとなる人物であることが後に判明した。ある日――それは1876年の3月10日だった――2人は離れた部屋で作業に当たっていた。彼らは，新しい発明を検証する準備をしていた。それは，1つの部屋からもう一方へと導線をつなげたものだった。何かが上手くいかず，ベルは叫んだ。「ワトソン君。ここに来てくれ。君が必要だ」彼の声は導線を伝わり，ワトソンは新しい装置からそれが発せられるのを耳にした。それが世界初の電話の呼び出しだった。その時，ベルはそのことを認識していたかもしれないし，そうでなかったかもしれないが，彼は大金持ちとなる，その途上にいたことになる。

すぐ後に，ベルは彼の父に手紙を書いた。

「電線が水やガスのように家々に供給され，そして，友人同士が家を離れずに互いに会話をするようになる日がやって来るでしょう」

おそらく，彼の父はこの考えを聞いて笑ったことだろう。当時，(7)ほとんどの人々が，電話は単に商売のための道具にすぎず，家で誰もが所有するようなものではない，と考えていた。ベルは電話に対してより大きな将来を思い描くことができたが，(8)彼でさえも，今日の電話がどのようなものであるか，全く想像することはできなかったであろう。

やや難 問1　全訳参照。 1-a 　空所以降，祖父，父，母のことが書かれていることから判断する。　正解はD。all through「～のあいだずっと」 interest in「～に対する興味」 <partly because + of + 名詞」(相当語句)>「部分的に，～のために」 1-b 　前段落の最後では，カナダに家族で移住したことが記されているが，空所の直後では，He went to Boston ～ とあることに注目すること。 1-c 　空所以降では，telegraph「電報」に関する説明が続いている。are trying ← <be動詞 + 現在分詞[－ing]>進行形 1-d 　後続文で，「ワトソンと出会い，ベルにとって大いに役立つ人物であることが判明した」と書かれており，空所内にベルが問題を抱えていたという主旨の文が入れば，ワトソンがそれを補完したということで，論旨の展開が自然となる。a great deal「多[大]量の」 <be動詞 + not + good at>「～がそれほど上手ではない」 a man named Thomas Watson, who turned out to be ～ ← <名詞 + 過去分詞 + 他の語句>「～された名詞」過去分詞の形容詞的用法／主格の関係代名詞 who の継続[非制限]用法(コンマ(,)＋関係詞) turn out(to be)「結局～となる，判明する」 C.「また，彼は耳が聞こえない子供達を対象とした彼自身の学校を持つ夢を有していた」a dream of having ～ ← <前置詞 + 動名詞[－ing]>前置詞の後ろに動詞を持ってくるときには動名詞にする。

重要 問2 deaf = cannot hear anything or cannot hear very well almost「ほとんど，九分通り」 たとえ，deaf という語を知らなくとも，第1段落の文脈から，その意味を推測することは可能。正解はA「彼女はよく聞くことができなかった」。could ← can「できる」の過去形 <in order + 不定詞[to + 原形]>「～するために」 <used + 不定詞[to + 原形]>「よく～した，～するのが常だった」 B.「彼女ははっきりと物事を見ることができなかった」 C.「彼女は大きな声で話すことができなかった」 D.「彼女は全く話すことも聞くこともできなかった」not ～ at all「全く～ない」 neither A nor B「AもBも～ない」

基本 問3 下線部(3)は「彼女と意思疎通をする別の方法」の意。次の文(He used to press ～)で具体的な方法が説明されている。another way to communicate with her 不定詞の形容詞用法<名詞 + 不定詞[to + 原形]>「～するための／すべき／という名詞」 <used + 不定詞[to + 原形]>「よく～した／～するのが常だった」

基本 問4 fall in love with「～と恋に落ちる」<a[an]／this[these]／that[those]／some／any／no + 名詞 + of + 所有代名詞[～のもの]> <先行詞(人)＋ 主格の関係代名詞 who + 動詞>「動詞する先行詞」

やや難 問5 空所(5)を含む文は「導線を越しに人の(5)を送る方法を見つけようとしていた」の意で，それ以前は電報について記されているので，(5)を含む文は電報以外の手段を指すことになる。続く第5段落では，電話が偶然誕生した経緯が記されており，His voice traveled along the wire ～という文が含まれている。 was trying ← <be動詞 + －ing>進行形 <知覚動詞[hear・see・feel など]＋ O + 現在分詞[－ing]>「Oが～しているところを知覚[聞く・見る・感じる]する」

基本 問6 動詞の name = to give a name to somebody or something <名詞 + 過去分詞 + 他の語句>「～された名詞」過去分詞の形容詞的用法

基本 問7 全訳参照。<most + 名詞(可算名詞・不可算名詞共に可)>「大部分[大多数]の名詞」expect ＋O＋ 不定詞[to + 原形]「Oが～すると思う」 A, not B「Aであって，Bではない」something that anyone would ever have at home ← 目的格の関係代名詞 that anyone「だれでも」(肯定文で)

やや難 問8 (全訳) 私達が現在使っている電話は，19世紀にあなたが発明したものとは違います。それらがどのようなものであるかを説明しましょう。まず，①導線は必要ありません。よって，簡単に持ち運びできて，どこでも使うことができます。次に，②多くの機能が備わっています。例えば，写真を撮り，メッセージを送受信することができます。 the telephones we use／ones you invented ← 目的格の関係代名詞の省略 ones ← one(既出の単数名詞の代用語)の複数形 I'll explain what they are like. ← 疑問文(What are they like?)が他の文に組み込まれる[間接疑問文]と，<疑問詞 + 主語 + 動詞>の語順になる。「簡単にOを持ち運びする」carry O easily 「どこでもOを使える」can use O anywhere 「写真を撮る」take pictures 「メッセージを送受信する」send and receive messages

Ⅲ〔長文読解問題・歴史：語句補充・選択，文整序，語句解釈，内容吟味，要旨把握，不定詞，関係代名詞，前置詞，分詞・動名詞，受動態，比較，助動詞，間接疑問文，現在完了，接続詞〕

〔全訳〕 学校へ入るや否や，子供が学ぶことになる最初の技能の1つに，どのようにして自分の名前を書いたらよいか，そして，他のアルファベットの文字を書く方法がある。それは学習した技能であり，言葉の知識，優れた運動機能，そして，記憶を必要とする。読むことと同時に，すべての教科に必要な最も基本的技能の1つである。しかし，今日私達が知っているようなアルファベットの形態で，書くことが常に存在していたわけではなかった。実際には，全く存在していなかった時もあった。

古代エジプト人は，最初の書体である象形文字を，紀元前3500年頃に作り出した。(2)イ象形文字は絵のように見えた。ウ絵の中には対象を表す場合もあった。ア例えば，鳥という語ならば，絵は鳥となるだろう。エこれらはピクトグラムと呼ばれる。だが，象形文字はピクトグラムに限らなかった。絵の中には音を表すものがあった。例えば，鳥の絵は“a”という音としての機能を果たした。それは非常に複雑な書体だった。合計では，700以上の絵や記号が存在していたが，それは英語のアルファベットの26文字よりはるかに多かった。加えて，句読点が存在しなかった。より象形文字を難しくしていたのは，左から右，右から左，あるいは，上から下にさえ，記される可能性があった。象形文字は(3)そのような複雑な書体を有していたので，習得するには長年の訓練を要した。当時のエジプト人のほとんどが，読むことも書くこともできなかった。書くという行為は高度の学習した技能だったので，政府の書記ないしは聖職者のみしか，そのやり方を知らなかった。

エジプト人と同様に，古代中国人も，約紀元前1500年の時期より，4ア[D]ピクトグラムに基づいた筆記法を発達させた。いくつかの象形文字のように，最初の中国文字は，意味することを意図された語のような形状をしていた。例えば，太陽という語は，太陽の視覚的4イ[D]像だった。また，象形文字のように，中国文字はピクトグラムに限定されなかった。他の文字は概念を表すために作り出された。それらは単語のそのもののように必ずしも見えなかった。実際，多くの中国文字は，2つ以上の文字を組み合わせたものだ。例えば，5ア[B]月と5イ[D]太陽という文字の組み合わせは，「明るい」を意味する。このように，各文字と組み合わせは固有の意味を有している。中国の話者は，その言語を読み書きできるように，何千もの特有の絵や文字を学ばなければならなかった。(6)このことが，今日でさえも，中国語を最も難しい言語の1つにしている。古代中国語の筆記法で使われていたピクトグラムの形状は変化して，現在では中国語の文字のわずかな割合を占めているに過ぎない。だが，その古代の起源ゆえに，それは現存する最も長く持続する筆記法の1つとして未だに見なされている。

古代エジプトや中国の筆記で用いられたもののように，ピクトグラムは今日の世界でも未だに使われている。つまり，(7)いまだに今日でさえも，絵は考えを伝達するのに使用されているのである。例えば，あなたがどこへ旅行しようとも，単純な男女の姿を示す記号を標示することで，どのトイレが女性用で，どれが男性用であるかを伝えるのに十分である。道路上で，子供達が歩いている標識は，どこで通常，彼らが道路を横断するかを示している。道路わきの標識上の動物の絵は，運転手にそのような動物がその地域に存在しているということを，運転手に警告している。さらに，ほぼどこへ行こうとも，禁煙のピクトグラムを見つけることができる。また，最近，若い人達は，電子メールやテキストメッセージにおいて，絵文字の形態で，ピクトグラムをより頻繁に使っている。これらは，感情，あるいは，他の考えを伝達するために用いられているのである。

筆記の発明はピクトグラムの使用と共に始まったが，象形文字は，もはやエジプトでは書かれておらず，古代中国のピクトグラムは変容してしまった。そのうえ，書法は発達して，ほとんどの現代の言語は，今日，アルファベット方式を使用している。それにもかかわらず，ピクトグラムは書き言葉で意思伝達をする際に，最も基本となる形として残存し続けており，今日でもいまだに使われているのである。

基本 問1　学校に入学して初めて習う技能の1つが，名前の書き方とアルファベットのつづり方である，と考えれば，正解は how である。<how ＋ 不定詞[to ＋ 原形]>「どのように～したらよいか／～する方法」 the first skills a child will learn ← 目的格の関係代名詞の省略　upon entering school ← <upon[on]＋ 動名詞[－ing]>「～するとすぐ」 <what ＋ 不定詞[to ＋ 原形]>「何を～したらよいか」 <where ＋ 不定詞[to ＋ 原形]>「どこで～したらよいか」 why の後ろには不定詞は接続しない。

重要 問2 「古代エジプト人は最初の書体である象形文字を紀元前3500年頃に作り出した」→ イ「象形文字は絵のように見えた」→ ウ「絵の中には対象を表す場合もあった」→ ア「例えば，仮に鳥という語ならば，絵は鳥となるだろう」→ エ「これらはピクトグラムと呼ばれる」→「だが，象形文字はピクトグラムに限らなかった」for example「例えば」 If the word was a bird, then the picture would be a bird. ←　仮定法過去<It ＋S ＋ 過去形 ～, S ＋ 過去の助動詞 ＋ 原形…>現在の事実に反することを仮定「もし～ならば，…だろう」 These are called pictograms. ← S call O C「SはOをCと呼ぶ」⇔ <S ＋ be動詞 ＋ called ＋ C>「SはCと呼ばれる」

基本 問3　下線部(3)は「そのような複雑な書体」の意。第2段落で，It[hieroglyphic]was a very complicated form of writing. という文に続いて，象形文字の複雑さについて記されているので，参考にすること。正解はB.「それには句読点がなく，異なった方向に書くことができた」。a complex written from ← <過去分詞 ＋ 名詞>「～された名詞」過去分詞の形容詞的用法 could be written ← <助動詞 ＋ be ＋ 過去分詞>助動詞を含む受動態／could ← can「できる」の過去形　more than「～以上」many more「ずっと多く，より多く，もっと多く」(many の比較級 more の強調)　in addition「加えて，他にも」 more difficult ← difficult「難しい」の比較級　A.「それには700以上の符号があって，26以上のアルファベットが含まれていた」アルファベットが含まれていたという事実はない。more「より多く(の)」← many／much の比較級　C.「それはとても難しくて，当時，誰も習得できなかった」～ it took many years of practice to master it. とは書かれているが，誰も習得できないという記述は事実に反する。so ～ that …「とても～なので…」 D.「それはエジプトの人々に対して，政府の書記や聖職者によって教えられた」Writing was a highly learned skill ～とあるが，選択肢Dのような記述はナシ。was taught ← <be動詞 ＋ 過去分詞>受動態「～される」a highly learned skill ← <過去分詞 ＋ 名詞>「～された名詞」過去分詞の形容詞的用法　(so)that(結果)「それで，だから」 <how ＋ 不定詞[to ＋ 原形]>「いかに～するか／～する方法」

やや難 問4　(4ア)を含む文(「エジプト人と同様に，古代中国人も，約紀元前1500年の時期より，(4ア)に基づいた筆記法を発達させた」)は，like the Egyptiansとあるので，前段落のエジプト人が作った象形文字に関する説明を参考にすること。適語は pictograms である。based on「～に基づいて」　(4イ)を含む文(「例えば，太陽という語は，太陽の視覚的(4イ)だった」)は，前文に the first Chinese characters looked like ～とあるのを参考にすること。適語は images「像」。The word they were meant to represent　← 目的格の関係代名詞の省略／受動態<be動詞 ＋ 過去分詞>　alphabets「アルファベット」 effect「効果」

基本 問5　第3段落第4・5文に the Chinese characters were not limited ～とある。また，空所(5ア)・(5イ)を含む文は「例えば，(5ア)と(5イ)の文字の組み合わせは『明るい』を意味する」の意。「明るい」という概念を生み出す組み合わせは，moon「月」とsun「太陽」。他の選択肢

(eye「目」・mountain「山」・tree「木」・water「水」)からは,「明るい」というイメージは連想されない。were not limited／were created ← <be動詞 + 過去分詞>受動態「～される,されている」 to represent ～ ← 不定詞の副詞的用法(目的)「～するために」

基本 問6 前文 Chinese speakers had to learn ～の内容を字数制限内でまとめること。had to learn ← <have + 不定詞[to + 原形]>「～しなければならない／にちがいない」の過去形 thousands of「何千もの～」 to be able to read and write ～ ← 不定詞の副詞的用法(目的)「～するために」+ <be + able + 不定詞[to + 原形]>「～できる」

基本 問7 A.「女性の姿は,この標示を有するトイレは女性用であることを私達が理解する手助けとなっている」(○)第4段落第3文に一致。 help us understand ～ ← <help + O + 原形>「Oが～[原形]する手助けをする」 a sign that shows ～ ← 主格の関係代名詞 that B.「子供が歩いているピクトグラムを見つけたら,学童はその通りを横切ってはいけない」(×)第4段落第4文に On roads, a picture of children walking shows ～とあるので,不適。must not「～してはいけない」 of children walking ← <前置詞 + 動名詞の意味上の主語[所有格 or 目的格] + 動名詞[－ing]> ～ shows where children usually cross ～ ← 疑問文が他の文に組み込まれる[間接疑問文]と,<疑問詞 + 主語 + 動詞>の語順になる。 C.「運転手が動物のピクトグラムを見た際には,気をつけなければならないことを他の運転手に告げなければならない」(×)第4段落第5文に A picture of an animal ～とあるので,不可。must「～しなければならない／にちがいない」 D.「禁煙のピクトグラムを見かけたら,火で遊んではいけない」(×)「禁煙」とは,タバコを吸うことを禁じるという意味なので,不適。must「～しなければならない／にちがいない」

重要 問8 (全訳) 今日の書記体系の大部分においては,(1)[A]アルファベットが用いられている。しかしながら,古い書法では,(2)[B]絵が使われた。エジプトの象形文字では,多くのピクトグラムが用いられ,古代中国語でも,ピクトグラムを使った書記体系が生み出された。象形文字はもはや使われておらず,今日の中国語の文字においては,古代中国語のピクトグラムのうち,(3)[B]わずかしか残存していないが,道路標識や絵文字のような形で,(4)[D]現在の意思伝達において,ピクトグラムが使われている。 (1) 第5段落第2文に most modern languages now use an alphabet system. とあるので,正解は alphabet。knowledge「知識」 memory「記憶」 names「名前」
(2) 第2・3段落によると,古代エジプト・中国の書法では絵が用いられていた,と記されているので,正解は pictures。letters「手紙,文字」 sounds「音」 subjects「教科,話題・主題,対象」 (3)・(4) 第3段落最後から第2文に The form of the pictograms used ～とあるので,正解は very few「ごく少数」。none「だれも～ない」 many「多い」 almost all「ほぼ全て」 一方,道路標識や絵文字に関しては,Pictograms, ～ are still used in today's world. で始まる第4段落で言及されているので,正解は modern「現代の」。ancient「大昔の,古代の」 difficult「困難な」 emotional「感情的な,感情に動かされやすい」 although「たとえ～といえども」 are no longer used ← 受動態<be動詞 + 過去分詞>「～される／されている」／no longer「もはや～ない」 A such as B「BのようなA」 the pictograms used in ancient Chinese writing has changed ← <名詞 + 過去分詞 + 他の語句>「～された名詞」過去分詞の形容詞的用法／<have[has] + 過去分詞>現在完了(完了・結果・経験・継続) those used in ancient Egyptian and Chinese writing ← 過去分詞の形容詞的用法

やや難 Ⅳ (和文英訳：前置詞,進行形,関係代名詞,受動態,比較,不定詞)

(1) 「～に登った」climbed ～ 「Aを連れて」with A 「日本に留学中」→「日本に滞在している」<is + staying in Japan> 「～しているカナダの友人」a Canadian friend who is －ing

(2) 「目を丸くしていた」→「驚いた」was surprised 「思いのほかごった返していた」was more crowded than he had expected ＜had ＋ 過去分詞＞(過去完了)過去の一時点よりもさらに前の出来事を表す。 「～していたために，ある感情がわきあがる」＜感情を表す表現 ＋ 不定詞[to ＋ 原形]＞

★ワンポイントアドバイス★

Ⅱ問1とⅢ問2の文挿入[文整序]問題を取り上げる。本文と選択肢の正しい理解が前提となるので，語彙力，文法力などが問われる。キーワードやつなぎ言葉などに注意を払いながら，該当箇所が自然な論旨となるように適文を選択する。

＜国語解答＞

一 問一 ① ア ② ウ 問二 エ 問三 (例) 困難を抱えている誰かやなにかを自分とは関係のない存在だとして，ずっと見ないふりをして過ごしてきたこと。 問四 百聞は一見に如かず 問五 (例) 尚美が恵利子を収容センターに連れていったのは，犬たちの置かれた現実を恵利子に見せ，ボランティアを務める覚悟があるかどうか確かめるものだったのだということ。 問六 (例) 近いうちに殺処分される多くの犬を収容する場所と，ふれあい広場という和やかな名称がいかにも不釣り合いであることを際立たせること。

問七 総じて清潔 問八 (例) 九割を見捨てて(い)る 問九 (例) デザートを待たずに席を立った 問十 ウ 問十一 (例) 困難を抱えている誰かやなにかを自分とは無関係な存在だとして主体的に関わっていくことをせず，自らの穏やかな日常が守られた場所から世の中を見下ろすように生きてきた自分を脱し，自分以外の他者の存在をリアルに実感して，それらのために自分から選んで働きかけていくような生き方をしていくため。

問十二 a 不謹慎 b 仰仰[仰々]しく c 虚勢 d 請[乞](う)

二 問一 a 据(える) b 絡(み) 問二 (例) どんな運動をどれくらいできるかという機能の面からではなく，(他者から／社会的に)どう見られるかという(容姿の)形態の面から認識している。 問三 「女らしさ」という社会的抑圧 問四 修理返品交換が必要な不良品 問五 意 問六 (例) サッカーを通して，互いの体を機能の面から認め合い，目標を共有する仲間と協力することで視野が広がり，女性の体を形態の美しさで評価する社会の価値観の抑圧から解放され，自分たちが活躍できる世界の広がりを実感できるから。

問七 引け 問八 イ

○推定配点○

一 問三・問五・問六 各8点×3 問四・問八 各4点×2 問十一 10点
問十二 各2点×4 他 各3点×5
二 問一 各2点×2 問二 6点 問三・問四 各4点×2 問六 8点 他 各3点×3
計100点

＜国語解説＞

一　**(小説文－語句の意味，文脈把握，内容吟味，脱文補充，文章構成，心情，作文(課題)，漢字の書き取り)**

問一　①「繰り言」とは，同じ愚痴を繰り返し言うこと。　②「ごまん」とは，非常にたくさんあるさま。

問二　傍線部の後に，「自分は正しいことをしているのだと言いきることはできないし，そもそも正しいことをしたいわけでもない。ではなんのために？ここ二年間，つねに頭のどこかにあった問い」とあり，二年もの間，答えを見つけられず，考え続けていた問いを男の言葉によって再び思い知らされている。

問三　傍線部の後に，「恵利子の前に現れたのは(中略)人間に捨てられ人間に捕らえられた無数の犬たちだった。その瞳が，その咆哮があまりにもリアルだったから，恵利子は見ないふりをして通りすぎることができなかった」とあり，今まで恵利子は捨てられた犬，その犬が収容センターに連れ去られても，見ないふりをしてきたが，犬たちの叫びともいえる咆哮に無関係でいられなくなったのである。

問四　空欄の後に，「あれこれ説明するより，とにかくその目で見てもらおうと思って」とあることから，人から何度も聞くより，一度実際に自分の目で見るほうが確かであるという意味の「百聞は一見に如かず」と入れるのが適当。

重要　問五　「通過儀礼」とは，人々の生涯における誕生・成人・結婚・死亡といった節目を通過する際に行なわれる儀礼のこと。ここでは傍線部の後に，「尚美はテストをしたのだ。気ままな主婦の恵利子にこのボランティアが務まるのか」とあり，恵利子を収容センターへ連れて行き，犬たちの現実を見せることで，本当にボランティアを務められるのかを試そうとしたのである。

問六　「ふれあい広場」とは「犬の放し飼いスペース」のこと説明している。収容センターでは，8割の犬が殺処分される厳しい現実の中，和やかな雰囲気を持つ「ふれあい広場」を強調することで，収容センターで行われていることとの対比を明らかにしている。

問七　脱文の中に，「が，」とあり，逆接の意味を有することから，前文の内容と反対の箇所に入れる。よって，収容センターの現実が，自分の理解を超える所にあれば一時的に狼狽えることで終わったかもしれないが，理解できる範囲にあったからこそ，その現状に悲痛さを感じ，動じることができなかったと続くのが適当。

問八　空欄の前に，「だから，私の中にいつもあるのは，自分はこの犬たちの一割を救ってるんだって思いじゃなくて」とあることから，助けている犬のことを思うより，殺処分される大多数の犬のことについて考えを巡らせていると尚美は恵利子に話している。

問九　傍線部の後，恵利子がランチを食べるために入ったレストランにおいて，イラクで拉致された日本人は自己責任であると話す二人の主婦の会話に，いたたまれない気持ちになり，ミニコースのデザートも食べずに席を立ったのである。

問十　傍線部の後に，「この麗らかな昼下がり，グラスワインを片手にカラフルな前菜をつつきながら，自分以外の誰かのためになにかをしようとした若者たちを弾劾する。(中略)恵利子はなんとも言いがたい羞恥の念に襲われた」とあることに着目する。「羞恥の念」とは，恥ずかしいと思うこと。何もすることなく，ただ通りすぎてきた自分に対して恥じらいを感じ，自分自身について見つめ直そうという気持ちになっている。

やや難　問十一　何もすることができないという思いから，今までは目をそらしたり，見ないふりをしてきた恵利子であったが，尚美に収容センターでのボランティアを務めてみないかと誘われ，実際に犬の現状を目の当たりにしたことで，何もしてこなかった自分を恥じ，少しでもその難題に立ち向かいたいと思ったという全体の内容を読み取る。

問十二　a 「不謹慎」とは，慎むべきなのに，ふざけたような態度であること。　b 「仰仰(々)しい」とは，ある物事を誇張したり，話を盛ったりする様子。　c 「虚勢」とは，うわべばかりの勢い，見せかけの威勢のよさ。　d 「請う(乞う)」とは，他人に対して願い求めること。

二　(随筆－漢字の書き取り，内容吟味，語句の意味，脱文・脱語補充，文脈把握)

問一　a 「据える」とは，ここでは物をしっかりと動かない所に置くという意味。　b 「絡み」とは，ここでは巻きつくこと。

問二　傍線部の後に，「『足が細くて真っ直ぐなほう』『ふくらはぎと足首が太い』『二の腕の肉が垂れている』『狭い骨盤に脇腹の肉がのってドラム缶みたい』『鎖骨がきれいに出ている』」という「体の『形態』についての回答」と，「自転車を時速二十キロで二時間漕ぎ続けられる足だ，腕立て伏せを十一回までできる，一キロ走ると痛くて休憩が必要な偏平足，柔道の投げ技を五十回以上した肩」と，「体の『機能』」についての回答を対比して記述する。

問三　傍線部の後に，女性は一定の年齢になると女らしさを求められるようになることが述べられている。それによって，女らしさとは真逆の性質を持つ運動は遠ざけられてしまい，体の「機能」については二の次に置かれてしまうとする。

問四　傍線部の前に，体を細くすることを命題として，ダイエット目的の運動ばかりをしていたとあり，まら「次第に自分でも自分の体を鑑賞用オブジェみたいに思い始める。機能などまったく重要じゃない，常にその場に静かに美しく置かれるべきもの。でなかれば修理返品交換が不要な不良品のごとく」感じていた筆者の思いを読み取る。

問五　「意に介さない」とは，嫌な出来事や批判などを気にしない，相手にしないという意味。

重要　問六　傍線部の後に，「自分の目だけでは画角に限界があっても，そんなふうに叫んでもらえたら360度すべてが見える。言葉で互いの目になる瞬間。互いを『走って，ボールを蹴る体』と認めて目になる言葉が，グラウンドを広く使う方法を教えてくれる。そんな言葉が私の世界を広げ続ける。美しい人より強い人でありたいと思われてくれる」とある。機能的に可能な体であるからこそ，サッカーのチームメイトが声をかけて指示を出してくれる。そして，機能的に体を使うことで，美しさを良しとする価値観から解き放たれ，体の強さを是とする世界へと広げることができたと筆者は述べている。

問七　「引けをとらない」とは負けない，見劣りしない，互角である，などの意味。

問八　傍線部の前後で，ボクシングを始めて三年の女性が自分のことを「六十六キロ以下級」と紹介していたことに対して，「誰もがそれぞれの運動で，自分の身体を紹介する言葉を見つけられたらいい。そういう言葉が押し広げる世界で，ともに広がっていけばいい」とあり，各人が関係のある運動から自分の体の説明していることに驚きを覚え，そのような世界へと広がることを筆者は望んでいる。

★ワンポイントアドバイス★

どのようなジャンルの文章が出題されてもいいように，幅広く，さまざまな文章を読んで，読解力を養っておこう。記述力も必須なので，記述対策用の問題集で備えておきたい。

MEMO

大切なことはメモしておこうネ！

2023年度

★★★★★★★★★★★★★★★★★★★★★★★★

入　試　問　題

2023年度

桐朋高等学校入試問題

【数　学】（50分）〈満点：100点〉

【注意】答えが無理数となる場合は，小数に直さずに無理数のままで書いておくこと。また，円周率はπとすること。

1　次の問いに答えよ。

（1）　$\left(-\frac{3}{2}x^3y^2\right)^2 \div \left(-\frac{3}{4}x^7y^3\right) \times \frac{1}{6}x^2y$を計算せよ。

（2）　$2(x+3)(x-3)-(x-1)^2-5$を因数分解せよ。

（3）　$(2\sqrt{3}-3\sqrt{2})(\sqrt{2}+\sqrt{3})-2\left(\frac{1}{\sqrt{24}}-\frac{1}{\sqrt{6}}\right)$を計算せよ。

2　次の問いに答えよ。

（1）　$1+\sqrt{3}$の整数部分をa，小数部分をbとするとき，$ab+b^2$の値を求めよ。

（2）　1から7までの整数が1つずつ書かれた7枚のカードが袋に入っている。この袋から1枚のカードを取り出し，取り出したカードに書かれている数をaとする。そのカードを袋に戻さず，続けてもう1枚のカードを取り出し，取り出したカードに書かれている数をbとする。このとき，$\frac{b}{a}$が整数となる確率を求めよ。

（3）　右の図のように，AB＝BC＝2の直角二等辺三角形ABCがあり，Bを中心とする中心角90°のおうぎ形の弧が辺ACに接している。このとき，黒い部分の図形を直線ABを回転の軸として1回転させてできる立体の体積を求めよ。

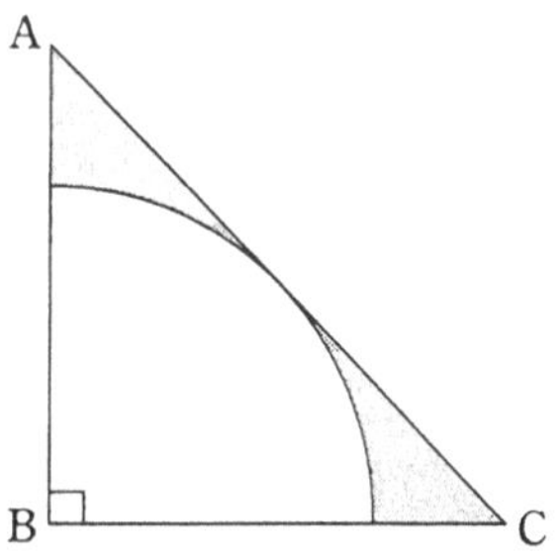

3　3つの容器A，B，Cがあり，Aには6％の食塩水がxg，Bには9％の食塩水がxg，Cには2％の食塩水が300g入っている。Cからygの食塩水を取り出してAに入れ，残りをすべてBに入れたところ，Aの食塩水の濃度は3.6％になり，Bの食塩水の濃度は3％になった。x，yについての連立方程式をつくり，x，yの値を求めよ。答えのみでなく求め方も書くこと。

4　a，bは$a \leqq b$を満たす整数とする。10個の数

a，b，50，40，58，77，69，42，56，37

がある。10個の数の平均値は54，中央値は53である。

（1）　$a+b$の値を求めよ。

（２） aの値として考えられる最大の数を求めよ。

（３） a，b以外の8個の数のうちの1つを選び，その数を10だけ小さい数にかえると，10個の数の中央値は50となる。このとき，選んだ数とそのときのa，bの値の組をすべて求めよ。答えは，(選んだ数，a，b)のように書け。

5 下の図のように，放物線$y=ax^2$と直線$y=bx+c$は2点A，Bで交わり，Aのx座標は-3，Bの座標は(6，12)である。

（１） a，b，cの値を求めよ。

（２） 点Pを放物線$y=ax^2$上の$-3<x<0$の部分にとり，線分PBとy軸の交点をCとする。△APBの面積がy軸によって2等分されるとき，次の問いに答えよ。

① △ACBの面積は△APCの面積の何倍か。

② 点Pの座標を求めよ。

（３） 点Qを放物線$y=ax^2$上の$0<x<6$の部分にとる。四角形OQBAの面積が30となるとき，点Qのx座標を求めよ。

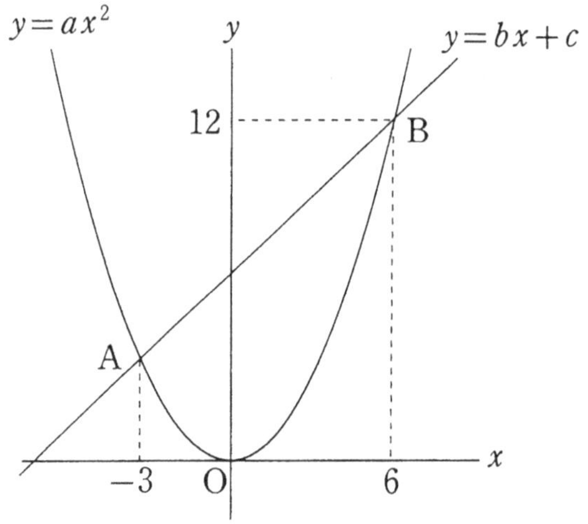

6 下の図のように，円周上に4点A，B，C，Dがある。Eは線分AC上の点でEC＝EDであり，Fは線分DB上の点でFA＝FBである。

（1） 4点A，F，E，Dが同じ円周上にあることを証明せよ。

（2） ACがこの円の直径で，AB＝7，AD＝15，CD＝20のとき，次の長さを求めよ。

① AE　　② EF

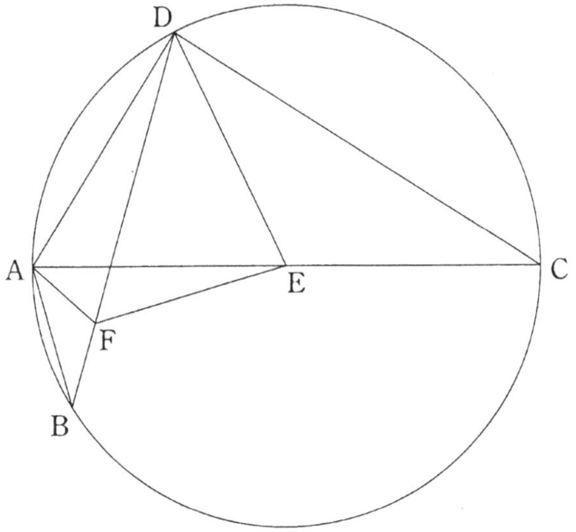

【英　語】（50分）〈満点：100点〉

I　リスニング問題　　放送を聞いて次のA，Bの問題に答えなさい。

問題A　これから英語で短い対話を放送します。そのあとでその対話についての質問がなされますから，その答えとして最も適切なものを選び，記号で答えなさい。対話と質問は**1回だけ**読まれます。

（1）A. Go downstairs to see Mr. Clark.
B. Wait for Mr. Clark to come back.
C. Stop Mr. Clark's meeting.
D. Make an appointment for another day.

（2）A. To see his father off.
B. To go on a trip.
C. To write his report.
D. To help his mother.

（3）A. Get on the local train.
B. Check the train schedule.
C. Wait for the next train.
D. Take the crowded train.

（4）A. Stand in a different line.
B. Wait until the show starts.
C. Buy tickets online.
D. Make another reservation.

（5）A. $20.
B. $30.
C. $50.
D. $70.

問題B　これから放送される英文について，以下の問いに答えなさい。英文は**2回**読まれます。

問1　以下の質問の答えとして最も適切なものを選び，記号で答えなさい。

（1）Why was the husband worried about his wife?
A. She was going to become a doctor.
B. She didn't make dinner for him.
C. She said she wanted to live away from him.
D. She seemed to have a hearing problem.

（2）What did the doctor tell the husband to do?
A. Come to see the doctor with his wife.
B. Take the medicine every night.
C. Try a test on his wife.
D. Talk to his wife as much as possible.

問2　最後の場面で，男性はなぜショックを受けたのですか。その答えとなるように，以下の文の空所を15字以内の日本語で埋めなさい。

男性は（　　　15字以内　　　）と気づいたから。

STOP　　STOP　　STOP

リスニングテストが終わるまで筆記問題に進んではいけません。

※リスニングテストの放送台本は，問題の最後に掲載してあります。

Ⅱ　次の英文を読んで，後の問いに答えなさい。

David Swan, a young man of 20, was traveling on foot from New Hampshire to Boston. He was going to Boston to work (1-a) a clerk in his uncle's grocery store. It was a very hot day, and after walking all morning in the sun, he became tired and sleepy. He found a shady spot and sat there to wait (1-b) a *stagecoach. He made a pillow with the small bag of clothes he was carrying, and he put the pillow (1-c) his head. Soon David fell asleep.

While David took his *nap in the shade, other people passed (1-d) him. They were walking, riding horses, or sitting in *carriages. Some people didn't notice David. Others laughed to see how soundly he slept. One middle-aged woman looked at him and thought he looked *charming in his sleep. Another rather serious-looking man thought David looked drunk. As David slept, he was completely *unaware of these people and what they were thinking.

After a few minutes, a brown carriage pulled by a pair of large horses stopped in front of the sleeping young man. A wheel of the carriage was broken and had to be fixed. A rich old man and his wife stepped out of the carriage and noticed David. The woman said to her husband, "What a beautiful young man! Doesn't he look like our dead son, Henry? Shall we awaken him?"

"Why?" her husband asked, "We know nothing of his character. (2) What do you have in mind?"

"Perhaps *fate sent him to us," she replied. "(3) Since the death of our only child, we have had no one to give our money to when we die."

"Do you think (4) [as / as / he / he / *innocent / is / looks]?" her husband asked.

"Yes, let's awaken him."

But just then the driver called out, "The wheel is fixed. The carriage is ready to leave."

The old couple hurried into the carriage. (5-a) They felt foolish for thinking they should awaken the stranger.

Meanwhile, David Swan enjoyed his nap.

Soon a pretty young girl walked along and stopped to fix her skirt. (5-b) Her face turned red when she saw David asleep in the shade. Suddenly, a large bee landed on David's fece.

Without thinking, the young girl pushed the bee away with her handkerchief.

"How handsome he is!" the young girl thought as she looked at David sleeping.

Now, this girl's father was a rich man, and he was looking for a young man like David to work for him and marry his daughter. But the girl was too shy to wake David, so she walked away. Here again, David was unaware that good fortune was close to him.

After the girl was out of sight, two evil-looking men came to the spot at which David slept. These men made their living by stealing from other people. When they found David asleep, one man said to the other, "Do you see that bag under his head?"

The second man nodded.

The first man said, "I'll bet you he has money in that bag. Let's take it."

"But what should we do if he wakes up?" the second man asked. (5-c) The first man opened his coat and showed his friend a large knife.

The two men approached the sleeping David. One man held his knife near David while the other man looked in David's bag.

At that moment, a dog came between the two men.

"We can't do anything now. The dog's master must be near." The two men ran from the spot while David continued to sleep. This time, David was unaware that death was close to him.

A few minutes later, a stagecoach came. David quickly woke up when he heard the noisy wheels of the coach.

"Hello, driver," David shouted, "Will you take another passenger?"

"Sure!" answered the driver.

David climbed up to the seat next to the driver, and the stagecoach continued along the road to Boston.

That afternoon, while David slept, he was unaware of three events that could have changed his *destiny. In that one hour, David Swan never knew that fate almost brought him (6-a), (6-b), and (6-c).

[注]

stagecoach：駅馬車，乗合い馬車
nap：昼寝
carriage：馬車
charming：魅力的な
unaware：気づいていない
fate：運命
innocent：純真な
destiny：運命

問1 空所(1-a)から(1-d)に入る最も適切な語を，以下より一つずつ選び，記号で答えなさい。なお，それぞれの語は一度しか使ってはならない。

A. for　B. under　C. as　D. of　E. by

問2 下線部(2)について，これは妻のどのような行動に対する夫の発言か。40字程度の日本語で説明しなさい。

問3 下線部(3)を日本語にしなさい。

問4 下線部(4)の[　]内の語を並べかえて，意味の通る英文にしなさい。

問５　下線部(5-a)，(5-b)，(5-c)の解釈として成り立つものをそれぞれ一つずつ選び，記号で答えなさい。

(5-a)

A. The couple was sorry that they didn't wake up David.

B. The couple was afraid that they would never meet David again.

C. The couple found it was silly to try to wake up David.

D. The couple realized it was a bad idea to wait until David woke up.

(5-b)

A. The girl got angry because she found that David was sleeping well.

B. The girl wanted to talk to David, so she tried to wake him up as hard as possible.

C. It was hot, so the girl tried to be in the shade.

D. The girl was surprised to see someone unexpectedly.

(5-c)

A. The first man was going to take David's life if he woke up.

B. The first man would kill his friend because the friend didn't follow him.

C. The first man tried to cut David's coat to steal his money.

D. The first man took out a knife in order to wake up David.

問６　空所(6-a)，(6-b)，(6-c)に入る最も適切な語を以下より三つ選び，解答用紙の記号を丸で囲みなさい。なお，それぞれの語が入る順番は問わない。

A. death　　B. education　　C. kindness　　D. love　　E. peace　　F. wealth

問７　高校生のMakotoとHilaryは，この文章を読んだあとで次のような会話をしました。空所①，②に入れるのに適切な英語を，それぞれ15語程度で書きなさい。その際，文が複数になってもよい。

Makoto : Do you think David is a lucky man or an unlucky man?

Hilary : My answer is that he is both a lucky man and an unlucky man. I think he is a lucky man because ①(　　　　　　　　) On the other hand, he is an unlucky man because ②(　　　　　　　　)

Ⅲ　次の英文を読んで，後の問いに答えなさい。

Since ancient times, athletes have always looked for ways to win *competitions. Athletes can be winners with better training, better coaching, and better food. They can also improve performance with better *equipment: better shoes, better skis, or a better tennis racket. Even the early Greeks used engineering to make a better *discus to throw. However, people want sports to be (　1　). For this reason, sports organizations make rules about athletes, equipment, and the game itself.

Nowadays, new technology is helping athletes. From high-tech clothing to *artificial arms and legs, there are many new ways to improve performance. However, many people worry that technology can give some athletes an advantage. It can make competitions unfair. Also, often only *wealthier athletes and teams can buy expensive, high-tech equipment. Do we want the best athlete to win or the athlete with the best equipment to win?

The story of high-tech swimsuits shows how technology can make sports unfair.

(2)

Companies introduced these new high-tech swimsuits in 2008. Soon after, swimmers using the suits began breaking world swim records at a (3-a) (surprise) *rate. In the 2008 Beijing Olympic Games, swimmers broke 25 world records. Twenty-three of those swimmers (3-b) (wear) the high-tech suits. *By comparison, Olympic swimmers broke only eight world records in 2004. Then, in the 2009 World Championships, swimmers broke 43 world records. People knew that the new suits were helping athletes. In January 2010, the Fédération Internationale de Natation (International Swimming Federation, or FINA) *banned the high-tech suits. Most competitive swimmers were happy about the ban. As one Olympic swimmer said, "(4) Swimming is actually swimming again. It's not who's wearing what suit, who has what material. We're all under the same guidelines."

In the two years after the ban, swimmers broke only two world records. Clearly the expensive, high-tech suits were the reason behind the faster swimming times. The suits gave some swimmers an unfair advantage.

Better equipment is not always a bad thing, of course. New equipment can certainly be good for a sport. For example, tennis rackets used to be wooden. The heavy rackets could break and cause *injuries. In the 1980s, companies introduced new high-tech carbon rackets, which are easier and safer to use. The new rackets (5) [tennis / the average tennis player / enjoyable / for / made / more / have]. Technology has improved equipment in all sports, from downhill skiing to bicycle racing.

The question is this: When does technology create an unfair advantage? In the future, sports engineers may invent an artificial leg that is better than a real leg. Will it be *acceptable for competitions? Do high-tech contact lenses give golfers an advantage? (6) Can runners use special shoes that help them run faster without using much energy? These questions do not have easy answers. We must make sure that technology does not make sports unfair. However, we should welcome improvements that make sports more enjoyable and safer for all.

[注]

competition(s)：競技会
equipment：用具
discus：競技用の円盤
artificial：人工の
wealthy：裕福な
rate：ペース
by comparison：対照的に
ban：禁止する，禁止
injury：怪我
acceptable：受け入れられる

問1　空所（　1　）に入る最も適切なものを以下より選び，記号で答えなさい。

A. educational　　B. fair　　C. global　　D. popular

問2　空所 (2) には次の四つの文が入ります。文意が最も自然になるように並べかえたものを，記号で答えなさい。

A. The material also sends more oxygen to swimmers' *muscles.　(muscle：筋肉)

B. It has many of the same qualities as shark skin.

C. Several years ago, sports engineers invented a new material for swimsuits.

D. When swimmers use full-body suits made of this material, they swim fester and float better.

ア．B→A→C→D　　イ．B→C→A→D　　ウ．C→A→D→B

エ．C→B→D→A　　オ．D→B→C→A　　カ．D→C→A→B

問3　文中の(3-a)，(3-b)の動詞を適切な形にしなさい。

問4　下線部(4)について，水泳競技がどのようなものになったかを日本語で説明しなさい。

問5　下線部(5)の[　　]内の語句を並べかえて，意味の通る英文にしなさい。

問6　下線部(6)を日本語にしなさい。

問7　本文の内容に合うものを以下より二つ選び，記号で答えなさい。

A. In the old times, athletes tried to be fair in the games by not using any technology or engineering.

B. People with enough money to buy good equipment may have more advantages in competitions.

C. In the Beijing Olympic Games, about half the record-breaking swimmers were wearing the high-tech swimsuits.

D. FINA introduced a new type of technology to make competitions more exciting.

E. Tennis rackets were improved from carbon to plastic in the 1980s because the latter is lighter.

F. The author thinks that technology can be acceptable if it does not make sports competitions unfair.

Ⅳ　次の下線部(1)，(2)を英語にしなさい。

A：すごい雨だ。駅からはタクシーで帰ることにするよ。

B：(1) こんな雨の日にタクシーをつかまえるのは至難の業だよ。

(2) 時間が余計にかかるかもしれないけど，バスにした方がいいと思うよ。

2023年度 英語入試問題＜リスニング放送原稿＞

M ... male speaker　　**F** ... female speaker

問題A

F : One.

F ：Excuse me. Is Mr. Clark here?

M ：I'm afraid he's downstairs meeting one of his customers. Do you have an appointment?

F ：Oh, no. I just stopped by to say hello. Do you mind if I wait here until he comes back?

M ：Not at all. Why don't you have a seat over there?

F : Question：What will the woman do next?

F : Two.

M ：Mom, are you going to get up early tomorrow morning?

F ：Actually, yes. Your father is going on a business trip, so I'm going to get up at five thirty to see him off.

M ：Great! Can you please wake me up? I have to finish my report before school.

F ：OK. I'll wake you up.

F : Question：Why does the boy want to get up early?

F：Three.

M ：Here it comes. Oh, no. The express train is so crowded!

F ：Yes, as usual. Shall we take the less crowded local train?

M ：No, we'll be late for the meeting then.

F ：Right. We shouldn't be late. Let's get on this one.

F : Question：What will they probably do?

F : Four.

M ：Excuse me, ma'am. Would you mind telling me what this line is for?

F ：Well, it is for buying the tickets for tonight's show.

M ：I see. I've already reserved tickets online. Do you know where I should go?

F ：Sure. You should stand in another line. There's a sign over there that says it is for online reservations.

F : Question：What does the woman tell the man to do?

F : Five.

F ：Hi. How much is it to rent a boat?

M ：We charge 30 dollars for the first hour. And we charge 20 dollars for each additional hour.

F ：So, if I rent it for three hours, it will be 70 dollars, right? Should I pay it all now?

M ：No, we only ask you to pay for the first hour now, and the rest of the money when you return the boat.

F : Question : How much does the woman need to pay first ?

問題B

[M]

Once there lived a happy couple who had been married for many years. As the years passed, the husband became worried that his wife was not hearing as well as before. He thought that she might need a hearing aid; but he wasn't sure how to tell her about it.

He asked their family doctor what to do. The doctor told him to try a simple test. He said, "Stand 10 meters away from her and speak to her just as usual. If she doesn't hear you, reduce the distance to 5 meters, then 3 meters, and so on until you get a response. The distance will tell us what she needs."

The next day, the husband decided to do the test. When his wife was cooking dinner in the kitchen, the husband stood 10 meters away from his wife and asked, "Dear, what is there for dinner?" He waited for a response, but did not get any.

He moved a bit closer and asked again, "Dear, what is there for dinner?" He still did not get any response from his wife.

He then stood 3 meters away from her and asked the same question, hoping that surely he would get a response this time. But again, he didn't get any.

By now the husband was very worried and felt sorry for his wife.

Then he walked right behind her and said, "Honey, what is there for dinner?"

The wife turned around, shouting as loud as she could, "John, this is the fourth time I'm saying—CHICKEN!"

The husband was shocked to hear that.

「　A　」を映し出した言葉というものは、時間や世の中の変化に応じて変わっていくものであることを踏まえ、目の前にある言葉がどのような意味の広がりを有しているのか丁寧に検討しながら、「　B　」をしっかりと選んでいくこと。

問六　――線部④の意味として最もふさわしいものを次の中から選び、記号で答えなさい。

ア　焦点が当たって　　イ　おろそかにされて

ウ　過激な発想が生まれて　　エ　先進的な印象を与えて

問七　――線部⑤について。このようにすることの利点はどのようなものか、最も端的に説明した一文を本文中からさがし、その最初の五字を抜き出して答えなさい。

問八　――線部⑥について。□にそれぞれ漢字一字を補い、意味の通る四字熟語を完成させなさい。

問九　――線部⑦とはどういうことか、説明しなさい。

私自身はこの一連の消息を踏まえ、「彼ら」を本来の性無差別的・存在無差別的な意味合いに寄せるかたちで、この言葉を捉えたいと考えている。また、⑤単数形の「彼」に関しても、これを原義に近いかたちに位置づけ直すことができれば――「彼女」という比較的新しい言葉との兼ね合いもあり、実際には難しいだろうが――むしろ利点を見出すことができるかもしれない。トランスジェンダー（生まれたときに割り当てられた性別が性自認と異なる人）や、ノンバイナリー（男性・女性のいずれか一方に限定しない性別を自認する人）など、性認識の多様性に光が当てられつつある現状に鑑みれば尚更《なおさら》だ。

　つまり、かつてはどの性にもどの動物や物にも用いられていた代名詞「彼」であれば、性認識の多様性や、さらには人間と動物を峻別しない観点といったものに、複数の言葉を長く連ねたり新語に置き換えたりするよりも自然に対応できるように思われる。というのも、繰り返すなら、「誰彼《だれかれ》」や「彼此《かれこれ》」、さらには「彼《か》の国」や「彼《か》の有名な映画」等々、いま現在も頻用されている数多くの言葉のなかに、かつての「彼《かれ》」や「彼《か》」という代名詞の用法の痕跡がはっきりと残っているからだ。たかだか百数十年程度の時間経過で、言葉同士が長大な時間をかけて培ってきた連関が完全に断ち切られるわけではない。そして、そのような連関こそが、言葉を用いる際の「自然さ」に影響する大きな要因をかたちづくっているのである。

　ただ、もちろん、こうした「彼」や「彼ら」の位置づけ直しが、明治時代以降の主だった用法を無視して、それ以前の用法に一足飛びに立ち戻ろうとする試みであることも確かだ。それは、ある期間の言葉の歴史を無視した*「語源原理主義」ともなりかねない。とはいえ、それは同時に、いま現在の私たちの固定化した見方を解きほぐし、私たちが抱えている問題へのヒントを提供する⑥「□故□新」的な実践にもなりうるだろう。

　以上の考えは、あくまでも私個人のｂザンテイ的なものであって、ほかにもさまざまな考え方やアイディアがありうる。必要なのは、性差や性認識にかかわる言葉について、⑦個人のこだわりや信条の次元で終わらせるのではなく、やはり皆で関心を向け、議論し合い、吟味を続けることだと思う。

（古田徹也『いつもの言葉を哲学する』による）

＊**語源原理主義**……「語源のみに事柄の本質を見ようとして、言葉の意味の時間的な変化を無視する姿勢」を筆者はこのように表現している。

問一　＝＝線部ａ・ｂのカタカナを漢字に改めなさい。

問二　――線部①と筆者が考えるのはなぜか、説明しなさい。

問三　――線部②とあるが、多くの人が困っているのはなぜか、説明しなさい。

問四　空欄［Ｉ］（二箇所ある）を補うのに最もふさわしい言葉を次の中から選び、記号で答えなさい。

ア　殺《あや》める　イ　侮《あなど》る　ウ　羨《うらや》む　エ　欺《あざむ》く

問五　――線部③とはどのようなことを指すか。それについて説明した左の文中の空欄［　Ａ　］・［　Ｂ　］を補うのに最もふさわしい**六字以上、十字以内の言葉**を本文中からさがし、抜き出して答えなさい。

容しにくい）物事の見方や価値観を反映している伝統的な言葉はさまざまに存在するからだ。

前節でジョン・マクダウェルの議論を引きつつ確認したように、いまある言葉の多くは、長い時間をかけて形成された、世界に対する特定の見方を含むものだ。そして、時間は流れ、世界は変わり、言葉も変わっていく。そうした変化と、個々の言葉が湛える豊かな意味合いとを繊細に捉えながら、用いるべき言葉をよく吟味する——言葉を大切にするというのは、③そうした努力を指すのではないだろうか。

性差や性認識にかかわる言葉の問題に関して、私自身がいま具体的に頭を悩ませているのは、日本語の三人称複数の代名詞として何を使うべきかだ。

三人称単数の場合、男性なら「彼」、女性なら「彼女」と呼ばれるのがいまは一般的だ。しかし複数形の場合には、男女混合の集団を指す場合にも「彼ら」となるので、男性優位的ないし女性排除的だという指摘が現在しばしばなされている。それゆえ、「彼ら」という表記に代えて、「彼ら／彼女ら」あるいは「彼女ら／彼ら」と併記したり、「彼・女ら」などと表記したりする向きも見られる。（ちなみに、同様のことは他の言語でもあって、たとえばドイツ語の **Schüler** は、単数形では「男子生徒」を意味し、「女子生徒」は **Schülerin** だが、複数形の「生徒たち」も **Schüler** であるため性差別的であるとして、「女子生徒たち」を表す **Schülerinnen** という言葉が編み出されて、**Schüler und Schülerinnen** といった併記が行われるようになってきている。）

自分はといえば、特にジェンダーが主題となる文脈など、「彼ら／彼女ら」「彼女ら／彼ら」「彼・女ら」といった表記が適した場面もあるとは考えているが、他の場面ではどうしても不自然さを覚えてしまう。そのため、基本的には旧来の「彼ら」という呼称を用いている。たとえば、「ちゃんとした豆腐屋の仕事が住民たちにちゃんと評価され、日々買われ、彼らの生活の一部になっている」という文章中の「彼ら」の部分を、「彼ら／彼女ら」などに置き換えるとすれば、そこにいわば引っ掛かりが生じ、当該箇所で表現したい内容に加えてジェンダーにまつわる問題も④前景化して、複数の文脈がひとつの文章に混在してしまうように感じる。つまり、その点で不自然な文章になってしまうように感じるのだ。

そもそも、「彼」や「彼ら」という言葉の歴史を振り返ってみると、遅くとも中世の時点で三人称代名詞的な用法がすでに見られるが、これらはずっと、男性にも女性にも、さらには人間一般にも、他の動物や物にも用いられてきた。そして、この用法は、「誰彼《だれかれ》」や「彼此《かれこれ》」といった、いま現在も息づいている言葉のなかに確認することができる。

「彼」が特に男性の三人称単数形の代名詞として用いられるようになったのは明治時代からであって、言文一致運動、ヨーロッパ言語の影響、近代文体や翻訳文体の成立などの過程で、欧語の女性の三人称代名詞の訳語として「彼女」という言葉が生み出され、併せて男性の三人称代名詞として「彼」が位置づけ直されるようになり、現在の用法へと至る、というａケイイがある。つまり、男性と女性を峻別するヨーロッパ言語の特徴に、日本語の方を適合させていったということだ。

案内する店の人のようだし、「パートナーさんは……」と言うのも、どうも不自然な感じになってしまう。下の名前で「茜さんは……」などと呼ぶという手もあるが、そもそも名前を知らなければ使えない方法だし、相手との関係性によっては馴れ馴れしい感じや失礼な印象を与えかねない。たとえば私自身はいまのところ、時と場合に応じて多様な呼び方をぎこちなく使い分けているというのが実情だ。

女性に対する蔑視や、男女の不平等性を読み込める言葉は、ほかにも数多く存在する。では、私たちは、そうした言葉の使用をすべてやめるべきだろうか。

たとえば「女々しい」という言葉についてはどうだろうか。これは、近頃のヒット曲のタイトルにもなっているように（ゴールデンボンバー「女々しくて」）、きわめて一般的な言葉だが、女性を否定的な意味で捉えているから用いるべきではない、という意見もありうる。しかし、仮にこの言葉を廃止して、「柔弱だ」とか「未練がましい」、「意気地がない」といった言葉に置き換えるとしても、「女々しい」はこれらの言葉のどれともぴったり合うものではないから、「女々しい」がもっている固有のニュアンスが失われることになる。そのとき、私たちがそれまで「女々しい」という言葉で表現してきたものはどこに行ってしまうのだろう。あるいは、それはどこかに行ってしまっても別によいもの、打ち棄ててよいものなのだろうか。

ある本のなかで、「英雄」はオス優位主義的であり、一方の性を排除する表現であるから、「偉人」、「傑物」、「逸材」などの言葉に置き換えるべき、という主張がなされていた。しかし、「英雄」と「偉人」「傑物」「逸材」などとの間には、それぞれ意味が重なる部分もあるが、明確に異なる部分も存在する。たとえば、「逸材」が必ずしも「英雄」になるわけではない。また、「偉人」は人格的に優れた人物、高い徳を備えた人物を指すことも多いのに対して、「英雄」の方は、「英雄色を好む」や「英雄ひとを［ I ］」ということわざもあるように、好色や狡知といった特性を備えた人物に対しても積極的に適用される言葉であって、偉人が「色を好む」とか「ひとを［ I ］」とはまず言われないのとは対照的だ。さらに、「英雄気取り」や「英雄的行為」、「英雄児」、「英雄譚」、「英雄時代」など、「英雄」という言葉が他の言葉と結びつく独特な言い回しも数多く存在する。こうした意味合いや言葉同士の結びつきといったものを度外視して、「英雄」をすべて機械的に「偉人」「傑物」「逸材」などに置き換えてしまえば、その分だけ日本語の表現が失われ、それらの表現が表す独特の意味合いも失われる。

雄と雌の優劣や、雄の優位を含意していると解釈できる言葉は、他にも無数にある。「雌雄を決する」、「雌伏」、「雄大」、「雄飛」、「雄弁」等々だ。前節で取り上げた「母語」や「母屋」、「酵母」、「分母」、「母音」等々と同様に、これらの言葉をすべてを廃止するならば、日本語話者は、自分たちが思考し表現するための多くの言葉を喪失することになる。

字面だけを見て性差別語かどうかの線引きを行い、言い換えを行う、というのは粗雑なやり方だ。しかしだからといって、伝統的な言葉は何であれ今後も使用していくべきだ、というのも乱暴だ。性差別であれ、他の種類の差別であれ、いまでは許容しがたい（あるいは許

画などの中のものでもよい。）

問十　――線部ａ～ｄのカタカナを漢字に改めなさい。

二　次の文章を読んで、後の問に答えなさい。

中学生のとき、生徒会の書記に立候補した友達の牧野君の応援演説を行った。政治家の演説のパロディをコンセプトにして、「彼を男にしてください！」とか、「男・牧野はこれまで……」とか、とにかく「男」という言葉を使い倒した演説を大仰に行って、かなり受けた。牧野君も無事に当選した。

いま思い出すと、それから経過した三〇年という時間以上に、当時の光景と言葉が随分遠く、古いものに感じる。

①自分はもう、「〇〇を男にする」という言葉を、積極的に自分の言葉として発することはないだろう。いまやこの言葉には、どこか滑稽な印象さえ覚えるほどだ。

「男にする」というのはある意味面白い言葉で、たとえばスポーツ選手がたまに「次の試合に勝って監督を男にしたい」と言うことがあるが、これが「監督を一人前にする」とか「監督を立派にする」といった意味であれば、随分と失礼な言い方ということになる。だから、「男にする」は「一人前にする」とか「立派にする」などとぴったり同じ意味ではなく、そこには独特のニュアンスがある。ただ、ともあれこの言葉が、男性に対する伝統的なイメージや、女性には付与されない地位や名誉、それを体現する誇り、沽券《こけん》といったものにかかわる言葉であることは確かだ。たとえば、監督が女性のときに、選手たちは「監督を女にする」と言ったりはしない。

古びてきた言葉、時代にそぐわなくなってきた言葉は、ほかにも数多く挙げることができる。たとえば「未亡人」は、夫に先立たれた女性を指す、独特の雰囲気を帯びた伝統的な言葉だ。しかし、この言葉には元々、「夫と共に死ぬべきであるのに、未だ死なない人」（日本国語大辞典 第二版）という意味合いがある。そのため現在、この言葉の使用を控える傾向が社会のなかで強まっている。また、「処女作」は一九世紀末頃から流通している言葉（欧米の maiden work 等の翻訳語）だが、私は少なくとも自分で使うことには抵抗感を覚えるようになったし、世間的にも使用頻度が下がってきているように思われる。

②夫婦の呼び名は、おそらくいま、多くの人が生活のなかで実際に困っている問題ではないだろうか。「主人」も「旦那」も「亭主」も、「家内」も「嫁」も「奥さん」も、家父長制的な伝統や男性優位の観点を色濃く映し出す言葉であり、これらの言葉の使用を避ける人が年々増えていることは間違いない。そして代わりに、「夫」、「妻」、「連れ合い」、「パートナー」といった言葉が用いられる傾向も見られる。ただ、こうした変化は一般的な傾向とまでは言えない。関西で生まれ育った研究者から直接聞いた話では、彼が帰省して小学校の同窓会に出席したとき、「うちの妻が……」と言った途端、その言葉が場で非常に浮いてしまって、「さすがインテリ！（笑）」などと周囲にからかわれたという。ちなみに、彼以外の男性妻帯者は皆「嫁」という呼称を使っていたらしい。

いま特に難しいのは、相手の夫なり妻なりを呼ぶ場合だ。「ご主人は……」とか「奥様は……」と呼ぶのはどうかと思っても、代替となる言葉がなかなか見当たらない。「お連れ合い様は……」だと、客を

次の中から最もふさわしいものを選び、記号で答えなさい。

ア　どんなときものんびりとしていて、現実を楽観的にとらえようとする人柄。

イ　弱い立場のものを守るため、感情に流されずに物事をすすめようとする人柄。

ウ　まわりに気をとられずに、自分らしく暮らせることを大事にしようとする人柄。

エ　自分自身の都合だけでなく、大切にしているもののことを思い行動しようとする人柄。

問三　――線部③は、どのような人のことか。次の中から最もふさわしいものを選び、記号で答えなさい。

ア　自国の人以外と交流したことがないため、常に他人を監視していなくては安心できないような人。

イ　これから紛争がどうなるかわからない不安から、戦場の情報に敏感に反応してしまうような人。

ウ　紛争に対し一つの立場を主張し、相手にも自分の立場を明確にすることを強いるような人。

エ　自由で開放的な生活を好まず、ものごとの暗い側面ばかりを見ようとするような人。

問四　――線部④について。このときセルゲイはどのような思いを抱えていたのか。その思いを説明している部分を本文中から四十五字以内で抜き出し、その始めと終わりの五字で答えなさい。

問五　――線部⑤「それぞれの灰色に目を凝《こ》らす」とは、どのようなことを言っているのか。わかりやすく説明しなさい。

問六　――線部⑥「知って」にカギ括弧がつけられているのは、どのようなことを表すためか。次の中から最もふさわしいものを選び、記号で答えなさい。

ア　教科書で読めるのは情報として不正確なものにすぎないこと。

イ　報道されることと実態は全く逆であると気づいていないこと。

ウ　自分自身の問題としてどう向き合うかを見出せていないこと。

エ　歴史的事実の捉え方が国家や地域によって共通ではないこと。

問七　――線部⑦「思考を誘うための標識や看板」は、何を比喩的に表現したものか。本文中から最もふさわしい漢字二字の語をさがし答えなさい。

問八　――線部⑧「ある場所で生まれた光をもうひとつの場所に移し灯」すとは、どのようなことを言っているのか。次の中から最もふさわしいものを選び、記号で答えなさい。

ア　各地域で起こっているできごとのつながりを、正確な名称や数値を用いながら世界中に知らせること。

イ　人と人とをつなぐために生み出された文学を、他の国や時代においても人々をつなぐものにすること。

ウ　平和な地域で生まれた文学作品を、紛争地域の人々のもとへ届け、誰もが読めるようにしていくこと。

エ　人間同士を「つなぐ」文学と「分断する」文学とを慎重に区別して、価値のある本をつくり出すこと。

問九　～～線部について。あなた自身の記憶の中にある、「つなぐ」言葉を思い出し、どのような文脈の中で用いられていたかをわかりやすく説明しなさい。（自分が体験したことに限らず、小説や映

私は無力だった。*サーカスの子供たちに対して、ドイツとロシアの狭間《はざま》で悩むインガに対して、毎日のように警察に尋問され泣いていたイラン人の留学生に対して、目の前で起きていく犯罪や民族間の争いに対して、兄弟的な国家だったはずのロシアとウクライナの紛争に対して、すぐ近くにいたはずのマーシャやアントーノフ先生に対してさえ――ここに書ききれなかったたくさんの思い出のなかで、私はいくら必死で学んでもただひたすら無知で無力だった。いま思い返してもなにもかもすべてに対して「なにもできなかった」という無念な思いに押しつぶされそうになる。

けれども私が無力でなかった唯一の時間がある。彼らとともに歌をうたい詩を読み、小説の引用や文体模倣《もほう》をして、笑ったり泣いたりしていたその瞬間――それは文学を学ぶことなしには得られなかった心の交流であり、魂の出会いだった。教科書に書かれるような大きな話題に対していかに無力でも、それぞれの瞬間に私たちをつなぐちいさな言葉はいつも文学のなかに溢《あふ》れていた。

人には言葉を学ぶ権利があり、その言葉を用いて世界のどこの人とでも対話をする可能性を持って生きている。しかし私たちは与えられたその膨大な機会のなかで、どうしたら「人と人を分断する」言葉ではなく「つなぐ」言葉を選んでいけるのか――その判断は、それぞれの言葉がいかなる文脈のなかで用いられてきたのかを学ぶことなしには下すことができない。

統計や概要、数十文字や数百文字で伝達される情報や主張、歴史のさまざまな局面につけられた名前の羅列《られつ》は、⑦思考を誘うための標識や看板の役割は果たせても、思考そのものにとってかわりはしない。私たちは日々そういった無数の言葉を受けとめながら、常に文脈を補うことで思考を成りたたせている。文脈を補うことができなければ情報は単なる記号のまま、一時的に記憶されては消えていく。

文字が記号のままではなく人の思考に近づくために、これまで世界中の人々がそれぞれに想像を絶するような困難をくぐり抜けて、いま文学作品と呼ばれている本の数々を生み出してきた。だから文学が歩んできた道は人と人との文脈をつなぐための足跡であり、記号から思考へと続く光でもある。もしいま世界にその光が見えなくなっている人が多いのであれば、それは文学が不要なためではなく、決定的に不足している証拠であろう。

⑧いま世界で記号を文脈へとつなごうとしているすべての光に、そして、ある場所で生まれた光をもうひとつの場所に移し灯そうとしているすべての思考と尽力に、心からの敬意を込めて。

（奈倉有里『夕暮れに夜明けの歌を――文学を探しにロシアに行く』による）

***アンドレイ・クルコフ**……ペテルブルグ近郊に生まれるが、幼少期にウクライナに移住。（一九六一～）

***サーカスの子供たち**……筆者がモスクワ留学中に大学近くで知り合った、移動サーカス団員の子ども二人。一人が行方不明になっている。

問一　――線部①について。「銃声さえもが」「静寂の一部になっていた」とは、セルゲイのどのような内面の状態を表現しているのか。説明しなさい。

問二　――線部②には、セルゲイのどのような人柄が表れているか。

る。ところが、どこにでも③「灰色」に無関心ではいられない人がいる。そういった人々にとってセルゲイは常に余所者《よそもの》であり、彼らに警戒されたり疎《うと》まれたりするのを敏感に察知するセルゲイは、どこへ行っても結局は居場所を見つけられずに、④ついには故郷のグレーゾーンへと帰っていく。

いつもミツバチのことばかり考えている主人公はほほえましい人柄だが、この話の内容自体は作者クルコフが実際にグレーゾーンへと何度も足を運び、取材をして書いたもので、作中には現実のウクライナ東部の問題を鋭く描き出す描写も多い。

これは、私にとっても身近な話だった。大学の友人マルーシャの祖父母もウクライナ東部に住んでいる。激戦区からは少し離れていたが、紛争が激しさを増していた二〇一四年からはモスクワ郊外にあるマルーシャの実家に疎開《そかい》してきていた。ところがしばらくして以前よりは危険ではなくなると、二人は住み慣れたウクライナへと帰っていった。その後もときには銃声が響くけれども、そんなことも日常となっていったという。

かろうじて自分が即座に標的になるわけではないとはいえ、どれほどかかわるまいとしてもすぐ近くで争いが起きている限り危険なことに間違いはない地域に、彼らはどうして帰っていくのか。しかし紛争は、紛争地域だけで起きているわけではない。モスクワにいても、ただでさえそこに暮らす人々は「白か黒か」を迫られ、分断を余儀《よぎ》なくされている。そこへグレーゾーンの人々がくれば、紛争に対しなにかしらの立場を主張する人にとっては容易に争いの種になりかねない。『灰色のミツバチ』の主人公セルゲイがどこにいてもいたたまれなくなったのも、やはりそのためだった。その苦しさが、果たしてどのくらい伝わるだろうか――出身地を理由に、自分という存在が、つい最近まで親しかった人々の争いを誘発させてしまうつらさが。

二〇一九年、ドンバスのローカルニュースで一枚の写真が紹介されていた。激戦区から少し離れた居住区の外壁に、大きくこんな文字が書かれている――「ここには人が住んでいます」。文字はたったそれだけだが、そこには「だからどうかここで射撃や強奪や破壊行為をしないでください」という切実なメッセージが込められている。現地の集落の多くはいまだに「グレーゾーン」のままだ。インフラが崩壊し、地方自治体も機能せず、電気も病院もない地域だが、そこを離れられない人々がいる。高齢者や体の不自由な人も多い。

世界のニュースが報じなくなった灰色の世界で、ただ日々を生きようとする人々。その灰色はしかし、単純なひとつの色ではない。白か黒かを迫らずに⑤それぞれの灰色に目を凝《こ》らすことなくしては、対立は終わらないのだろう。

（中略）

歴史の転換期にはいくつもの名前がある。崩壊。紛争。独立。統合。歴史のなかで大きな動きとされるのは国や連合国家の争いや事件の数々である。私たちはそれを報道で知り、それがいずれ歴史となり教科書に記され、子供たちが学校で学んでいく。人は知識を得ることにより、世界のどこでなにが起こってきたのかを⑥「知って」いる。けれどもなにを知っているというのだろう。

【国語】〈五〇分〉〈満点：一〇〇点〉

一　次の文章は、ロシアと日本の大学で学んだ文学研究者・翻訳家の奈倉有里さんが書いたエッセイです。この文章を読んで、後の問に答えなさい。

＊アンドレイ・クルコフはウクライナ育ちの作家で、これまでもウクライナを舞台にした作品を描いてきたが、二〇一八年に発表された『灰色のミツバチ』という作品は、世界から急速に忘れ去られていったある村を舞台とした長編だ。

主人公の養蜂家《ようほうか》セルゲーィ・セルゲーィチはウクライナ東部に暮らしている。ドンバスでの紛争が続くなか、いわゆる「グレーゾーン」に留まり続ける数少ない住人である。住み慣れたスタログラドフカ村は、ウクライナ側も親《しん》ロシア派側もａトウカツできずにいる地域だ。激戦区ではないにせよ、すでに多くの住民が村をあとにしている。いまだに村に留まっているのは彼と、幼なじみのけんか友達パーシカだけだ。セルゲイの妻は紛争がはじまるより前に娘を連れて出ていってしまい、彼はミツバチとともに村に取り残されていた。そうして、グレーゾーンで暮らす数年の年月が過ぎた。過ぎゆく日々はいつも似通っていて、①遠く響く銃声さえもがスタログラドフカ村の静寂の一部になっていた。

セルゲイは紛争の対立には関与したくない。名前をもじって「灰《セー》色《ルィ》」と呼ばれている彼は、その名のとおり白にも黒にもなりたくないのだ。しかしときに世の中は「灰色」のままでいることを拒む。幼なじみのパーシカとの関係は、社会が平穏《へいおん》なうちはほほえましい「けんか友達」だった。しかしひとたび紛争の対立が介入すれば、二人のあいだに修復し難いｂキレツが生まれる。

村の電気は三年前から止まっており、セルゲイは薪《まき》ストーブで暖をとり、湯をｃワかして生活している。新鮮な食料や卵はなかなか手に入らない。あるときからウクライナの兵士がセルゲイのところにやってきて、食料をくれたり、携帯電話を充電してきてくれたりするようになる。だがその後、パーシカがウオッカを手土産にロシア陣営の兵士を連れてセルゲイの家に遊びにきたのをきっかけに、セルゲイとパーシカは大喧嘩《おおげんか》をしてしまう。それまでぼんやりとしていた紛争の対立が、より身近なものになっていく。

セルゲイは②暖かい季節を選んで村を去る決意をする。車の後方にミツバチの巣を積んだ荷台をとりつけて牽引《けんいん》し、道中、ｄケンモン所を通るたびに、「ミツバチが銃撃戦を怖がるから、安全な場所で休ませる」と説明しながら南を目指す。もしあの村でミツバチが銃の音を怖がって逃げてしまっても、ミツバチは五キロ以上の距離を飛べない。ミツバチを紛争から逃れさせ、アカシアの花咲く地へと連れていかなければならないのだ。紛争地帯を抜けたセルゲイは、青年のころに戻ったような自由と清々しさを感じた。

主人公は旅をする——ザポロージエのちいさな村、そしてクリミアへ。テントを張り寝袋で寝て、身体が痛むときはミツバチの巣箱の上に寝て回復する（なんと実際にこういう健康法があるらしい）。セルゲイの世界はミツバチを中心に回っているが、その心は閉ざされてはいない。ミツバチとともに飛び回りながら、ロシア人ともウクライナ人ともクリミアタタールの人々とも軽々と交流し、多くの人から好感を持たれ

2023年度

解　答　と　解　説

《2023年度の配点は解答欄に掲載してあります。》

＜数学解答＞

1　(1)　$-\frac{1}{2}xy^2$　　(2)　$(x+6)(x-4)$　　(3)　$-\frac{5\sqrt{6}}{6}$

2　(1)　2　　(2)　$\frac{3}{14}$　　(3)　$\frac{8-4\sqrt{2}}{3}\pi$

3　$x=40$，$y=60$(求め方は解説参照)

4　(1)　111　　(2)　50　　(3)　(50，44，67)，(56，50，61)，(58，50，61)

5　(1)　$a=\frac{1}{3}$，$b=1$，$c=6$　　(2)　①　3倍　　②　$\mathrm{P}\left(-2,\ \frac{4}{3}\right)$　　(3)　$3\pm\sqrt{6}$

6　(1)　解説参照　　(2)　①　$\frac{25}{2}$　　②　$\frac{75}{8}$

○推定配点○

1　各5点×3　　2　各5点×3　　3　10点　　4　(1)・(2)　各5点×2　　(3)　10点

5　各5点×4　　6　(1)　10点　　(2)　各5点×2　　計100点

＜数学解説＞

1　(単項式の乗除，因数分解，平方根)

基本　(1)　$\left(-\frac{3}{2}x^3y^2\right)^2\div\left(-\frac{3}{4}x^7y^3\right)\times\frac{1}{6}x^2y=\frac{9x^6y^4}{4}\times\frac{-4}{3x^7y^3}\times\frac{x^2y}{6}=-\frac{1}{2}xy^2$

基本　(2)　$2(x+3)(x-3)-(x-1)^2-5=2(x^2-9)-(x^2-2x+1)-5=x^2+2x-24=(x+6)(x-4)$

基本　(3)　$(2\sqrt{3}-3\sqrt{2})(\sqrt{2}+\sqrt{3})-2\left(\frac{1}{\sqrt{24}}-\frac{1}{\sqrt{6}}\right)=2\sqrt{6}+6-6-3\sqrt{6}-\frac{\sqrt{6}}{6}+\frac{2\sqrt{6}}{6}=-\sqrt{6}+\frac{\sqrt{6}}{6}=-\frac{5\sqrt{6}}{6}$

2　(式の値，確率，空間図形)

(1)　$1<\sqrt{3}<2$　　$2<1+\sqrt{3}<3$より，$a=2$，$b=1+\sqrt{3}-2=-1+\sqrt{3}$　　$ab+b^2=b(a+b)=(-1+\sqrt{3})(1+\sqrt{3})=3-1=2$

基本　(2)　カードの取り出し方の総数は$7\times6=42$(通り)　このうち，題意を満たすのは，$(a,\ b)=(1,\ 2)$，$(1,\ 3)$，$(1,\ 4)$，$(1,\ 5)$，$(1,\ 6)$，$(1,\ 7)$，$(2,\ 4)$，$(2,\ 6)$，$(3,\ 6)$の9通りだから，求める確率は，$\frac{9}{42}=\frac{3}{14}$

重要　(3)　弧と辺ACとの接点をPとすると，$\mathrm{BP}=\frac{1}{2}\mathrm{AC}=\frac{1}{2}\times2\sqrt{2}=\sqrt{2}$　　よって，求める立体の体積は，$\frac{1}{3}\pi\times2^2\times2-\frac{4}{3}\pi\times(\sqrt{2})^3\times\frac{1}{2}=\frac{8}{3}\pi-\frac{4\sqrt{2}}{3}\pi=\frac{8-4\sqrt{2}}{3}\pi$

3　(方程式の利用)

食塩の量について，$\frac{6}{100}x+\frac{2}{100}y=\frac{3.6}{100}(x+y)$…①　　$\frac{9}{100}x+\frac{2}{100}(300-y)=\frac{3}{100}(x+300-y)$…②　　①より，$60x+20y=36(x+y)$　　$3x-2y=0$…③　　②より，$9x+2(300-y)=3(x+300-y)$　　$y=300-6x$…④　　④を③に代入して，$3x-2(300-6x)=0$　　$15x=600$　　$x=40$　これを④に代入して，$y=300-6\times40=60$　　これらのx，yの値は問題に適する。

4　(データの整理)

基本　(1)　$(a+b+50+40+58+77+69+42+56+37)\div10=54$より，$a+b=540-429=111$

(2)　a，b以外の8個の数を小さい順に並べると，37，40，42，50，56，58，69，77となる。$\dfrac{50+56}{2}=53$より，中央値が53であるから，$a\leqq 50$　よって，aの最大値は50

(3)　$a=50$のとき，$b=111-50=61$で，10個の数を小さい順に並べると，37，40，42，50，50，[56]，[58]，61，69，77となる。よって，56または58を10だけ小さい数にかえると，中央値は50となり，題意を満たす。また，50を10だけ小さい数にかえると，a，b以外の8個の数は37，40，40，42，56，58，69，77となるから，$\dfrac{a+56}{2}=50$より，$a=44$のとき，$b=111-44=67$で，題意を満たす。したがって，(50，44，67)，(56，50，61)，(58，50，61)の3組ある。

[5]　(図形と関数・グラフの融合問題)

基本　(1)　放物線$y=ax^2$は点Bを通るから，$12=a\times 6^2$　$a=\dfrac{1}{3}$　$y=\dfrac{1}{3}x^2$に$x=-3$を代入して，$y=\dfrac{1}{3}\times(-3)^2=3$　よって，A$(-3,\ 3)$　$y=bx+c$は2点A，Bを通るから，$3=-3b+c$，$12=6b+c$　この連立方程式を解いて，$b=1$，$c=6$

重要　(2)　①　線分ABとy軸との交点をDとする。△ACD：△BCD＝AD：DB＝$\{0-(-3)\}:(6-0)=3:6=1:2$　よって，△APC：△ACB＝1：3のとき，(△ACD＋△APC)：△BCD＝$(1+1):2=1:1$となり，題意を満たす。したがって，△ACBの面積は△APCの面積の3倍。

重要　②　点Pのx座標をpとする。①より，PC：CB＝△APC：△ACB＝1：3だから，$(0-p):(6-0)=1:3$　$-3p=6$　$p=-2$　$y=\dfrac{1}{3}x^2$に$x=-2$を代入して，$y=\dfrac{1}{3}\times(-2)^2=\dfrac{4}{3}$　よって，P$\left(-2,\ \dfrac{4}{3}\right)$

重要　(3)　△OAB＝△OAD＋△OBD＝$\dfrac{1}{2}\times 6\times 3+\dfrac{1}{2}\times 6\times 6=27$より，△OQB＝30－27＝3　直線OBの傾きは，$\dfrac{12-0}{6-0}=2$より，直線OBの式は$y=2x$　Q$\left(q,\ \dfrac{1}{3}q^2\right)$とする。点Qを通り$y$軸に平行な直線と直線OBとの交点をRとすると，R$(q,\ 2q)$　△OQB＝△OQR＋△BQR＝$\dfrac{1}{2}\times\left(2q-\dfrac{1}{3}q^2\right)\times(q-0)+\dfrac{1}{2}\times\left(2q-\dfrac{1}{3}q^2\right)\times(6-q)=3\left(2q-\dfrac{1}{3}q^2\right)$　よって，$3\left(2q-\dfrac{1}{3}q^2\right)=3$　$q^2-6q=-3$　$(q-3)^2=-3+9$　$q-3=\pm\sqrt{6}$　$q=3\pm\sqrt{6}$　$0<q<6$より，$q=3\pm\sqrt{6}$

[6]　(平面図形の証明と計量)

基本　(1)　△ECDにおいて，EC＝EDより，∠ECD＝∠EDC…①　△FABにおいて，FA＝FBより，∠FAB＝∠FBA…②　$\overset{\frown}{\mathrm{AD}}$に対する円周角だから，∠FBA＝∠ECD…③　①，②，③より，∠FBA＝∠FAB＝∠ECD＝∠EDC＝xとおく。三角形の内角と外角の関係より，∠AED＝∠ECD＋∠EDC＝$2x$　∠AFD＝∠FAB＋∠FBA＝$2x$　よって，∠AED＝∠AFD　線分ADを見込む角が等しいから，4点A，F，E，Dは同一円周上にある。

重要　(2)　①　ACは直径だから，∠ADC＝90°　よって，∠EDA＝90°－∠EDC　∠EAD＝180°－∠ADC－∠ECD＝90°－∠ECD　①より，∠EDA＝∠EADとなるから，ED＝EA　したがって，AC＝$\sqrt{\mathrm{AD}^2+\mathrm{CD}^2}=\sqrt{15^2+20^2}=25$より，AE＝$\dfrac{1}{2}$AC＝$\dfrac{25}{2}$

重要　②　底角が等しい二等辺三角形だから，△FAB∽△ECD　FA：EC＝AB：CD　FA＝$\dfrac{25}{2}\times 7\div 20=\dfrac{35}{8}$　直線EFと線分ABとの交点をHとする。3組の辺がそれぞれ等しいから，△EAF≡△EBF　よって，∠AEH＝∠BEHとなり，EH⊥AB　したがって，EH＝$\sqrt{\mathrm{AE}^2-\mathrm{AH}^2}=\sqrt{\left(\dfrac{25}{2}\right)^2-\left(\dfrac{7}{2}\right)^2}=12$，FH＝$\sqrt{\mathrm{FA}^2-\mathrm{AH}^2}=\sqrt{\left(\dfrac{35}{8}\right)^2-\left(\dfrac{7}{2}\right)^2}=\dfrac{21}{8}$より，EF＝$12-\dfrac{21}{8}=\dfrac{75}{8}$

★ワンポイントアドバイス★

[4]が目新しい出題であったが，難易度も例年どおりで，さまざまな分野からバランスよく出題されている。時間配分を考えながら，できるところから解いていこう。

＜英語解答＞

Ⅰ　A　(1)　B　(2)　C　(3)　D　(4)　A　(5)　B

B　問1　(1)　D　(2)　C　問2　耳が悪いのは妻ではなく自分だ(14字)

Ⅱ　問1　1-a　C　1-b　A　1-c　B　1-d　E　問2　亡くなった息子に似ているというだけでどんな人かもわからない人を起こそうとしたこと。(41字)　問3　唯一の子供を亡くして以来，私達が死んだときに，財産を残す相手がいない。　問4　he is an innocent as he looks　問5　5-a　C　5-b　D　5-c　A　問6　A，D，F

問7　①　he was not killed thanks to the dog.　His money was not stolen, either.(14 words)　②　he missed the chance to get a lot of money twice and marry the young pretty girl.(18 words)

Ⅲ　問1　B　問2　エ　問3　3-a　surprising　3-b　wore　問4　水着の機能ではなく選手の能力によって勝敗が決まる本来の姿に戻った。　問5　have made tennis more enjoyable for the average tennis player　問6　ランナーはあまりエネルギーを使わずにより速く走る手助けをしてくれる特別なシューズを使っても良いのか。　問7　B，F

Ⅳ　(1)　It's very difficult to catch a taxi on a rainy day like this.　(2)　It may take more time, but you should take a bus.

○推定配点○

Ⅰ　A・B問1　各2点×7　問2　4点

Ⅱ　問1・問5・問6　各2点×10　問2・問3・問7　各5点×4　問4　4点

Ⅲ　問1～問3・問7　各2点×6　問4・問6　各5点×2　問5　4点

Ⅳ　各6点×2　計100点

＜英語解説＞

Ⅰ　リスニング問題解説省略。

Ⅱ　**(長文読解問題・物語文：語句補充・選択，内容吟味，英文和訳・記述，語句整序，条件英作文，感嘆文，助動詞，現在完了，不定詞，接続詞，比較，前置詞，動名詞，進行形)**

(全訳)　デヴィッド・スワンは20歳の若い男性で，ニューハンプシャーからボストンまで徒歩で旅をしていた。彼の叔父の食料雑貨店で店員${}_{1\text{-a}}$として働くために，彼はボストンへ向かっていた。その日は非常に暑くて，太陽が照り付ける中を，午前中ずっと歩きどおしだったので，彼は疲れており，睡魔に襲われた。彼は日陰の場所を見つけて，乗合馬車${}_{1\text{-b}}$を待つためにそこに座った。彼が携行していた服の入った小さなカバンで枕を作って，その枕を自らの頭${}_{1\text{-c}}$の下に敷いた。まもなく，デヴィドは眠りについた。

デヴィッドが日陰で昼寝をしている間に，他の人々が彼${}_{1\text{-d}}$のそばを通り過ぎた。彼らは歩き，馬に乗り，あるいは，馬車に座っていた。デヴィッドに気づかない人もいた。彼がぐっすりと眠っているのを見て，笑う人もいた。ある中年の女性は彼を見て，寝姿が魅力的に見えると思った。別の非常に真剣な表情をした男は，デヴィッドが酔っぱらっているように見えると考えた。デヴィッドは寝ていたので，これらの人々の存在や彼らが何を考えているかについて，全く気づいていなかった。

数分後，1組の大きな馬に引かれた茶色の馬車が，この寝ている若い男性の前に停車した。馬車の車輪が壊れていて，修理しなければならなかったのである。金持ちの年取った男と彼の妻は馬車から降りると，デヴィッドがいることに気づいた。女性が彼女の夫に言った。「何と美しい若者でしょう。ヘンリ，彼は私達の亡くなった息子のように見えない？　彼を起こしましょうか」

「なぜかな」彼女の夫は尋ねた。「私達は彼の性格を何も知らないじゃないか。(2)君は何を考えているのかな」

「おそらく運命が彼を私達の元へ送り届けてくれたのだわ」彼女は答えた。「(3)唯一の子供を亡くして以来，私達が死んだ際に，財産を残す相手が誰もいないわ」

「(4)彼は見た通り，純真だ，と君は考えているのかな」夫が尋ねた。

「ええ，彼を起こしましょう」

しかし，ちょうどその時，車夫が声をあげた。「車輪が直りました。馬車は出発する準備ができています」

年配のカップルは急いで馬車に乗り込んだ。(5-a)見知らぬ人を起こすべきだと考えたのは愚かである，と彼らは感じていた。

一方で，デヴィッド・スワンは昼寝を満喫していた。

まもなく可愛い少女が歩いて来て，スカートをなおすのに立ち止まった。(5-b)日陰でデヴィッドが寝ているのを見て，彼女は赤面した。突然，大きなハチがデヴィッドの顔に停まった。思わず，その少女は彼女のハンカチでハチを追い払った。

「なんて彼は顔立ちが良いのでしょう」少女はデヴィッドが寝ているのを見ながら，思った。

ところで，この少女の父親は金持ちで，彼の元で働き，彼の娘と結婚してくれるデヴィッドのような若者を探していた。でも，その少女は内気すぎてデヴィッドを起こすことができず，歩き去ってしまった。ここでも再び，デヴィッドは幸運が彼の間近にあったことに気づいていなかった。

その少女が視界から消えた後に，2人の邪悪な人相の男達がデヴィッドの寝ている所までやって来た。これらの男達は他の人々からものを盗むことで生計を立てていた。デヴィッドが寝ているのを見つけて，一方の男が他方の男に「彼の頭の下にあるあのカバンが見えるかい」と尋ねた。

2番目の男はうなずいた。

最初の男が言った。「きっとあのカバンの中に彼はお金を持っているに違いない。強奪しよう」

「でも，彼が目を覚ましたらどうするんだい」2番目の男が尋ねた。(5-c)最初の男は上着を開けると，彼の友人に大きなナイフを示した。

その2人の男達は眠っているデヴィッドに近づいた。1人がナイフをデヴィッドの近くで握りしめ，一方で，もう1人の男がデヴィッドのカバンの中を覗き込んだ。

その時，1匹の犬が2人の男達の間に割って入ってきた。

「今，我々は何をすることもできない。犬の飼い主が近くにいるに違いない」デヴィッドが眠り続けている一方で，その2人の男達はその場所から走り去った。今度は，死が自分に接近していたことにデヴィッドは気づいていなかった。

数分後，乗合馬車がやって来た。デヴィッドは馬車の騒々しい車輪(の音)を聞いて，素早く起き上がった。

「こんにちは，運転手さん」デヴィッドは叫んだ。「もう1人別の乗客を乗せてもらえますか」

「もちろんですとも」車夫は答えた。

デヴィッドは車夫の隣の席に乗り込み，乗合馬車はボストンへの道に沿って前進し続けた。

その午後，デヴィッドが寝ている間に，彼の運命を変える可能性のあった3つの出来事について，彼は気づいていなかった。その1時間で，運命がもう少しの所で彼に(6-a)富，(6-b)愛，そして，(6-c)死をもたらしそうになったことを，デヴィッド・スワンは全く知らなかった。

基本　問1　(1-a)work as a clerk「店員として働く」(1-b)wait for「～を待つ」(1-c)put the pillow under his head「その枕を彼の頭の下に置く」（1-d）pass by「～のそばを通り過ぎる」

やや難 問2　妻の「何と美しい若者でしょう。彼は私達の亡くなった息子のように見えないかしら。彼を起こしましょうか」という発言に対して，夫が「なぜかな。私達は彼の性格を何も知らないじゃないか。(2)君は何を考えているのかな」と述べていることから考えること。What a beautiful young man！← 感嘆文<What + 形容詞 + 名詞(+ 主語 + 動詞)!>「何と～なのだろう」Shall we do?「～しましょうか」

基本 問3　since「～以来」have had ← 現在完了<have + 過去分詞>(完了・結果・継続・経験) since ～ と相成ってここでは継続の意。no one to give「与える人が誰もいない」← 不定詞の名詞的用法<名詞 + 不定詞[to + 原形]>「～するための[する]名詞」when we die「私達が死んだ時に」

重要 問4　(Do you think)he is as innocent as he looks (?)　<as + 原級[形容詞・副詞の基本形]+ as>「同じくらい～［原級］」

基本 問5　(5-a)「見知らぬ人を起こすべきだと考えたのは愚かである，と彼らは感じた」正解は，C「そのカップルはデヴィッドを起こそうとすることは愚かであると気づいた」。should「～すべきである，のはずだ」for thinking ← <前置詞 + 動名詞[原形 + -ng]>　it was silly to try ← <It is + 形容詞 + 不定詞>「～［不定詞］するのは…［形容詞］である」foolish = silly awake = wake up「起こす」 A「デヴィッドを起こさなかったことをそのカップルは後悔していた」 B「デヴィッドに2度と会えないだろう，ということをそのカップルは恐れた」would 過去の時点での未来を示す。　D「デヴィッドが起きるまで待つのは悪い考えである，ということにそのカップルは気づいていた」wake up「起きる」 (5-b)「日陰でデヴィッドが寝ているのを見て，彼女の顔は赤くなった」赤面した少女の心情を考えること。正解は，D「少女は思いがけなく人を見つけて驚いた」。was surprised to see ～　← <感情を表す語 + 不定詞>「～してある感情が湧き上がる」 A「デヴィッドがぐっすり寝ているのを見つけて，少女は腹を立てた」was sleeping ← 進行形<be動詞 + 現在分詞[原形 + -ing]>　B「少女はデヴィッドへ話しかけたかったので，できるだけ懸命に彼を起こそうとした」～ , so …「～である，それで[そこで]…」<as + 原級 + as possible>「できるだけ～」 C「暑かったので，少女は日陰に入ろうとした」 (5-c)「最初の男は上着を開けると，彼の友人に大きなナイフを見せた」ナイフを見せたのは，いざとなったら凶器を使う意思があることを示している。誰に対してどのような目的でナイフを使おうとしているのかを考えること。正解は，A「デヴィッドが目覚めたら，最初の男は彼の命を奪うつもりだった」。<be動詞 + going + 不定詞[to + 原形]>「～するつもりだ，するだろう」 B「友人が彼に従わなかったので，最初の男は友人を殺そうとした」 C「お金を盗むために，最初の男はデヴィッドの上着を切ろうとした」 D「デヴィッドを起こすために，最初の男はナイフを取り出した」<in order + 不定詞[to + 原形]>「～するために」

重要 問6　「その午後，デヴィッドが寝ている間に，彼の運命を変える可能性のあった3つの出来事について，彼は気づいていなかった。その1時間で，運命がもう少しの所で彼に(6-a)，(6-b)，そして，(6-c)をもたらしそうになったことを，デヴィッド・スワンは全く知らなかった」運命により，もう少しでデヴィッドが手にしそうになったものや陥りそうになった事態とは，老夫婦の場合は遺産，少女の場合は雇用機会・結婚，2人組の盗人の場合は盗難・死であることから考えること。正解は，F wealth「富」，D love「愛情」，A death「死」となる。

やや難 問7　(全訳)　マコト：あなたはデヴィッドが幸運な人だと思いますか，それとも，不運な人だと思いますか。／ヒラリー：私の答えは，彼は幸運な人，かつ，不運な人の両方であるというものです。犬のおかげで，彼は殺されませんでした。彼のお金は盗まれもしませんでした。従って，彼は幸運な人だと私は考えます。一方で，彼は2度多くのお金を手にして，若くて可愛らしい女性と結婚する機会を失いました。ですから，彼は不運な男です。デヴィッドが幸運な人物，かつ，不運な人物であると判断される理由を，本文内容に即して15語程度の英文でまとめる条件英作文。

Ⅲ （長文読解問題・論説文：語句補充・選択，文整序，語句解釈，語句整序，英文和訳・記述，要旨把握，比較，現在完了，関係代名詞，前置詞，動名詞，助動詞，進行形，受動態）

（全訳） 古代から，運動選手は常に競技会で勝利を収める方法を模索してきた。運動選手は，より良い訓練を積み，より良い指導を受け，より良い食事をすることで，勝者になることができる。より良い道具，つまり，より良いシューズ，より良いスキー板，あるいは，より良いテニスラケットなどを手にすることで，遂行能力を向上させることも可能である。初期のギリシャ人でさえ，投てきする競技用の円盤を改良するために，工学を用いた。しかし，人々はスポーツを[1]公平なものにしたいと願っている。この理由で，スポーツ機関は，選手，用具，そして，試合自体に関して，規則を定めている。

最近，新しい技術が運動選手を手助けしている。先端技術を使った洋服から人工の手足まで，遂行能力をレベルアップさせる多くの新しい方法が存在している。しかし，技術が特定の運動選手を有利にしてしまう可能性があることを心配する人は少なくない。そのことで，競技会が不当なものになってしまう可能性がある。また，しばしば，より裕福な運動選手やチームのみが，高価で，最先端技術が用いられた用具を買うことができるのである。私達は，最高の運動選手に勝ってもらいたいのか，それとも，最高の装備を備えた運動選手に勝利してもらいたいのだろうか。

最先端技術が投入された水着の話は，いかに技術がスポーツを不当なものにしているかを示している。(2)[C]数年前に，運動工学により，水着のための新しい素材が開発された。[B]それはサメ肌と同じ特性を数多く有するものである。[D]水泳選手がこの素材でできた全身水着を使うと，より早く泳ぐことができ，より強い浮力が得られる。[A]また，この材質は水泳選手の筋肉へより多くの酸素を送るのである。

企業はこれらの新しい最先端技術が備わった水着を2008年に導入した。以降まもなく，その水着を使っている水泳選手が(3-a)驚異的なペースで世界競泳記録を更新し始めた。2008年北京オリンピックでは，水泳選手は25の世界記録を破った。これらの水泳選手の23名がハイテク水着(3-b)を着ていた。対照的に，2004年にはオリンピック水泳選手はわずか8つの世界記録を更新しただけであった。そして，2009年の世界選手権では，水泳選手は43の世界記録を破った。人々には，新しい水着が選手を手助けしているということがわかっていた。2010年の1月には，国際水泳連盟，FINAがハイテク水着を禁止した。もっとも競争力のある水泳選手達は，この禁止(の知らせ)を喜んだ。同様に，あるオリンピック水泳選手は次のように述べている。「(4)水泳は実際に再び泳ぐことになった。それは，誰が何の水着を着ているか，誰が何の素材を身につけているかではない。私達は皆，同じ指針下に置かれている」

ハイテク水着の禁止後2年間では，水泳選手はわずか2つの世界記録を破っただけであった。明らかに，高価で最先端技術の備わった水着が，より速い水泳記録の背後にある理由だったのである。それらの水着は一部の水泳選手を不当に有利にしていたのである。

もちろん，より良い用具は，必ずしも悪いことばかりであるとは限らない。確かに新しい用具はスポーツにとってプラスになりうる。例えば，テニスラケットは以前，木製だった。この重いラケットは折れて，怪我を引き起こす可能性があった。1980年代に，企業は新しい最先端技術の備わったカーボンラケットを導入した。それらは扱うのがより易しくて，より安全なのである。その新しいラケットにより，(5)テニスをする普通の人達にとって，テニスはより楽しめるものになった。

滑降《かっこう》スキーから自転車レースまで，すべてのスポーツにおいて，技術が用具を改良してきた。

懸案事項は以下の通りだ。技術が不当な優越を作り出しているのはいつなのかである。将来，スポーツ工学により，本当の足よりも優れた人工の足が開発されるかもしれない。その義足は競技会で受け入れられるだろうか。先端技術の備わったコンタクトレンズにより，ゴルファーは有利になるのだろうか。(6)あまりエネルギーを使わずに，より速く走る手助けをしてくれる特別な靴を，走者は使っても良いのか。これらの懸案事項には簡単な答えは存在しない。私達は，絶対にスポーツが技術により不当なものとならないようにしなければならない。でも，全ての人々にとって，スポーツがより楽しいものとなり，安全になるような改善を，私達は歓迎するべきである。

基本 問1　しかし，人々はスポーツを(1)したいと願っている。この理由により，スポーツ機関は，選手，用具，そして，試合自体に関して，規則を定めている」正解は，B「公平・公正に」。however「しかしながら，けれども」 A「教育的に」 C「世界的に」 D「普及」

重要 問2　全訳参照。It が何を指すか，つなぎ言葉である also などに注意しながら，順番を考えること。the same ～ as…「…と同じ～」fully-body suits made of「～で作られた全身水着」← 過去分詞の形容詞的用法<名詞 + 過去分詞 + 他の語句>「～された名詞」faster ← fast「速い」の比較級　better「より良い[良く]」← good／well の比較級　more「もっと多くの，さらに多く」← many／muchの比較級

基本 問3　(3-a)「驚くべきペースで」at a surprising rate　(3-b)2008年の北京オリンピックでの出来事なので，wearを過去形の wore にする。

基本 問4　下線部(4)は「水泳は実際に再び泳ぐことになった」の意。ハイテク水着を身につけた泳者により，あまりにも多くの世界記録が量産されたために，その着用が禁止されたことが前述されていることから考える。

重要 問5　(The new rackets) have made tennis more enjoyable for the average tennis player(.)
have made tennis more enjoyable ← <have + 過去分詞>現在完了(完了・継続・結果・経験)／make A[tennis] B[more enjoyable]「AをBの状態にする」／more enjoyable ← enjoyable「楽しめる」の比較級

重要 問6　special shoes that help「手助けする特別の靴」← <先行詞 + 主格の関係代名詞 that + 動詞>「～[動詞]する先行詞」help them run「走ることを手助けする」← <help + O + 原形>「Oが～[原形]することを手助けする」faster ← fast「速い」の比較級　without using「～を使わずに」← <without + 動名詞>「～しないで」

重要 問7　A「古い時代には，技術や工学を一切使わずに，運動選手は試合で公正であろうとした」(×)第1段落第4文に Even the early Greeks used engineering to make better discus to throw. とあるので，不可。by not using ← <前置詞 + 動名詞[原形 + -ing]の否定>　B「よい装備を買うお金が十分にある人は，競技会において，より有利かもしれない」(○)第1段落第3文／第2段落第3文／第2段落第5文に一致。may「かもしれない，してもよい」 wealthier ← wealthy「裕福な」の比較級　C「北京オリンピックでは，記録更新した水泳選手の約半分がハイテク水着を着ていた」(×)第4段落第3・4文に In the 2008 Beijing Olympic Games, swimmers broke 25 world records. Twenty-three of those swimmers wore the high-tech suits. とあるので，不一致。were wearing ← <be動詞 + 現在分詞[原形 + -ing]>進行形　D「競技会をよりわくわくしたものにするために，FINAは新しい種類の技術を導入した」(×)FINAに関しては，2010年1月にハイテク水着を禁じた(第4段落第8文)，としか書かれていない。make competitions more exciting ← make A B「AをBの状態にする」／more exciting ← exciting「興奮させる」の比較級　E「テニスラケットは1980年代にカーボンからプラステック

へと改良された。後者の方がより軽いからである」(×)テニスラケットの改良及びその理由に関しては，tennis rackets used to be wooden. ~ In the 1980s, companies introduced new high-tech carbon rackets, which are easier and safer to use.(第6段落第3・5文)と述べられている。 were improved ← <be動詞 + 過去分詞>受動態「～される，されている」in the 1980s「1980年代」the latter「後者」lighter ← light「軽い」の比較級 <used + 不定詞[to + 原形]>「～するのが常だった，以前は～だった」new high-tech carbon rackets, which are easier ~ ← 主格の関係代名詞 which の継続[非制限]用法(関係代名詞の前に，[コンマ]が付く用法) easier ← easy「易しい」の比較級 safer ← safe「安全な」の比較級 F「スポーツ競技会を不当なものにしなければ，技術は容認できる，と作者は考えている」(○)最終段落の最後の2文(We must make sure that technology does not make sports unfair. However, we should welcome improvement that make sports more enjoyable and safer for all.)に一致。make sports(competitions)unfair／make sports more enjoyable and safer for ~「～にとってスポーツをより楽しめる，安全なものにする」← make A B「AをBの状態にする」／make sure「確かめる，必ず～する」should「～すべきである，のはずだ」improvement that make ← 主格の関係代名詞 that

重要 Ⅳ （文法・作文：和文英訳，助動詞，比較）

A「こんな雨の日に」on a rainy day like this 「タクシーをつかまえる」catch a taxi 「至難の業だ」very difficult

B「かもしれない」<may + 原形> 「時間が余計にかかる」It takes more time「～だけれど」but 「バスにした方がいいと思うよ」you should take a bus

★ワンポイントアドバイス★

本年度は大問2題のいずれでも出題された英文和訳を取り上げる。この種の問題では，熟語や構文の知識を含む基本的語彙や文法事項が身についているかが問われるので，日頃より，この分野の勉強には力を注ぐこと。

＜国語解答＞

一 問一 (例) 紛争が何年も続き，日常となっているために，(銃声にも慣れ)，恐怖感さえ麻痺してしまっているという状態。 問二 エ 問三 ウ 問四 出身地を理～まうつらさ 問五 (例) 過酷で矛盾をはらんだ現実の中で，一人ひとりがどのような困難や複雑な思いを抱えながら生きているのかを想像し，深く理解しようとすること。 問六 ウ 問七 記号 問八 イ 問九 (例)『君たちはどう生きるか』の「雪の日の出来事」でコペル君は，上級生の暴力に対して勇気を出せず，何も言えないまま友だちを裏切り見捨ててしまったことに苦しむ。そのとき「叔父さん」はコペル君に，「自分の過ちを認めることはつらい。しかし過ちをつらく感じるということの中に，人間の立派さもあるんだ」と語り励ます。そのことばはコペル君にとって，自分の過ちについての思いを正直に伝え，仲間とのつながりをとり戻す支えとなっていった。

問十 a 統括 b 亀裂 c 沸(かして) d 検問

二 問一 a 経緯 b 暫定 問二 (例)「男にする」という表現は，男性に対する伝統的なイメージや，女性には付与されない特別な価値などを含んでおり，現代という時代にはそぐわなくなった古い性認識に基づくものだから。　問三　(例)　夫婦間においては，対等な関係性に基づく呼称を用いようという傾向も一般化しているとまでは言えず，特に相手の配偶者を呼ぶ場合には，不自然さや失礼な印象を与えない呼び方が定着していないから。

問四　エ　　問五　A　物事の見方や価値観　　B　用いるべき言葉　　問六　ア

問七　つまり，か　　問八　温(故)知(新)　　問九　(例)　どのような言葉を用いるかという判断を，個人個人の好き嫌いや考え方にゆだねること。

○推定配点○

一　問一　6点　　問四　5点　　問五　8点　　問九　12点　　問十　各2点×4　　他　各3点×5

二　問一　各2点×2　　問二・問三　各8点×2　　問五　各4点×2　　問九　6点

他　各3点×4　　計100点

＜国語解説＞

一　(随筆－内容吟味，心情，表現技法，文脈把握，作文(課題)，漢字の書き取り)

重要　問一　傍線部は，『灰色のミツバチ』で描かれるスタログラドフカ村の場面である。スタログラドフカ村は，ウクライナ東部にあり，ウクライナとロシアの紛争が続くドンバス近くに位置する。故に，日常的に銃声が鳴り響く地域はあるものの，その銃声すら日常の一部として溶け込んでしまっている。それは，日常的な銃声の音がスタログラドフカ村に住む人の，恐怖感や不安を感じさせないほどになっている。

問二　セルゲイがなぜ暖かい季節を選んで，村を去ろうとしたかというと，ミツバチとともに移動するからである。傍線部の後に，「ミツバチが銃撃戦を怖がるから，安全な場所で休ませる」「ミツバチを紛争から逃れさせ，アカシアの花咲く地へと連れていかなければならない」とあるように，ミツバチの気持ちを慮り，またミツバチが好むアカシアの花が咲いている場所へと移ろうと考え，行動しようとしている。

問三　セルゲイは紛争の対立に関与することを好まず，どちらか一方の立場につくことをしない。それは傍線部の前に，「ロシア人ともウクライナ人ともクリミアタタールの人々とも軽く交流し，多くの人から好感を持たれる」とあることからも明らかである。しかしそれは，一方の立場につく人にとっては疎ましいものであり，「紛争に対しなにかしらの立場を主張する人にとっては容易に争いの種になりかねない」ので，そのようなセルゲイのスタンスを警戒し，立場を明確にするよう強いる。

問四　傍線部の後に，「『灰色のミツバチ』の主人公セルゲイがどこにいてもいたたまれなくなったのも，やはりそのためだった。その苦しさが，果たしてどのくらい伝わるだろうか」と述べ，次にセルゲイが故郷のグレーゾーンへと帰っていた時の思いについて述べている。

重要　問五　傍線部の前に，二〇一九年のドンバスのローカルニュースを例に挙げ，「現地の集落の多くはいまだに『グレーゾーン』のままだ。インフラが崩壊し，地方自治体も機能せず，電気も病院もない地域だが，そこを離れられない人々がいる」と述べ，過酷な状況に身を置きながらも，そこで生活するしかない人々の思いを汲み取る必要があることを筆者は主張している。

問六　傍線部の後に，「けれどもなにを知っているというのだろう」「私はいくら必死で学んでもただひたすら無知で無力だった。いま思い返してもなにもかもすべてに対して『なにもできなかった』という無念な思いに押しつぶされそうになる」と，ただ知識として「知って」いただけで，それらの諸問題に対して何もできずに悔いていることから読み取る。

問七　傍線部の後に，「私たちは日々そういった無数の言葉を受けとめながら，常に文脈を補うことで思考を成りたたせている。文脈を補うことができなければ情報は単なる記号のまま，一時的に記憶されては消えていく」とあるように，日々，発信される情報を文脈の補塡によって思考を成立させているのに対し，それをしなければ，情報は単なる記号と化してしまうことを述べている。

問八　筆者の体験の中で，人々と「歌をうたい詩を読み，小説の引用や文体模倣をして，笑ったり泣いたりしていたその瞬間－それは文学を学ぶことなしには得られなかった心の交流であり，魂の出会いだった」とあるように，文学を通じてつながることができたということを示している。

やや難　問九　自身の体験の中で，誰かにかけられた言葉によってつなぐことができたもの，もしくは小説や映画の場面の中で誰かの言葉がキーポイントとなり，何かをつなぐきっかけとなった部分を説明する。

問十　a 「統括」とは，ばらばらに分かれているものを一つにまとめること。　b 「亀裂」とは，亀の甲の模様のように，ひびが入ること。　c 「沸く」とは，液体が熱せられて煮え立つこと。　d 「検問所」とは，警察による緊急配備などで，通行人やその所持品などの検問のために，臨時に交通の要所に設けられる施設。

二　（論説文－漢字の書き取り，その他，文脈把握，脱文補充，語句の意味，内容吟味，熟語）

問一　a 「経緯」とは，物事に何が起きて，どのような事情を経て，最終的に現状へと至ったのか，その一連の出来事の推移を指す言葉。　b 「暫定」とは，正式な決定がなされるまで，仮の措置として，とりあえず定めること。

重要　問二　傍線部の後に，「『男にする』は『一人前にする』とか『立派にする』などとぴったり同じ意味ではなく，そこには独特のニュアンスがある。ただ，ともあれこの言葉が，男性に対する伝統的なイメージや，女性には付与されない地位や名誉，それを体現する誇り，沽券といったものにかかわる言葉である」と「男にする」という意味について説明している。その後，「古びてきた言葉，時代にそぐわなくなってきた言葉は，ほかにも数多く挙げることができる」としているので，「男にする」という言葉が，意味合いとしても古く，時代にそぐわないので筆者は使用することがないとする。

重要　問三　傍線部の後に，「旦那」や「亭主」，「家内」「嫁」「奥さん」は男性からの観点であるため，それらの言葉の使用が避けられる傾向にあり，代わりの「夫」，「妻」，「連れ合い」，「パートナー」という言葉が使われることもあるが，一般化されているとは言い難い。また，相手の夫や妻をどのように呼ぶかも難しいとされ，不自然な感じや相手に失礼な印象を与えかねないようにするため，筆者は時と場合に応じて使い分けていると述べている。

問四　「英雄ひとを欺く」とは，卓抜した能力を持つ人は，その優れた謀で，普通の人が思いもよらない手段や行動をとるものであるということ。

問五　A　傍線部の「そうした」が直接指すのは，時代の流れ，世界が変わると同時に言葉も変わっていく。その「変化と，個々の言葉が湛える豊かな意味合いとを繊細に捉えながら，用いるべき言葉をよく吟味すること」である。「意味合い」は含むものであるので，その意味が含まれることとなった，その当時の「物事の見方や価値観」を映し出した言葉とするのが適当。　B　前述のように，当時の「物事の見方や価値観」を映し出した言葉とはいえ，現在でも「用いるべき言葉」であるかは検討を要するとしている。

問六　「前景化」とは，ある部分に焦点が当たること。

問七　「彼」という言葉が，以前は三人称代名詞で用いられていたものの，ヨーロッパ言語から日本語へ適合するために，「彼」は男性，「彼女」は女性と規定したという背景がある。よってもう一度，「彼」を原義に近い形で捉え直すことができれば，メリットを生み出すとしている。それは傍線部の後に，「つまり，かつてはどの性にもどの動物や物にも用いられていた代名詞『彼』であれば，性認識の多様性や，さらには人間と動物とを峻別しない観点といったものに，複数の言葉を長く連ねたり新語に置き換えたりするよりも自然に対応できるように思われる。」と述べている。

問八　「温故知新」とは，前に学んだことや昔の事柄をもう一度調べたり考えたりして，新たな道理や知識を見出し自分のものとすること。

重要　問九　「こだわり」とは，普通の人が気にしないようなことに関して好みのこと。また，「信条」とは，堅く信じて守っている事柄。傍線部に「個人」とあることから，客観的なものではなく主観的な好みや考えによって，性差や性認識の言葉を判断すること。

★ワンポイントアドバイス★

どのようなジャンルの文章が出題されてもいいように，幅広く，様々な文章を読んで，読解力を養っておこう。記述力も必須なので，記述対策用の問題集で備えておきたい。

MEMO

大切なことはメモしておこうネ！

2022年度

★★★★★★★★★★★★★★★★★★★★★★★★

入　試　問　題

2022年度

桐朋高等学校入試問題

【数　学】（50分）〈満点：100点〉

【注意】・答えが無理数となる場合は，小数に直さずに無理数のままで書いておくこと。また，円周率はπとすること。

1　次の問いに答えよ。

(1)　$\dfrac{16}{3}a\times\left(-\dfrac{1}{2}ab\right)^3+3a^6b^7\div(-3ab^2)^2$　を計算せよ。

(2)　連立方程式　$\begin{cases}5(4x+y)+3(2x+y)=9\\ \dfrac{4x+y}{3}-\dfrac{2x+y}{2}=2\end{cases}$　を解け。

(3)　$\dfrac{(\sqrt{14}-\sqrt{6})(\sqrt{7}+\sqrt{3})}{2}-(\sqrt{2}+1)^2$　を計算せよ。

2　次の問いに答えよ。

(1)　縦の長さが横の長さより5 cmだけ長い長方形がある。この長方形の面積が25 cm^2のとき，横の長さを求めよ。

(2)　関数$y=ax-3$で，xの変域が$-3\leqq x\leqq -1$であるとき，yの変域は$3\leqq y\leqq b$である。a，bの値を求めよ。

(3)　大，小2つのさいころを投げ，大きなさいころの出た目をa，小さなさいころの出た目をbとする。1辺の長さが1 cmの正方形ABCDで，点Pが頂点Aを出発点として，右の図の矢印の方向に辺上を$(a+b)$cm動く。このとき，点Pが頂点Dの位置にある確率を求めよ。

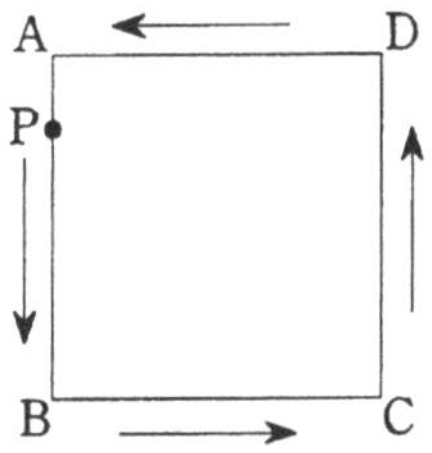

3　兄，弟の2人がP地からQ地まで歩いた。弟がP地を出発してからx分後に兄がP地を出発し，弟がP地を出発してから12分後に兄が弟を追い抜いた。兄の歩く速さは分速80 mである。

(1)　弟の歩く速さは分速何mか。xの式で表せ。

(2)　兄がQ地に到着してから4分後に弟がQ地に到着した。PQ間の道のりは2400 mである。xの値を求めよ。答えのみでなく求め方も書くこと。

4 右の図で，点Pは放物線$y=ax^2$ $(a>0)$上にあり，OP＝2，A(－3，0)，∠AOP＝60°である。△AOPを点Oを中心として，はじめて辺OPがx軸の正の部分と重なるまで時計回りに回転移動させ，移動後の点Pの位置を点Q，点Aの位置を点Bとする。また，放物線$y=ax^2$と辺OBの交点をCとする。

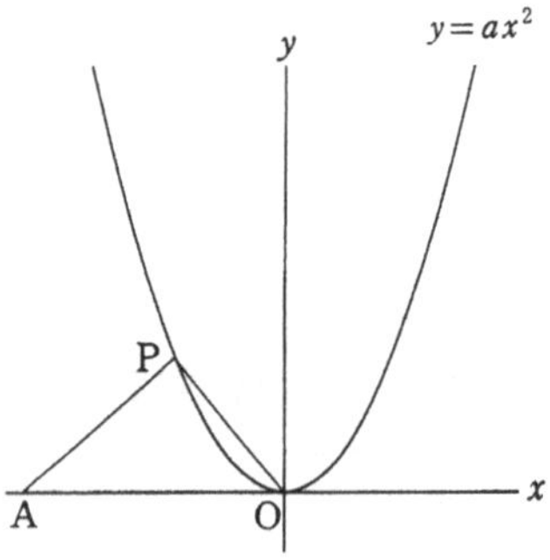

(1) aの値を求めよ。

(2) 四角形AQCPの周の長さを求めよ。

(3) 放物線$y=ax^2$上に点Rをとり，四角形RPOCの面積と△AOPの面積が等しくなるようにする。このとき，点Rの座標を求めよ。

(4) 辺APが動いてできる図形の面積を求めよ。

5 右の図のように，2つの円O_1とO_2が異なる2点A，Bで交わっている。円O_1の内部で円O_2の周上に点Cをとり，直線ACと円O_1の交点のうち，点Aと異なる方をDとする。また，円O_2の内部で円O_1の周上に点Eをとり，直線AEと円O_2の交点のうち，点Aと異なる方をFとする。

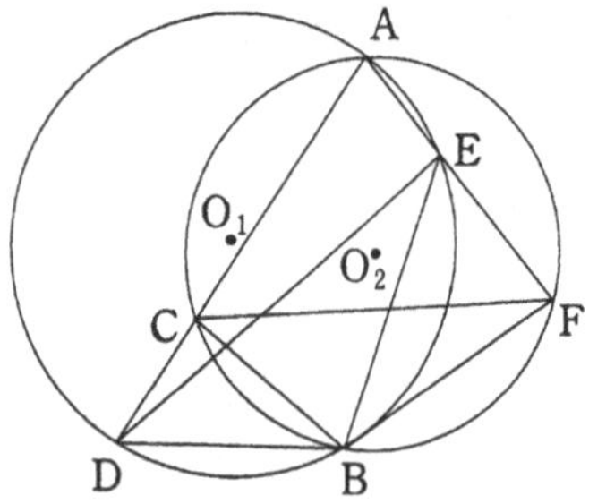

(1) △BED∽△BFCであることを証明せよ。

(2) 線分AD，線分ABがそれぞれ円O_1，円O_2の直径であり，AD＝10，AB＝8，AF＝6のとき，次のものを求めよ。

① BCの長さ

② EFの長さ

③ 四角形ADBEの面積

6 下の図のように，正六角柱ABCDEF－A′B′C′D′E′F′がある。辺FF′の中点をM，線分ADとBFの交点をNとする。AB＝6，AA′＝12のとき，次の問いに答えよ。

(1) △MNB′の面積を求めよ。

(2) 三角錐D′－MNB′の体積を求めよ。

(3) 辺CC′の中点をPとし，Pを通り平面MB′D′に平行な平面で三角錐D′－MNB′を切ったとき，頂点Nを含む方の立体の体積を求めよ。

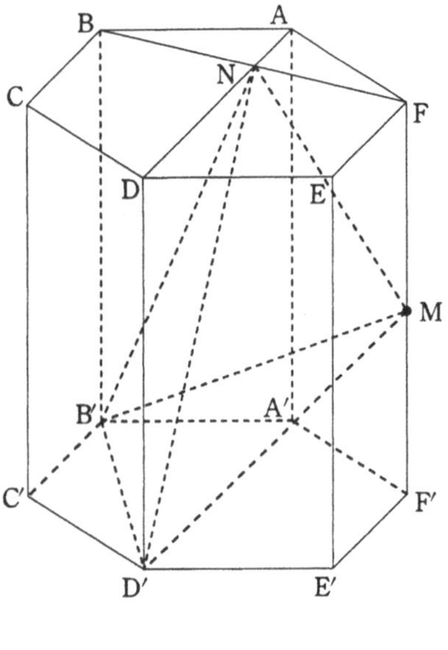

【英　語】（50分）〈満点：100点〉

Ⅰ　リスニング問題　放送を聞いて次のA，Bの問題に答えなさい。

注意　リスニングテスト中は筆記問題に進んではいけません。

問題A　これから英語で短い対話を放送します。そのあとでその対話についての質問がなされますから，その答えとして最も適切なものを選び，記号で答えなさい。対話と質問は**1回だけ**読まれます。

(1)　A．In the restaurant.
　B．In the gym.
　C．In the classroom.
　D．In the library.

(2)　A．It's his turn to do it.
　B．Karen did it twice already.
　C．Karen has to study for the exam.
　D．He promised to do it twice.

(3)　A．All right. That will be nine dollars.
　B．All right. The movie will be starting soon.
　C．Sure. I'm glad you enjoyed the show.
　D．Sure. I hope you can have the ticket.

(4)　A．The restaurant closes at 8:00.
　B．The non-smoking tables are not available all day.
　C．The man wants to have more time to eat.
　D．Some of the man's friends want to smoke in the restaurant.

(5)　A．At 3:00.
　B．At 3:30.
　C．At 4:00.
　D．At 4:30.

問題B　これから放送される英文について，以下の問いに答えなさい。英文は**2回**読まれます。

問1　以下の質問の答えとして最も適切なものを選び，記号で答えなさい。

(1)　Where was the hotel Henry was staying in?
　A．It was close to the doctor's office in London.
　B．It was close to the doctor's office in New York.
　C．It was far from the doctor's office in London.
　D．It was far from the doctor's office in New York.

(2)　Why did Henry lie to the doctor?
　A．Because he was feeling well.
　B．Because he was late for the appointment.
　C．Because he didn't want to pay much money.
　D．Because he didn't have the medicine.

問2　なぜ最後にHenryは驚いたのですか。その理由となるように，以下の日本語の空所部分を埋めなさい。（　ア　）は10字以内，（　イ　）は15字以内とします。

（　ア　）と医者に伝えたところ，医者に（　イ　）と指示されてしまったから。

STOP　　STOP　　STOP

リスニングテストが終わるまで筆記問題に進んではいけません。

※リスニングテストの放送台本は，問題の最後に掲載してあります。

Ⅱ　次の英文を読んで，後の問いに答えなさい。

The names of companies and products have many different origins. Older companies often got their names from (　1　). Car companies are a good example. Many car companies, such as Ford, Toyota, and Tata, all have the names of the men who started them. Other car companies, such as SAAB, FIAT, and BMW have names that are (　2　). For example, BMW stands for Bavarian Motor Works. Today, most new companies do not choose names like these. They want more interesting names, because they know that company and product names are very important.

A new company must choose its name carefully. It must also think carefully when it names its products. A name (3)[people / can / about / what / think / influence] a company or a product. People will remember a good name. They may choose that company or product because of its name. This means that a company or a product with a good name may not need many advertisements. This can save the company a lot of money.

Companies *consider many things when they choose a name. They want a name that customers will connect with the company or product. If a company makes shoes for running, it should consider names that are *related to feet or shoes. *Green Moon* or *Crazy Cow* would not be good names for shoes. A good name should also be easy to remember. However, the name should not be too ordinary. It is probably not a good idea to choose a name like *Best Shoes* or *The Shoe Company*. These names are (　4　) and do not show how the company is unique.

(5)Perhaps the most important factor that a company must consider is the emotion that people will feel when they hear the name of the company. What will they think about when they hear the name? When the online company Amazon began, it sold only books. The *founder of the company chose the name because the Amazon River is vast and powerful. It is the largest river in the world. He wanted his company to be the biggest bookseller in the world.

A good name tells a story. If a shoe company chooses a name like *Fast Feet*, this explains the business to the customers. There is a clear connection between shoes and their purpose, but the name is a little ordinary. Two companies that make running shoes chose names that are more interesting: Nike – the Greek *goddess of victory – and Reebok – a large animal from Africa that runs very (6-a). These names tell good stories. The companies hope their customers will think about (6-b) and speed when they buy their shoes.

The names of some electronic and technology products also give good examples of responses to products. The names for these products should make people think about modern science and technology. [　A　] Sometimes this choice relates to sounds. [　B　] In English, words that begin or end with *x*, such as x-ray, often sound very scientific or technical. [C] A good example of a product name is Xerox. [D] It sounds very technical, but it is also easy to remember. Another good example is the company name Google. This name comes from the word *googol*, which means a very large number: 10^{100}. The company's original name was Back Rub, but as it grew, the directors decided it needed a better name. They chose the new name because it makes the company sound scientific and powerful. Today, Google is a very successful company.

Finally, sometimes businesses want to find a new name. Kentucky Fried Chicken sells lots of fried chicken. Today, many customers worry that they eat too much fat. Kentucky Fried Chicken didn't want its customers to just think about its fried food. (7)The company decided to change its name to KFC. KFC wanted customers to think about its other products, which are not fried. A company may also change its name when something bad happens. For example, there was an airplane crash in Florida in 1997. Many people died in the crash. The company that owned the airplane, Valujet, wanted its customers to (8) the crash, so it changed its name to AirTran.

Choosing and changing names is an important part of any business. Names can have a powerful influence on customers. With a good response from customers, a company can make a lot of money. With a bad response, a company may lose a lot of money.

[注]

consider：～を熟考する
related to：～に関連した
founder：創立者
goddess：女神

問1　空所（ 1 ）に入る最も適切なものを以下より選び，記号で答えなさい。

A．animals　B．computers　C．people　D．products

問2　空所（ 2 ）に入る最も適切なものを以下より選び，記号で答えなさい。

A．capitals　B．images　C．initials　D．symbols

問3　下線部(3)の[ ]内の語を並べかえて，意味の通る英文にしなさい。

問4　空所（ 4 ）に入る最も適切なものを以下より選び，記号で答えなさい。

A．boring　B．short　C．difficult　D．interesting

問5　下線部(5)を日本語にしなさい。

問6　空所(6-a)と(6-b)に入る最も適切な語をそれぞれ1語の英語で答えなさい。

問7　第6段落からは，以下の文が抜けています。この文が入る位置を，同じ段落の空所[A]～[D]より選び，記号で答えなさい。

For example, words that begin with *e-* or *i-*, like e-mail and iPhone, make people think about technology.

問8　下線部(7)の理由を日本語で説明しなさい。

問9　空所（ 8 ）に入る最も適切なものを以下より選び，記号で答えなさい。

A．avoid　B．forget　C．survive　D．remember

Ⅲ　次の英文を読んで，後の問いに答えなさい。

Why do we smile? Many people automatically think that there is a simple answer to that question — we smile because we are happy. That answer is correct, but it doesn't tell the whole story. Social scientists who study smiles say (1)there's a lot more to smiling than just showing happiness. Smiling can actually have a great *effect on a person's quality of life.

Marianne LaFrance is a social scientist who is interested in smiles. She has studied smiles for over 20 years. LaFrance says that we use smiles to make and *maintain relationships. We need to do this because we are social animals. (2-a) social animals, we need strong relationships in order to survive and *thrive. According (2-b) LaFrance, smiling is one of the most important tools to maintain social relationships. For example, smiling makes it easier to make new friends. One reason (2-c) this is that we are attracted to people who smile. Smiling can put people at ease. Smiling also helps people make the best (2-d) *unexpected conditions and *adjust to difficult social situations. A smile can help *reduce *conflict and ease *embarrassment. In many languages, there are sayings that express the social importance of smiling. For example, in English, people say, "Smile and the whole world smiles with you. Cry and you cry alone."

Smiling does more than just help us make and maintain relationships, however. It seems that the amount we smile and the quality of our smiles may have some connection to our quality of life. Two studies show the relationship between smiling and the quality and length of people's lives. One study is the (3)"Yearbook Study." In 2010, LeeAnne Harker and Dacher Keltner, two social scientists from the University of California, Berkeley, *compared the lives of women they found in a thirty-year-old yearbook. They *rated the women's smiles by *measuring the amount of muscle movement around the mouth and eyes. Then they asked the women to answer some questions about their lives. The results of their study showed that the women with the highest rated smiles in the pictures reported happier lives and happier and longer marriages.

Another study is the "Baseball Card Study" from 2010. Ernest Abel and Michael Kruger from Wayne State University in Detroit, Michigan, found that the quality of the smile in pictures of baseball players could actually tell how long they would live. Abel and Kruger also rated the players' smiles. The rating system had three levels: no smile, partial smile, or full smile. They found that the players with (4-a) smiles lived about seven years longer than the players pictured with partial smiles or with (4-b) smiles.

Research shows that smiling has many positive effects on our health. This might explain why the people in the studies with bigger smiles had longer lives. Studies show that smiling reduces stress and stress-related hormones. It also lowers blood pressure. Smiling can *affect the brain in the same way as exercise. For example, it increases the amount of feel-good hormones such as serotonin and endorphins. Endorphins not only make us feel better, but reduce pain as well. Furthermore, recent brain research shows that just the act of smiling can actually make us happier. In other words, we smile because something happens that makes us happy. But then, (5)our smiles send a message back to the brain that makes us feel even happier.

Smiling is clearly good for us. We can even get the benefits of smiling just by making ourselves smile. (6)One way to do this is to look at a picture of other people smiling. This is because smiling is contagious. It is very difficult to look at others smiling and not smile back. Even thinking about people smiling can make you smile. It is easy to see that smiling is much more than just an expression of happiness. (7)It's a powerful tool for maintaining both emotional and physical health.

［注］

effect：影響
maintain：～を維持する
thrive：よく成長する
unexpected：思いがけない
adjust to：～に適応する
reduce：～を減らす
conflict：衝突
embarrassment：困惑
compare：～を比較する
rate：～を評価する
measure：～を測定する
affect：～に影響を与える

問１　下線部(1)の表す意味として最も適切なものを選び，記号で答えなさい。

Ａ．幸せであることを言葉で相手に伝えるよりもほほえんだ方が得策である。
Ｂ．ほほえむことほど自分が幸せであることを相手に示す良い方法はない。
Ｃ．ほほえみは自分がうれしい状態であることを相手に伝えるだけではない。
Ｄ．単に自分の幸せを相手に伝えるためにほほえむ人がかなり増えている。

問２　空所(2-a)～(2-d)に入る語を以下より選び，記号で答えなさい。ただし，大文字で始めるべき語も小文字で示してある。

Ａ．with　　Ｂ．for　　Ｃ．of　　Ｄ．in　　Ｅ．to　　Ｆ．as

問３　下線部(3)の"Yearbook Study"「卒業アルバムの研究」の結果を日本語で説明しなさい。

問４　本文の流れから考えて，空所(4-a)と(4-b)に入るべき語を本文中から抜き出しなさい。

問５　下線部(5)を日本語にしなさい。

問６　下線部(6)の理由を具体的に25字前後の日本語で説明しなさい。

問７　下線部(7)について，あなたの考えを自分自身の経験に触れながら40語程度の英語で書きなさい。

Ⅳ　次の(1)，(2)を英語にしなさい。

(1)　ここから遠く離れた町へ引っ越したなつかしい友だちから電話をもらった。

(2)　僕たちは幼なじみなので，思い出話に花が咲いた。

2022年度　英語入試問題<リスニング放送原稿>

M … male speaker　**F** … female speaker

＊＊

問題Ａ

M：One.

F：Excuse me. I'm going to ask you to leave if you don't keep quiet.

M：But I was just asking my friend to help me with my math homework.

F：I know, but you can't have a conversation here. As the notice says, silence is the rule in this area.

M：Alright. I'm sorry.

F：Question：Where is this conversation probably taking place?

M：Two.

F：James, could you do some shopping for me, please?

M：Oh, Grandma! Why do I have to go? It's Karen's turn, isn't it?

F：Yes, it is. But she has to prepare for the exam.

M：OK, but she has to do the shopping the next two times.

F：Question：Why will James do the shopping this time?

M：Three.

M：Can I have one ticket for the five o'clock movie, please?

F：Well, it's 5:10 now, sir. I'm afraid it's already started.

M：I don't mind. I'd still like one.

F：Question：What will the woman probably say next?

M：Four. (*on the telephone*)

F：Hello, Nico Diner.

M：Hello. I'd like to reserve a non-smoking table for four people at 7 o'clock.

F：I'm sorry, but all our non-smoking tables are full until 8. And we close at 9.

M：That means we would have only one hour to eat. OK. I'll try somewhere else.

F：Question：What is the problem?

M：Five. (*on the telephone*)

F：Good morning. ABC Dental Office.

M：Hi. I was wondering if I could change my appointment. I'd like to make it earlier.

F：OK. When is your appointment?

M：It's 4 o'clock in the afternoon tomorrow. Could I come in at 3 o'clock?

F：I'm sorry. It's not available. But you can make it half an hour earlier.

M：That'll be fine with me. I'll see you then.

F：Question：When wilt the man see the dentist?

問題B

[M]

Henry was from London and he had come to New York for a holiday.

One day he was not feeling well, so he went to the clerk at the desk of his hotel and said, "I want to see a doctor. Can you give me the name of a good one?"

The clerk looked in a book and then said, "Dr. Kenneth Glay, 61010."

Henry said, "Oh, just two blocks away. Thank you very much. Is he expensive?"

"Well," the clerk answered, "he always charges his patients 40 dollars for their first visit to him, and 20 dollars for later visits."

Henry decided to save 20 dollars, so when he went to see the doctor, he said, "I've come again, doctor."

For a few seconds the doctor looked at his face carefully without saying anything. Then he nodded and said, "Oh, yes." He examined him and then said, "Everything's going as it should. Just continue with the medicine I gave you last time."

Henry was surprised.

であるから。

問五　――線部③で筆者がこう述べるのは、「人間の頭」の働きと言葉の関係をどのように捉えているからか。本文〈Ⅲ〉中から、その説明となっている二十五字以内の部分をさがし、その最初の五字を抜き出して答えよ。

問六　[B]を補うのに最もふさわしいものを次の中から選び、記号で答えよ。

ア　総合的　　イ　画一的　　ウ　恣意的　　エ　副次的

問七　――線部④で筆者はどのようなことを指摘しているのだろうか。その説明として最もふさわしいものを次の中から選び、記号で答えよ。

ア　「読む」という行為は、文の内容の理解に取り組む中で、自分の思考を捉え直すきっかけとなるということ。

イ　「読む」という行為は、受動的な面が強いのだが、読み手側の解釈という能動的な面もあるということ。

ウ　「読む」という行為では、自分の気付きを基に本文を離れて、考えを深めることになるということ。

エ　「読む」という行為では、他者の考えよりも、自分の解釈を優先する方が大切だということ。

問八　――線部⑤「ＳＮＳ的な価値観」とはどのようなものか。その説明となっている三十五字以内の部分を、ここより後の本文中からさがし、その最初の五字を抜き出して答えよ。

問九　――線部⑥について。このように考える理由を、筆者の「言葉」についての捉え方をふまえながら説明せよ。

て、用がすめばすぐにいらなくなるのです。

　また従来の書き言葉は、本のようにいったん記されると長い間そこにとどまりメッセージを発信しつづけます。しかし、ネット言葉は「流れ」のなかにあります。書き言葉がストック、ネット言葉がフロー。対比的に整理するとこうなります。書き言葉が「私」の中に掘られた井戸に溜まっていくとすれば、ネット言葉は「皆」の間を川のように流れていく。SNSで発信した言葉は、三日もすればすっかり忘れ去られてしまいます。むしろ忘れられるということを前提に発信されているといっていいかもしれません。

　現代社会の言葉はSNSなどに流れるネット言葉の影響によって透明のラップのように薄くなり、しだいに意味を失いつつあるように思えます。紙の上の活字がデジタル文字によって一掃されつつあるようで、私は不安になります。

　というのも、SNSが「個」の発信ではなく、結果として「集団」への従属を促進する装置のように見えるからです。「私」を伝えているように見えながら、実は「皆」に溶けこむために発信されている言葉、それによって組み立てられるのが、スマホ的思考です。

　これまでの社会は、自立した個人の成長や成熟を「読むこと」「書くこと」「生の対話」によって実現しようとしてきました。しかし現代のスマホ中心の情報社会は、個人の自立的な思考よりも、集団への参加とつながりを第一義的に考えるように、人々の内面を知らないうちに変化させているのではないでしょうか。

　時に「私」は「皆」と対立することもあるはずですし、⑥社会はそれを許容するものでなければならないはずです。もしもSNSなどのネット社会が、集団のなかで個人が自立的に考え、自己形成を行うことをはばむものとして存在しているのなら、私たちはそれに対して、何らかのかたちで「ノー」を突きつける必要があると思います。

（藤原智美『スマホ断食　コロナ禍のネットの功罪』による。問題の都合上、本文を一部省略している）

問一　――線部a～cのカタカナをそれぞれ漢字に改めよ。

問二　――線部①について。なぜ、署名した作文を評価されるとこのような気持ちになると考えられるか。簡潔に説明せよ。

問三　[A]を補うのに最もふさわしいものを次の中から選び、記号で答えよ。

ア　自己を他人にあらわにする
イ　自己表現を自由にできる
ウ　言葉が他人のものになる
エ　言葉が示すものを明確化する

問四　――線部②で筆者がこのように述べている理由として最もふさわしいものを次の中から選び、記号で答えよ。

ア　匿名の言葉は、時に様々な人を無責任に傷つけ攻撃する手段となり得るから。
イ　偽名を使った発信では、読み手と密につながることができなくなるから。
ウ　個人名を明かさないと、著作権上の問題からその言葉の持ち主とはなれないから。
エ　言葉の発信者として、まず名前を出すことが読み手への礼儀

辞書引き学習でよく耳にするのは「調べる言葉の前後にならぶ言葉にも注意がいって、それらもついでに調べてしまう」という［ B ］な効果です。デジタル化した辞書では、こうした効果はなかなか期待できない。目当ての項目だけがたちどころに表示されてしまうからです。

一方、スマホやタブレットの利点を指摘する声もあります。スマホなど情報端末から言葉を検索cエツランすれば、たちどころにすべてのことが分かってしまう。スマホは世界最大の辞書であり、最新の知性が詰まった魔法の玉手箱なのだ、という意見を耳にします。だから人間は、記憶をスマホにまかせて、思考に徹すればいい。

しかし記憶されなかった言葉を使って思考することは不可能です。情報端末で検索するにも、その検索ワード、タグ情報が必要なのです。記憶が貧弱では何を検索していいか分からない。

手の平にのるスマホという情報端末画面が表現する世界は、そのサイズ分の狭いものです。それは世界というより、極小の「部分」でしかない。一方、事典は開いたページの背後に隠れた膨大な言葉と世界を常に意識させます。私は辞書を開いて調べるとき、自分が今見ているのは、膨大な世界のわずかな部分、塵《ちり》のようなものにすぎないと、いつも思います。大げさにいうと、世界の「知」への畏怖があります。これを少しでも解読したいという意欲が「教養」に通じるのだと考えています。

だから私たちは、紙の本を手放してはいけないのです。

〈Ⅳ〉

最近のスマホユーザーは「検索」もやらなくなっているという話をききました。パソコンではなくスマホ全盛の時代になってからは、他者とのメッセージのやりとりばかりになって、物事を「知りたい」という意欲さえなくしているというのです。

なぜ人々は、SNSの罠から抜けだせないのでしょうか。それは社会そのものが、SNS化しつつあるからではないかと私は思います。

これを理解するには皆（集団）と私（個人）という二分法を使って考えていくと簡単です。SNSは「皆」の側に属していて、人とのつながりを基本としています。それに対して考える、あるいは本を読む、書くという行為は「私」に属しています。もしもネット上のつながりばかりに興味がいき、自力で考えることや、読み書きがおろそかになっているとすると、それは思考の軸足が「私」ではなく「皆」にあるということ、これすなわちSNS的人間になっているということです。

紙に記された書き言葉は「私」に属していますが、ネット上を行き交う言葉は「皆」に属しているのです。

④読むという行為は文を通して考え、自分と向き合うということですし、書くということはまぎれもなく自己との対話にほかなりません。

一方、ネットでメッセージを発信するのは何よりも誰かとつながるということを目的とします。「つながり」「絆」を強調する最近の社会的風潮は、⑤SNS的な価値観のあらわれでもあります。

「私」の側にある言葉は、ときに自分の奥深くに分け入って苦闘したり、また真理を解き明かそうと、時間をかけて言葉を費やしながら努力しますが、「皆」の側にあるネット上の言葉は、他人とつながるための道具として使用される。道具だから、その言葉自体が重要なのではなく、相手を瞬間的に引きつけるロープとして必要なものであっ

すのは、「署名」するという行為そのものだったわけです。原稿用紙の署名は、そこに書きつづった言葉が何より自分のものであるとの証明でした。

だから算数の計算問題を採点されるのと、作文をａ**テンサク**されるのとでは、気持ちに大きな差が出ました。今思い起こすと、①作文を評価されるということは、自分の内面も評価されているような気持ちだったのでしょう。つまり、そのとき私は、言葉と書き手は分かちがたいということを無意識に学んだのです。作文の授業とは文章の習練だけではなく、人と言葉の関係と結びつきを肌で感じ、実践する場だったと思います。文章ができあがれば文責が生じる、言葉には責任がともなうということを作文の授業を通して学んでいたのだと思います。

ネット上で発せられる文章は文責を問われることなく、ＳＮＳ上の言葉は書き手から離れて暴走します。政治家の言葉は限りなく軽くなり、訂正や取り消しがｂ**ヒンパツ**するようになりました。これも私はスマホ時代が生んだ現象だと思います。

〈Ⅱ〉

かつて言葉は、発言者と密につながっていました。言葉が口から出たとき、それが誰のものなのか明確であり、曖昧さはありません。やがて言葉が文字に記録されるようになったとき、言葉の発信者＝書き手が特定できないものも出てきた。しかし近代になって社会を構成する「個人」という観念が生まれると、書き手の存在に焦点があたるようになった。ことに公に向けた発言、創作物には、名を明らかにして語る、書くということが求められるようになりました。

かつて私が文学賞を受賞したとき、当時、住んでいたマンションの住所まで新聞に書かれてしまいました。二〇年ほど前までそれはさして不自然なことではなかった。作品を出版するということ、言葉を公にさしだすということは［　Ａ　］ことであり、同時にそれは自分が発する言葉への責任を実名で引き受けることなのだと、覚悟させられたわけです。実際に脅迫めいた言葉が記された手紙を受けとりました。

今も新聞の投書欄は、実名での投稿を原則としているところが多い。自分の言葉に責任をもつという点では当然ですが、こういう「場」はもはや風前《ふうぜん》の灯火《ともしび》です。しかし私は、②公に発する言葉は原則的に実名であるべきであり、言葉への責任を負うべきだと考えています。

〈Ⅲ〉

言葉がデジタル化されると、無限ともいえる文章の中から、欲しい文章を簡単に運び出し記録できます。かつては目的の言葉や文章にたどり着くまでに、辞書や本に目を通しながら時間をかけて調べました。このときテーマに合わない別の言葉に出合ったり、特に必要のない文章をついでに読んだりということがある。一見、むだに思えるこの「読む」行為も、実は読者の中に蓄積されて残っていく。③人間の頭は、いつか役立つかもしれない言葉や知識があってこそ意味があるといえます。

辞書引き学習の良さもここにあります。そもそも辞書は必要だから引くものです。しかし辞書引き学習はいますぐ必要でなくても言葉を引く。「知りたい」という欲望が原点になる。だから授業には直接役立たない言葉もたくさん引く。その多くはむだになるわけですが、記憶のどこかに刻まれます。

子の「めざしの歌」をふまえて説明せよ。

問九　――線部⑨の具体例としてふさわしくないものを次の中から一つ選び、記号で答えよ。

ア　有名な大学に行って就職し安定する生活をめざすうちに、他の生き方の魅力を理解できなくなっていくこと。

イ　男は強くたくましくなくてはならないと思い込んで、自他の多様な性のあり方を排除し否定してしまうこと。

ウ　自社の利益ばかりを考えているうちに、他社が取り組んでいる社会貢献の発想に気づけなくなっていること。

エ　他の選手の練習法を意識しすぎるあまりに、自分がどんな選手になりたいかがわからなくなってしまうこと。

オ　その国独自のものを追い求め誇ろうとするあまりに、外国との交流でゆたかになりうる可能性を見失うこと。

問十　――線部⑩は、具体的には、どういうことを言っているのか。次の中から最もふさわしいものを選び、記号で答えよ。

ア　考えをはっきりさせる言葉の働きによって、アナーキーがエンパシーをもたらすということが明瞭になったが、それを新たな造語にして考える方法でよいのかという疑問も生じているということ。

イ　自問自答して考えをまとめられるようにする言葉の働きによって、アナーキーとエンパシーのつながりを論理的につかめるようになったが、その関係性をとらえる研究は未知の領域だと実感したということ。

ウ　見えないつながりを認識できるようにする言葉の働きによって、アナーキーとエンパシーが関係性をもつことに確信をもてるようになったが、それらがどういう関係にあるのかという課題も生まれたということ。

エ　感動とともに真実に気づかせる言葉の働きによって、アナーキーとエンパシーとのつながりを発見した喜びを感じるとともに、自分にその関係性を明らかにできる力量があるのか自問するようになったということ。

問十一　――線部ａ～ｄのカタカナをそれぞれ漢字に改めよ。

二　次の文章を読んで、後の問に答えよ。

〈Ⅰ〉

今、ＩＣＴ（情報通信技術）の活用で、学校ではタブレットやパソコンを授業に使うようになってきました。特にコロナ禍では、自宅でのオンライン授業なども行われたりして、紙の教科書離れが進んでいます。そうなると作文もタブレットに書きこみ、データのログ（記録）としてクラウド上のコンピュータにストックされることになります。スマホ世代の子どもたちは難なくタブレットの授業に習熟し、手書きの文章を知らないままＳＮＳを通じて他者とつながっていくのでしょうか？

そんなデジタルな作文の授業で、児童はどのようにして言葉への責任＝文責を学ぶのか心配です。

私が通った小学校の作文では、原稿用紙にかならず自分の名前を記しました。それはごく当たり前のことでした。

当時、私は気づかなかったのですが、原稿用紙に手書きで名前を記

ま脱いだ自分の靴でしかないことを確固として知っている。こういう人は、自分が履く靴は必ず自分自身で決定し、どんな他者にもそれを強制させない。

先頃、東京で生物学者の福岡伸一さんとお会いする機会に恵まれた。そのときに福岡さんが仰ったことで、鮮やかに心に残った一言がある。

「『自由』になれば、人間は『他人の靴を履く』こともできると思うんです」

アナーキーとエンパシーは繋がっている、ような気がする、という以前からのもやもやとした考えに一つの言葉を与えられたような気がした。

⑩言葉。それは解答にもなるが、同時に新たな問いにもなる。

アナーキック・エンパシー。

そんな言葉は聞いたこともないが、増え続けるエンパシーの種類に新たなものが一つぐらい加わってもいいのではないか。そんな大風呂敷を広げつつ、これからアナーキーとエンパシーの関係について考えていきたい。

（ブレイディみかこ『他者の靴を履く――アナーキック・エンパシーのすすめ』による）

＊エンパシー…他者の感情や経験などを理解する能力。

＊self-govrned…自らが自らを統治し、自らの問題をコントロールする自由を持つこと。

問一　[A]を補うのに最もふさわしい表現を、文中から抜き出して答えよ。

問二　――線部①「深みのある洞察」の具体例となっている二十字以内の部分を、ここより前の本文中からさがし、その最初と最後の五字を抜き出して答えよ。

問三　――線部②について。「ポピュラリズム」は「エモーショナル・エンパシー」のどのようなところを「利用」するのか。次の中から最もふさわしいものを選び、記号で答えよ。

ア　強烈な自我をもつ人間に対して、その内面だけでなく外見まで同じようにしたいと思ってしまうところ。

イ　好き嫌いのような浅い感情を基準にして相手と一体化し、自分自身での判断ができなくなってしまうところ。

ウ　気持ちを引きつけるものへの共感が生まれ、一般の人気にかかわらず支持したいと思いこんでしまうところ。

エ　多数意見に同調しやすい気分になってしまい、自分のことを顧みずに相手に奉仕したいと思い込むところ。

問四　――線部③・④・⑤からは、金子文子が、どのような姿勢で書いていたことがうかがえるか。自分のことばでわかりやすく説明せよ。（短歌の中にある表現をそのまま用いないこと。）

問五　本文中の二つの[B]には同じ語が入る。補うのにふさわしい語を本文中から抜き出して答えよ。

問六　――線部⑥「外側から眺めている」とはどのようなことなのか。文中の語を用いながら、簡潔に説明せよ。

問七　――線部⑦「わたしはわたし自身を生きる」を比喩的に表現した部分を、ここより後の本文中から三十五字以内でさがし、その最初と最後の五字を抜き出して答えよ。

問八　――線部⑧について。なぜ、「思いきり利己的であること」が「思いきり利他的であること」につながると思ったのか。金子文

切心であるから、行うことが可能なシチュエーションであれば、何らかの親切な行為も伴うことになるだろう。が、刑務所にいる文子には物理的にそれはできないし、たとえできたとして、文子が女看守に友好的でやさしい態度を取るとはあまり考えられない。とすれば、文子のエンパシー・スウィッチは「やさしさ」から入ったものではないのではないか。ならばどうしてそれは入ってしまったのだろう。文子にとっては命がけで戦っていた国家権力、彼女を物のように弄《もてあそ》び、殺すだの生かすだの転ばせるだのと勝手に決定する巨大な化け物の一部である看守の靴を履いてしまったのはなぜなのだろう。

　金子文子は、無籍者として成長したのでまともに学校にも通えなかった。幼くして親に捨てられ、親族に引き取られて朝鮮に渡ったが祖母や叔母からひどい虐待を受けた。文子は日本人コミュニティの人々よりも、貧しい朝鮮人の人々のほうに自分と近しいものを感じていた。日本からの独立を叫ぶ朝鮮の人々の三・一運動を見たときには、それまで感じたことがないような興奮を覚えたという。つまり、家族や学校、民族や国家といった人間が自然に「属している」と感じる枠組からいっさい外れたところで育ったのである。文子は、常に外れ者だった。これが彼女の思想家や文筆家としての特異性をつくったと言ってもいい。

　だから彼女は社会運動に身を投じても、どこか醒《さ》めた目で⑥外側から眺めているようなところがあった。実際、同志たちや社会派弁護士などに熱く支えられた裁判の最中に、パートナーの不手際による失敗の巻きぞえになるよりも、同志みなに背を向けられても役人に改悛《かいしゅん》の情を示してなるべく早く自由の身になれるような工夫をしてみようと思ったことがあると言った人だ。これは、「革命のジャンヌ・ダルク」になろうとするなら決して言ってはいけないことである。そうした鋳《い》型《がた》から「外れる」ことのできた文子だから言えたことであり、彼女はジャンヌ・ダルクになるよりも、⑦「わたしはわたし自身を生きる」にこだわった人だったからこそ、これを堂々と発言できた。（中略）

　「わたしはわたし自身を生きる」と宣言し、「self-governed」＊のアナーキストとして生きた人が、他者の靴を履くためのエンパシー・スウィッチを自然に入れることができる人でもあったというのは逆説的である。彼女のことを考えると、⑧思いきり利己的であることと、思いきり利他的であることは、実のところ繋がっているのではないかとすら思えてくる。

　いずれにせよ、金子文子は、世間一般の「belonging（所属）」の感覚から完全に外れたところで成長した人だったからこそ、瞬発的に「敵vs友」の構図からするっと自由に外れることができたのは間違いない。ということは、「belonging」の感覚に強くはまっていればいるだけ、他者の靴は履けないということになる。⑨属性が自分を守ってくれるものだと信じ、その感覚にしがみつけばしがみつくだけ、人は自分の靴に拘泥し、自分の世界を狭めていく。

　それとは対照的に、自分の靴から「外れる」ことができた金子文子の思想は広がっていった。

　彼女が獄中で書いためざしの歌が示しているのは、自分の靴が脱げなければ他者の靴は履けないということだ。そして逆説的に、自分の靴に頓着しない人は自主自律の人だということでもある。

　金子文子は、自分の靴をすっと脱ぐことができるが、彼女の靴はい

である。

つまり、自分を誰かや誰かの状況に投射して理解するのではなく、他者を他者としてそのまま知ろうとすること。自分とは違うもの、自分は受け入れられない性質のものでも、他者として存在を認め、その人のことを想像してみること。他者の臭くて汚い靴でも、感情的にならず、理性的に履いてみること。とはいえ、本当に人間にそんなことはできるのだろうか。しかし、エンパシーが「ability（能力）」だとすれば、きっとableな人にはできるのだろう。

そう考えるとき、この人はエンパシーの達人だったのではないかと思えるのが金子文子《ふみこ》だ。彼女は朝鮮出身の無政府主義者、朴烈のパートナーであり、共に「不逞社《ふていしゃ》」という組織を立ち上げてアナーキストや社会主義者の仲間たちと共に雑誌を発行したり、講演会を開いたりしていたが、関東大震災の2日後に警察に検束され、大逆罪の容疑をかけられてc**キソ**され、死刑判決を受けた。後に恩赦を受けて無期懲役に減刑されるのだが、彼女は天皇からの恩赦状を破り捨てて23歳の若さで獄中死している。

彼女の死については、縊死《いし》ということになっているが、様々な説があり、特に彼女が市ヶ谷刑務所から宇都宮刑務所栃木支所に移されてから最後の3ヵ月間は、外界とのd**セッショク**をシャットアウトし、刑務所内で激しい転向の強要が行われていたとも言われている。実際、本人もそれを思わせるような短歌をいくつか書き残している。

皮手錠、はた暗室に飯の虫　③只の一つも　嘘は書かねど《ないのに》
④在ることを只在るがままに書きぬ《た》るを《のに》　⑤グズグズぬかす　獄の役人
言わぬのがそんなにお気に召さぬなら　なぜに事実を　消し去らざるや《ないのか》

狂人を縄でからげて　病室にぶち込むことを　保護と言ふなり

わたしは彼女のことを本に書いたことがある。そのとき、刑務所で彼女が書いた短歌の中でもひときわ印象に残り、これぞ金子文子だと取り上げた一首があった。それはこんな歌である。

塩からきめざしあぶるよ　女看守のくらしもさして　楽にはあらまじ《ではないだろう》

この女看守は、金子文子に転向を強いたり、刑務所の中で彼女にひどいことをしていた人かもしれない。そうでないとしても、国家を敵に回して反天皇制を唱えていた文子にとって、刑務所の職員は彼女に思想の転向を強いる「国家の犬」であり、彼女を痛めつけていた「敵」側の人間だ。

食事も満足に与えられず、または食事を拒否して空腹だったかもしれない文子の鼻に、おいしそうなめざしの匂いが漂ってくる。「貴様らだけ飯を食いやがって」と怒りがこみあげても不思議ではない。人をこんな目にあわせておいて、呑気《のんき》にめざしなんか焼きやがってふざけんなと。

だが、文子はめざしの匂いをかいで、女看守の食生活からその質素な暮らしぶりを［B］してしまうのだ。ああ、あの人の生活もきっとそんなに楽ではないんだろうと。

わたしは、こうした文子の性質を「やさしさ」と表現した。しかし、後になってこれこそがエンパシーなんじゃないかと考えるようになった。立場が違う人の背景をあえて［B］する努力をしなくても、彼女の場合は自然にエンパシー・スウィッチが入ってしまうのだ。

「やさしさ」が「kindness」のことだとすれば、それは全般的な親

【国語】〈五〇分〉〈満点：一〇〇点〉

一　次の文章を読んで、後の問に答えよ。

レベッカ・ソルニットが著書『定本　災害ユートピア』（高月園子訳）の中でこんなことを書いていた。

わたしたちが感情について語るとき、たいていは、楽しいか、悲しいか、そのどちらかだ。前者はある種の滑稽な陽気さであり、後者は純粋にネガティブな感情だが、むしろ〝深いか浅いか〟〝豊かか貧しいか〟といったとらえ方をするほうが、わたしたちは自分の体験をうまく舵取りできるのではないだろうか。

彼女は「最も深い感情」「個人の存在の核につながる感情」「人の最も強い感覚や能力を呼び覚ます感情」は「死の床や戦争や緊急事態にあってさえも豊かでありえる」という。逆に、平時の「幸せであると決めつけられる状況は、しばしば単なるどん底からの隔絶」であり、この深さからの隔絶の中で、人は、［　A　］という感情の基準で動くようになるというのだ。

「深いか、浅いか」の問題は、二つのエンパシー*についてもスライドできそうだ。例えば、幸福そうな人を見て自分も笑ってしまうエモーショナル・エンパシーでは、幸福そうに見える人は本当に幸福なのかというようなことは考えずにとりあえず脳内でミラーリングして一緒に笑っている。なんというか、浅瀬で周囲に合わせるいい人っぽいが、そこに深さはない。

他方、コグニティヴ・エンパシーのほうは、たとえ賛成できない、好感が持てない相手でも、心中で何を考えているのだろうと想像することだ。前提とする相手が嫌いな人物である場合もあるのだから、そんな相手を脳内でミラーリングする可能性は高くない。こちらは、無意識に起きてしまうミラーニューロンの働きとは性質が違う。それゆえ、人は単に「好きか、嫌いか」「楽しいか、悲しいか」というような浅い感情に留まらず（または縛られず）、①深みのある洞察を行う努力をするのだ。

このことは、「ポピュラリズム」を考えるときに役に立つ。いま一般的に「ポピュリズム」と呼ばれているものは、「ポピュラリズム」のことであることが多い。片岡大右《だいすけ》氏が訳書『民主主義の非西洋起源について』（デヴィッド・グレーバー著）でPOPULISTを「民衆中心的」という的確な訳語で置き換えたように、民衆中心主義《ポピュリズム》と人気取り主義《ポピュラリズム》を混同すべきではないと個人的には思う（なぜなら、民衆中心主義は、実はそんなに庶民に人気があるわけでもないから）。だから、ここではあえて「ポピュラリズム」という言葉を使うが、②まさにポピュラリズムこそがエモーショナル・エンパシーを最大限に利用したものだ。（中略）

エンパシーに長けた人々は[a]クウソな「道具」や相手を映すだけの受動的な「鏡」になって自己を[b]ソウシツする。それだけに、そういう個人が強烈な自我を持つ他者と出くわすと、まるでエンパシーの対象が自己になったかのような感情移入をし、自分を明け渡してしまうことがあるとブライトハウプトは指摘している。究極の「推し」ができる状態だろう。

わたしが関心を持っているのは、あくまで、いま使われているカテゴリー分けの中でいえば、コグニティヴ・エンパシーと呼ばれるもの

MEMO

大切なことはメモしておこうネ！

2022年度

解　答　と　解　説

《2022年度の配点は解答欄に掲載してあります。》

＜数学解答＞

1　(1)　$-\frac{1}{3}a^4b^3$　(2)　$x=\frac{5}{2}$, $y=-7$　(3)　-3

2　(1)　$\frac{-5+5\sqrt{5}}{2}$ cm　(2)　$a=-6$, $b=15$　(3)　$\frac{5}{18}$

3　(1)　分速$\left(80-\frac{20}{3}x\right)$m　(2)　$x=2$(求め方は解説参照)

4　(1)　$a=\sqrt{3}$　(2)　$9+\sqrt{7}$　(3)　$\mathrm{R}\left(\pm\frac{\sqrt{6}}{2},\ \frac{3\sqrt{3}}{2}\right)$　(4)　$\frac{5}{3}\pi$

5　(1)　解説参照　(2)　①　$\frac{24}{5}$　②　$\frac{3\sqrt{7}}{2}$　③　$\frac{27}{2}+6\sqrt{7}$

6　(1)　$27\sqrt{3}$　(2)　$81\sqrt{3}$　(3)　$\frac{\sqrt{3}}{9}$

○配点○

1　各5点×3　2　各5点×3　3　(1)　5点　(2)　9点　4　各5点×4

5　(1)　9点　(2)　各4点×3　6　各5点×3　計100点

＜数学解説＞

基本　1　**(単項式の四則，連立方程式，平方根)**

(1)　$\frac{16}{3}a\times\left(-\frac{1}{2}ab\right)^3+3a^6b^7\div(-3ab^2)^2=\frac{16}{3}a\times\left(-\frac{a^3b^3}{8}\right)+3a^6b^7\times\frac{1}{9a^2b^4}=-\frac{2}{3}a^4b^3+\frac{1}{3}a^4b^3=-\frac{1}{3}a^4b^3$

(2)　$4x+y=\mathrm{X}$，$2x+y=\mathrm{Y}$とすると，$5\mathrm{X}+3\mathrm{Y}=9$…①　$\frac{\mathrm{X}}{3}-\frac{\mathrm{Y}}{3}=2$より，$2\mathrm{X}-3\mathrm{Y}=12$…②　①＋②より，$7\mathrm{X}=21$　$\mathrm{X}=3$　これを①に代入して，$15+3\mathrm{Y}=9$　$\mathrm{Y}=-2$　よって，$4x+y=3$…③，$2x+y=-2$…④　③－④より，$2x=5$　$x=\frac{5}{2}$　これを③に代入して，$10+y=3$　$y=-7$

(3)　$\frac{(\sqrt{14}-\sqrt{6})(\sqrt{7}+\sqrt{3})}{2}-(\sqrt{2}+1)^2=\frac{\sqrt{2}(\sqrt{7}-\sqrt{3})(\sqrt{7}+\sqrt{3})}{2}-(2+2\sqrt{2}+1)=\frac{\sqrt{2}(7-3)}{2}-3-2\sqrt{2}=2\sqrt{2}-3-2\sqrt{2}=-3$

2　**(方程式の利用，1次関数，確率)**

(1)　横の長さを$x$cmとすると，$x(x+5)=25$　$x^2+5x-25=0$　解の公式を用いて，$x=\frac{-5\pm\sqrt{5^2-4\times1\times(-25)}}{2\times1}=\frac{-5\pm5\sqrt{5}}{2}$　$x>0$より，$x=\frac{-5+5\sqrt{5}}{2}$(cm)

基本　(2)　$a>0$のとき，$y=ax-3$に$x=-3$，$y=3$を代入して，$3=-3a-3$　$a=-2$　これは不適。$a<0$より，$y=ax-3$に$x=-1$，$y=3$を代入して，$3=-a-3$　$a=-6$　$y=-6x-3$に$x=-3$，$y=b$を代入して，$b=-6\times(-3)-3=15$

基本　(3)　さいころの目の出方の総数は$6\times6=36$(通り)　このうち，題意を満たすのは，$a+b=3$，7，11のときであるから，$(a,\ b)=(1,\ 2)$，$(1,\ 6)$，$(2,\ 1)$，$(2,\ 5)$，$(3,\ 4)$，$(4,\ 3)$，$(5,\ 2)$，$(5,\ 6)$，$(6,\ 1)$，$(6,\ 5)$の10通りだから，求める確率は，$\frac{10}{36}=\frac{5}{18}$

3　(方程式の利用)

基本　(1)　兄が$(12-x)$分で歩く道のりを弟は12分かかるから，弟の歩く速さは，分速$80(12-x)\div 12=80-\frac{20}{3}x$(m)

(2)　兄はP地からQ地まで，$2400\div 80=30$(分)でたどり着くので，弟は$(x+30+4)$分歩いたことがわかる。よって，道のりについて，$\left(80-\frac{20}{3}x\right)(x+34)=2400$　$\left(4-\frac{1}{3}x\right)(x+34)=120$　$4x+136-\frac{1}{3}x^2-\frac{34}{3}x=120$　$x^2+22x-48=0$　$(x-2)(x+24)=0$　$x>0$より，$x=2$

4　(図形と関数・グラフの融合問題)

基本　(1)　Pからx軸にひいた垂線をPHとすると，△POHは内角が30°，60°，90°の直角三角形だから，$\mathrm{OP}=2$より，$\mathrm{OH}=\frac{1}{2}\mathrm{OP}=1$，$\mathrm{PH}=\sqrt{3}\mathrm{OH}=\sqrt{3}$　よって，$\mathrm{P}(-1,\ \sqrt{3})$　$y=ax^2$は点Pを通るから，$\sqrt{3}=a\times(-1)^2$　$a=\sqrt{3}$

重要　(2)　△BOQ≡△AOPより，∠BOQ＝∠AOP＝60°　よって，直線OBの式は$y=\sqrt{3}x$　$y=\sqrt{3}x^2$ と$y=\sqrt{3}x$ からyを消去して，$\sqrt{3}x^2=\sqrt{3}x$　$\sqrt{3}x(x-1)=0$　$x=0,\ 1$　よって，$\mathrm{C}(1,\ \sqrt{3})$　また，$\mathrm{Q}(2,\ 0)$だから，$\mathrm{AQ}=2-(-3)=5$　$\mathrm{QC}=\sqrt{(2-1)^2+(0-\sqrt{3})^2}=2$　$\mathrm{CP}=1-(-1)=2$　$\mathrm{PA}=\sqrt{(-1+3)^2+(\sqrt{3}-0)^2}=\sqrt{7}$　したがって，四角形AQCPの周の長さは，$5+2+2+\sqrt{7}=9+\sqrt{7}$

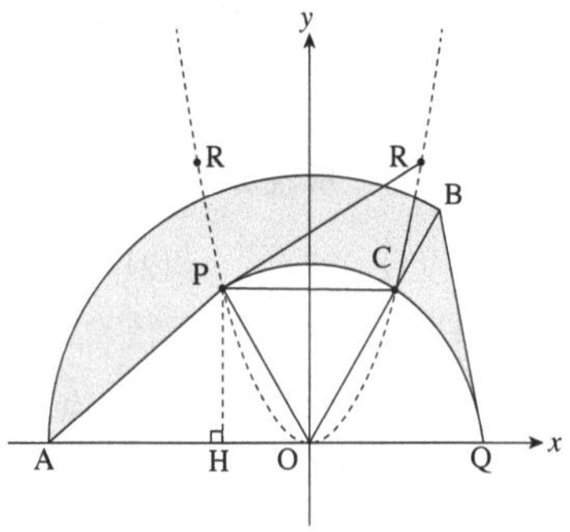

(3)　点Rのy座標をtとすると，四角形RPOC＝△POC＋△RPC$=\frac{1}{2}\times 2\times\sqrt{3}+\frac{1}{2}\times 2\times(t-\sqrt{3})=t$　△AOP$=\frac{1}{2}\times 3\times\sqrt{3}=\frac{3\sqrt{3}}{2}$だから，$t=\frac{3\sqrt{3}}{2}$　点Rのx座標は，$\frac{3\sqrt{3}}{2}=\sqrt{3}x^2$　$x^2=\frac{3}{2}$　$x=\pm\sqrt{\frac{3}{2}}=\pm\frac{\sqrt{6}}{2}$　よって，$\mathrm{R}\left(\pm\frac{\sqrt{6}}{2},\ \frac{3\sqrt{3}}{2}\right)$

重要　(4)　求める図形の面積は，(おうぎ形OAB)＋△BOQ－(おうぎ形OPQ)－△AOP$=\pi\times 3^2\times\frac{120}{360}-\pi\times 2^2\times\frac{120}{360}=\frac{5}{3}\pi$

5　(平面図形の証明と計量)

基本　(1)　△BEDと△BFCにおいて，円$\mathrm{O_1}$の$\overset{\frown}{\mathrm{BD}}$に対する円周角だから，∠BED＝∠BAD…①　円$\mathrm{O_1}$の$\overset{\frown}{\mathrm{BE}}$に対する円周角だから，∠BDE＝∠BAE…②　円$\mathrm{O_2}$の$\overset{\frown}{\mathrm{BC}}$に対する円周角だから，∠BFC＝∠BAC…③　円$\mathrm{O_2}$の$\overset{\frown}{\mathrm{BF}}$に対する円周角だから，∠BCF＝∠BAF…④　①，③より，∠BED＝∠BFC…⑤　②，④より，∠BDE＝∠BCF…⑥　⑤，⑥より，2組の角がそれぞれ等しいから，△BED∽△BFC

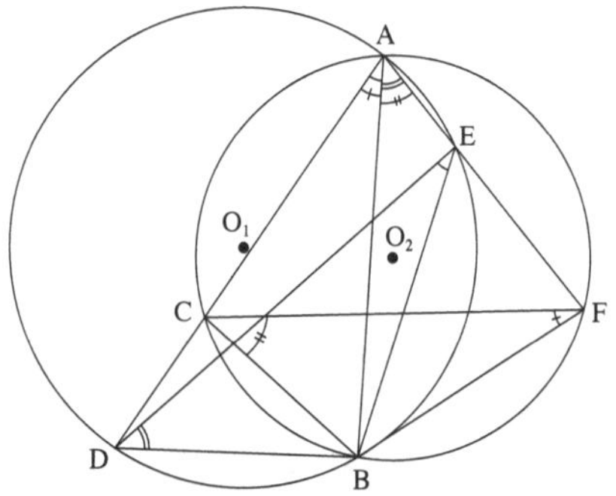

重要　(2)　①　ADは円$\mathrm{O_1}$の直径だから，∠ABD＝90°　よって，$\mathrm{BD}=\sqrt{\mathrm{AD}^2-\mathrm{AB}^2}=\sqrt{10^2-8^2}=6$　ABは円$\mathrm{O_2}$の直径だから，∠ACB＝90°　2組の角がそれぞれ等しいから，△ABD∽△ACB　BD：CB＝AD：AB　$\mathrm{BC}=\frac{6\times 8}{10}=\frac{24}{5}$

重要　②　ABは円$\mathrm{O_2}$の直径だから，∠AFB＝90°　よって，$\mathrm{BF}=\sqrt{\mathrm{AB}^2-\mathrm{AF}^2}=\sqrt{8^2-6^2}=2\sqrt{7}$　△BED∽△BFCより，BD：BC＝BE：BF　$\mathrm{BE}=6\times 2\sqrt{7}\div\frac{24}{5}=\frac{5\sqrt{7}}{2}$　よって，$\mathrm{EF}=\sqrt{\mathrm{BE}^2-\mathrm{BF}^2}=\sqrt{\left(\frac{5\sqrt{7}}{2}\right)^2-(2\sqrt{7})^2}=\frac{3\sqrt{7}}{2}$

基本 ③　四角形ADBE＝△ABD＋△ABF－△BEF＝$\frac{1}{2}\times 6\times 8+\frac{1}{2}\times 6\times 2\sqrt{7}-\frac{1}{2}\times 2\sqrt{7}\times\frac{3\sqrt{7}}{2}=\frac{27}{2}+6\sqrt{7}$

重要 6 （空間図形の計量）

(1)　△ABNと△AFNは合同な内角が30°，60°，90°の直角三角形だから，BN＝FN＝$\frac{\sqrt{3}}{2}$AB＝$3\sqrt{3}$　∠NFM＝∠NBB′＝∠MF′B′＝90°だから，MN＝$\sqrt{\mathrm{FN}^2+\mathrm{FM}^2}=\sqrt{(3\sqrt{3})^2+6^2}=3\sqrt{7}$，NB′＝$\sqrt{\mathrm{BN}^2+\mathrm{BB'}^2}=\sqrt{(3\sqrt{3})^2+12^2}=3\sqrt{19}$，B′M＝$\sqrt{\mathrm{B'F'}^2+\mathrm{MF'}^2}=\sqrt{(6\sqrt{3})^2+6^2}=12$　△MNB′において，NからB′M にひいた垂線をNHとし，B′H＝xとすると，NH²について，$\mathrm{NB'}^2-\mathrm{B'H}^2=\mathrm{NM}^2-\mathrm{MH}^2$　$(3\sqrt{19})^2-x^2=(3\sqrt{7})^2-(12-x)^2$　$171-x^2=63-(144-24x+x^2)$　$24x=252$　$x=\frac{21}{2}$　よって，NH＝$\sqrt{171-\left(\frac{21}{2}\right)^2}=\frac{9\sqrt{3}}{2}$　したがって，△MNB′＝$\frac{1}{2}\times 12\times\frac{9\sqrt{3}}{2}=27\sqrt{3}$

(2)　△MNB′は平面BB′F′F上にあるから，三角錐D′－MNB′の底面を△MNB′としたときの高さはDNの長さに等しい。DN＝DA－NA＝$6\times 2-6\times\frac{1}{2}=9$より，三角錐D′－MNB′の体積は，$\frac{1}{3}\times 27\sqrt{3}\times 9=81\sqrt{3}$

(3)　Pを通り平面MB′D′に平行な平面は五角形AB″PD″Eになる。線分AE，BDの中点をそれぞれQ，Rとし，Rを通りCPに平行な直線とPQとの交点をSとすると，RS：CP＝QR：QC＝2：3だから，BB″＝DD″＝RS＝$\frac{2}{3}$CP＝$\frac{2}{3}\times 6=4$　平面ADD′A′において，線分ND′とAD″との交点をT，Nを通りDD″に平行な直線とAD″との交点をUとすると，NU：DD″＝AN：AD＝1：4だから，NU＝$\frac{1}{4}\times 4=1$　よって，NT：TD′＝NU：D′D″＝1：(12－4)＝1：8より，NT：ND′＝1：9　求める立体と三角錐D′－MNB′は相似で，相似比が1：9だから，体積比は$1^3:9^3$　したがって，求める立体の体積は，$81\sqrt{3}\times\frac{1^3}{9^3}=\frac{\sqrt{3}}{9}$

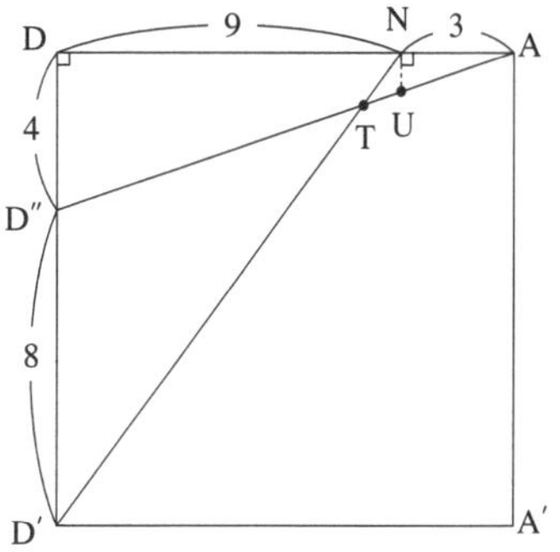

★ワンポイントアドバイス★

例年と出題構成はほぼ同じであるが，今年度は計算がやや複雑で，難易度は高くなった。図形分野はいろいろな問題を数多く解いておきたい。

＜英語解答＞

Ⅰ　A (1) D　(2) C　(3) A　(4) C　(5) B　B 問1 (1) B　(2) C
問2　ア　通院したことがある　イ　渡した薬を飲み続けるように

Ⅱ　問1 C　問2 C　問3 can influence what people think about　問4 A
問5　会社が考えなくてはならない最も重要な要因は，おそらく人々がその会社の名前を聞いたとき，どう感じるかだ。　問6 6-a fast　6-b victory　問7 B
問8 (例) 客に揚げ物しか売っていないと思われたくなかったから。　問9 B

Ⅲ　問1 C　問2 2-a F　2-b E　2-c B　2-d C
問3 (例) 卒業アルバムの写真でほほえみ度が最も高く評価された女性は，その後幸せに暮らし，結婚生活もより幸せで長く続いていた。　問4 4-a full　4-b no
問5　そのほほえみは私たちをさらに幸せに感じさせる信号を脳に送り返すのである。
問6　周りの人がほほえんでいると自分もほほえむものだから。

問7 (例) I think that smiling is a powerful tool. The other day, I did poorly on the math exam and I felt down. When I told my mother about that, she just smiled at me. Her smile made me feel much better.

Ⅳ (1) I got a phone call from an old friend of mine who (had) moved to another town far from here. (2) We've been friends since we were small children, so we talked a lot about our memories.

○配点○

Ⅲ 問7 7点 他 各3点×31 計100点

<英語解説>

Ⅰ リスニング問題解説省略。

Ⅱ **(長文読解問題・説明文：語句補充，語句整序，英文和訳，内容吟味)**

(全訳)会社や製品の名前にはさまざまな由来がある。古い会社はしばしば(1)人々から彼らの名前を得た。自動車会社はその良い例である。フォード，トヨタ，タタなどの多くの自動車会社はすべて，それらを始めた男性の名前を持っている。サーブ，フィアット，BMW などの他の自動車会社には，(2)イニシャルの名前が付いている。たとえば，BMW は Bavarian Motor Works の略である。今日，ほとんどの新しい会社はこのような名前を選ばない。彼らは会社名や製品名が非常に重要であることを知っているので，もっと面白い名前を望んでいる。

新会社はその名前を慎重に選ぶ必要がある。また，製品に名前を付けるときは慎重に考える必要がある。名前は，会社や製品について(3)人々がどう思うかに影響を与える可能性がある。人々は良い名前を覚えるだろう。彼らはその名前のためにその会社または製品を選ぶかもしれない。これは，良い名前の会社や製品は多くの広告を必要としないかもしれないことを意味する。これは会社のたくさんのお金を節約することができる。

企業は名前を選ぶときに多くのことを熟考する。彼らは，顧客が会社や製品につながる名前を望んでいる。会社がランニング用の靴を作る場合は，足や靴に関連した名前を検討する必要がある。「グリーン・ムーン」や「クレイジー・カウ」は靴にとって良い名前ではない。良い名前はまた覚えやすいものにする必要がある。ただし，名前はあまりありふれたものではいけない。「ベスト・シューズ」や「ザ・シュー・カンパニー」のような名前を選ぶのはおそらく良い考えではない。これらの名前は(4)退屈であり，会社がどのようにユニークであるかを示していない。

(5)会社が考えなくてはならない最も重要な要因は，おそらく人々がその会社の名前を聞いたとき，どう感じるかだ。名前を聞いたとき，彼らはどう思うだろうか。オンライン会社のアマゾンが始まったとき，それは本だけを売っていた。アマゾン川が広大で強力であるため，会社の創立者はこの名前を選んだ。それは世界最大の川である。彼は自分の会社が世界最大の書店になることを望んでいた。

良い名前は物語を語る。靴会社が「ファスト・フィート」のような名前を選択した場合，これは顧客にビジネスを説明する。靴とその目的には明確な関係があるが，その名前は少し普通である。ランニングシューズを製造している2つの会社は，より興味深い名前を選んだ。ナイキ―ギリシャの勝利の女神―と，リーボック―アフリカ出身の非常に(6-a)速く走る大きな動物である。これらの名前は良い物語を語る。両社は，顧客が靴を購入するときに(6-b)勝利とスピードについて考えてくれることを望んでいる。

一部の電子製品およびテクノロジー製品の名前も，製品への反応の良い例を示している。これらの製品の名前は，人々に現代の科学技術について考えさせるはずだ。時々，この選択は音に関係している。[B]たとえば，電子メールやiPhoneのように，e- または i- で始まる単語は，人々にテクノロジーについて考えさせる。英語では，X 線など，x で始まる単語または x で終わる単語は，非常に科学的または技術的に聞こえることがよくある。製品名の良い例は Xerox である。それは非常に技術的に聞こえるが，覚えやすい。もう1つの良い例は，会社名 Google である。この名前は，10^{100}という非常に大きな数を意味する googol という単語に由来する。会社の元の名前は Back Rub だったが，成長するにつれて，取締役はより良い名前が必要であると判断した。彼らがその新しい名前を選んだのは，それが会社を科学的で強力に聞こえさせるからだ。今日，Google は非常に成功している会社である。

最後に，企業が新しい名前を見つけたい場合がある。ケンタッキーフライドチキンはフライドチキンをたくさん売っている。今日，多くのお客様は脂肪を食べすぎるのではないかと心配している。ケンタッキーフライドチキンは，顧客に揚げ物について考えてほしくない。(7)同社は社名をKFCに変更することを決定した。KFCは，揚げ物ではない他の製品について顧客に考えてもらいたいと考えた。何か悪いことが起こったとき，また会社はその名前を変えるかもしれない。たとえば，1997年にフロリダで飛行機墜落事故が発生した。その墜落事故で多くの人が亡くなった。飛行機を所有していた Valujet は，顧客に墜落を(8)忘れてもらいたかったので，名前を AirTran に変更した。

名前の選択と変更は，あらゆるビジネスの重要な部分である。名前は顧客に大きな影響を与える可能性がある。顧客からの良い反応で，会社はたくさんのお金を稼ぐことができる。悪い反応で，会社はたくさんのお金を失うかもしれないのだ。

基本 問1 「それらを始めた男性の名前を持っている」とあるので，C が答え。A 「動物」，B 「コンピューター」，C 「人々」，D 「製品」

問2 「BMW は Bavarian Motor Works の略である」とあるので，C が答え。A 「首都」，B 「イメージ」，C 「イニシャル」，D 「象徴」

問3 関係代名詞の what は〈the things that ～〉という意味を表す。ここでは the things that people think about「人々が考えること」となる。

問4 会社の名前は「会社がどのようにユニークであるかを示」す必要があると言っている。よって，ありふれた名前はよくないと言えるので，A が答え。A 「退屈な」，B 「短い」，C 「難しい」，D 「面白い」

問5 the most important factor が全体の主語になっている。直後の that a company must consider がその主語を修飾している。また，the emotion が全体の補語になっている。直後の that 以下がその補語を修飾している。

問6 (6-a) 「スピード」とあるので，「速く」が入る。 (6-b) 「勝利の女神」とあるので，「勝利」が入る。

問7 言葉が持つ音とそれから感じられる印象についての例である。よって，その内容が書かれている部分に入る。[A]はまだその内容が始まっていないので，誤り。[C] は x で始まるか終わる言葉の内容が続いている部分なので，誤り。[D]は直後に It とあり，[D]の直前にある Xerox を指しているので，誤り。よって，[B]が答え。

問8 直前の部分に「今日，多くのお客様は脂肪を食べすぎるのではないかと心配している。ケンタッキーフライドチキンは，顧客に揚げ物について考えてほしくない」とあるので，この内容をまとめればよい。

問9 自社の名前が墜落事故に結びつくのを嫌ったと言っているので，B が答え。A 「避ける」，

B 「忘れる」，C 「生き残る」，D 「思い出す」

Ⅲ （長文読解問題・説明文：内容吟味，語句補充，英文和訳，英作文）

（全訳）なぜ私たちはほほえむのか？　多くの人は，その質問に対する簡単な答えがあると自動的に考える━私たちは幸せなのでほほえむ。その答えは正しいが，それは全体像を伝えるものではない。ほほえみを研究する社会科学者は，(1)ほほえみには単に幸せを示す以上のことがあると言っている。ほほえみは実際に人の生活の質に大きな影響を与える可能性があるのだ。

マリアン・ラフランスは，ほほえみに興味を持つ社会科学者だ。彼女は20年以上ほほえみについて研究してきた。ラフランスは，私たちはほほえみを使って関係を築き，それを維持していると言う。私たちは社会的な動物なので，これを行う必要がある。社会的な動物(2-a)として，私たちは生き残り，繁栄するために強い関係が必要なのだ。ラフランス(2-b)によると，ほほえみは社会的関係を維持するための最も重要なツールの1つだ。たとえば，ほほえみは新しい友達を作るのを簡単にする。これ(2-c)に関する理由のひとつは，私たちがほほえむ人に惹かれるということだ。ほほえみは人々を安心させることができる。ほほえみはまた，人々が予期しない状況を(2-d)最大限に活用し，困難な社会的状況に適応するのに役立つ。ほほえみは，葛藤を減らし，困惑を和らげるのに役立つ。多くの言語で，ほほえみの社会的重要性を表すことわざがある。たとえば，英語では，人々は「ほほえみなさい，そうすれば全世界があなたにほほえみかけます。泣けば，あなたは一人で泣きます。」と言う。

しかし，ほほえみは私たちが関係を築き，維持するのを助けるだけではない。私たちのほほえみの量と質は，私たちの生活の質に何らかの関係があるようだ。2つの研究は，ほほえみと人々の生活の質と長さの関係を示している。一つの研究は(3)「卒業アルバムの研究」だ。2010年，カリフォルニア大学バークレー校の2人の社会科学者であるリー・アン・ハーカーとダッハー・ケルトナーは，30年目の卒業アルバムで見つけた女性の生活を比較した。彼らは，口と目の周りの筋肉の動きの量を測定することによって，女性のほほえみを評価した。それから彼らは女性たちに彼女らの生活についていくつかの質問に答えるように頼んだ。彼らの研究の結果は，写真の中で最も評価の高いほほえみを持つ女性が，より幸せな生活とより幸せでより長い結婚を報告したことを示した。

もう一つの研究は，2010年の「野球カード研究」だ。ミシガン州デトロイトにあるウェイン州立大学のアーネスト・アベルとマイケル・クルーガーは，野球選手の写真のほほえみの質は，実際に彼らがどれだけ長く生きるかを知ることができることを発見した。アベルとルーガーも選手たちのほほえみを評価した。評価システムには，ほほえみなし，部分的なほほえみ，完全なほほえみの3つのレベルがあった。彼らは，(4-a)完全なほほえみの選手は，部分的なほほえみがある選手またはほほえみの(4-b)ない選手よりも約7年長生きすることを発見した。

研究によると，ほほえみは私たちの健康に多くのプラスの効果をもたらす。これは，研究対象である，ほほえみの大きい人々が長生きした理由を説明しているのかもしれない。研究によると，ほほえみはストレスとストレス関連ホルモンを減らす。また，血圧を下げる。ほほえみは運動と同じように脳に影響を与える可能性がある。たとえば，セロトニンやエンドルフィンなどの心地よいホルモンの量を増やす。エンドルフィンは気分を良くするだけでなく，痛みも軽減する。さらに，最近の脳の研究は，ほほえむという行為だけでも実際に私たちを幸せにすることができることを示している。言い換えれば，私たちを幸せにする何かが起こったので，私たちはほほえむのだ。しかし，その後，(5)そのほほえみは私たちをさらに幸せに感じさせる信号を脳に送り返すのである。

ほほえみは明らかに私たちにとって良いことである。自分でほほえむだけで，ほほえみのメリットも得られる。(6)これを行う1つの方法は，他の人がほほえんでいる写真を見ることだ。これは，ほほえみが伝染するためだ。他の人がほほえんでいるのを見て，ほほえみを返さないのは非常に難しい。人々がほほえんでいるということを考えるだけでも，あなたはほほえむ。ほほえみは単なる幸せの表現ではないことは容易に理解できる。(7)それは，精神的および肉体的な健康を維持するための強力なツールなのだ。

問1　直前には「私たちは幸せなのでほほえむ」とある。下線部(1)は，それだけにとどまらず，ほほえみにはそれ以上の意味があるということを表しているので，C が答え。C 以外はすべて文章の内容に合わないので，誤り。

問2　(2-a)　〈 as ～ 〉は「～として」という意味を表す。　(2-b)　〈 according to ～ 〉は「～によれば」という意味を表す。　(2-c)　対象物を表すときは〈 for ～ 〉を用いる。　(2-d)　〈 make the best of ～ 〉は「～を最大限利用する」という意味を表す。

問3　結論部分は第3段落の最後の部分にある。「写真の中で最も評価の高いほほえみを持つ女性が，より幸せな生活とより幸せでより長い結婚を報告したことを示した」という部分の内容をまとめる。

問4　(4-a)　しっかりとしたほほえみを見せる選手の方が長く生きたと考えられるので，full が入る。　(4-b)　ほほえみを見せない選手のことを表すので，no が入る。

問5　that makes us feel even happier という部分が message を修飾していることに注意して訳す。〈 make A B 〉で「A を B にする」という意味になる。

問6　直後に「ほほえみが伝染するためだ」，「他の人がほほえんでいるのを見て，ほほえみを返さないのは非常に難しい」とあるので，これらの内容をまとめる。

問7　ほほえむことが私たちの感情や肉体にもたらす良い効用について，わかりやすく書く。「自分自身の経験に触れながら」，「40語程度の英語」という条件を必ず守るようにしながら，誤字や脱字がないように，正確に書くようにする。

Ⅳ　(英作文問題：関係代名詞，現在完了)

(1)　「ここから遠く離れた町へ引っ越した」という部分が「友だち」を修飾するので，主格の関係代名詞を使う。「電話をもらう」は get a call，「～に引っ越す」は move to，「ここから遠く離れた」は far from here などを用いる。

重要　(2)　「幼なじみだ」という表現は，直接その言葉を知らなくても，現在完了を使って表現できる。継続用法を用いて「ずっと友達でいる」とすればよい。「思い出話に花が咲いた」は，思い出について「たくさん話した」とすればよい。

★ワンポイントアドバイス★

Ⅳの(2)では move が用いられる。move は「動く」という動きを意味する動詞で，それに関連して moving という形容詞は「感動的な(心を動かす)」という意味を表す。また，〈 move on to ～ 〉「～へ移る」という熟語も覚えておこう。

＜国語解答＞

一　問一　楽しいか，悲しいか　　問二　幸福そうに～幸福なのか　　問三　イ
問四　(弾圧によって転向せず)現実にある問題を解決するために，自分の目で見たものをごまかしなく伝えようとする姿勢　　問五　想像　　問六　人間が自然に「属している」と感じる枠組みに縛られず，自由にものごとを捉えること。　問七　自分が履く～制させない
問八　自分が属する集団の人々の求める型にはまった考え方や生き方よりも，徹底して自己の自由を最優先させることによって，「敵」と「友」を固定し対立したものとする世間一般の捉え方からも自由になり，自分の自由を奪い痛めつける「敵」側の他者である看守に対してさえも，めざしを焼いている姿から自分と同じような貧しい生活をしていることを自然に想像し，その苦しさを思いやることができていると思えたから。
問九　エ　　問十　ウ　　問十一　a　空疎　　b　喪失　　c　起訴　　d　接触

二　問一　a　添削　　b　頻発　　c　閲覧　　問二　書きつづった言葉が自分自身の考えや気持ちそのものであることを，責任を持って認めることになると感じたから。　問三　ア
問四　ア　　問五　記憶されな　　問六　エ　　問七　ア　　問八　個人の自立
問九　これまでの社会においては，読み書きや自己との対話などにおける自分と向き合う言葉を自分や真理を解明する力として自立した個人の成長を導こうとしたが，ネット社会においては，他者とつながるための道具として捉えることで言葉が次第に意味を失いつつあるように，言葉自体の重要性を軽視しているから。

○推定配点○
一　問一・問二・問七・問十一　各3点×7　　問四・問六　各8点×2　　問八　10点
他　各2点×4
二　問二　8点　　問九　10点　　他　各3点×9　　計100点

＜国語解説＞

一　(論説文―脱文・脱語補充，内容吟味，文脈把握，心情の理解，漢字の書き取り，作文(課題))

問一　空欄の前に，レベッカ・ソルニットの書物を引用し，「わたしたちが感情について語るとき，たいていは，楽しいか，悲しいか，そのどちらかだ。」としている。平時においては，そのどちらかによって，どん底の深さから隔絶できるのである。

問二　傍線部では，コグニティヴ・エンパシーの定義について述べている。傍線部の前で述べているのは，「幸福そうに見える人は本当に幸福なのか」「たとえ賛成できない，好感が持てない相手でも，心中で何を考えているのだろうと想像する事」である。この内，問題内の指定字数に合わせて抜き出す。

問三　傍線部の前後にて，エモーショナル・エンパシーを説明している。「幸福そうに見える人は本当に幸福なのかというようなことは考えずにとりあえず脳内でミラーリングして一緒に笑っている…浅瀬で周囲に合わせるいい人っぽいが，そこに深さはない。」「人は単に『好きか，嫌いか』『楽しいか，悲しいか』というような浅い感情」「個人が強烈な自我を持つ他者と出くわすと，まるでエンパシーの対象が自己になったかのような感情移入をし，自分を明け渡してしまうことがある」ということなので，それに相応しい内容を選ぶ。

問四　傍線部を訳すと，③「ただの一つも嘘は書いていないのに」，④「あることをあるがままに書いたのに」，⑤「なぜ事実を消し去らないのか」である。転向を迫られていても屈することなく，あるがままの事実を伝えようとしている姿勢が見受けられる。

問五　金子文子は，女看守の食事を見て，そんなに良い暮らしはしていないのだろうと「想像」したのである。

問六　金子文子の生い立ちより，「家族や学校，民族や国家といった人間が自然に『属している』と感じる枠組からいっさい外れたところで育った」とある。つまり，固定した社会環境に執らわれることない人生を過ごしてきたので，裁判の最中に，「役人に改悛の情を示してなるべく早く自由の身になれるような工夫をしてみよう」と考えられる人物だったのである。

問七　金子文子の生き方として，「自分の靴をすっと脱ぐことができるが，彼女の靴はいまだ脱いだ自分の靴でしかないことを確固として知っている。こういう人は，自分が履く靴は必ず自分自身で決定し，どんな他者にもそれを強制させない。」とあり，その中から指定字数に合うよう抜き出す。

重要　問八　看守の食事からその「質素な暮らしぶり」を想像し，その苦しさを慮ることができるのは，金子文子の生い立ちに影響していた。それは社会組織に属することなく，生きてきた彼女にとって，「利己的」に生きる人間であったからこそ，それを他者投影することによって相手の気持ちを計ることができたのである。

問九　外部の感覚・枠組み・方法を意識しすぎるあまり，それに執らわれ，自分自身を見失ってしまうという具体例を選ぶ。

問十　「アナーキーとエンパシーは繋がっている」という解答を得ることができたが，それは同時に，次の課題(ここで言えばどのように繋がっているのか)を突きつけられたのである。

問十一　a「空疎」とは，見せかけだけでしっかりした内容や実質がないこと。　b「喪失」とは，うしなうこと。特に，抽象的な事柄についていう。　c「起訴」とは，刑事訴訟で，検察官が裁判所に公訴を提起すること。　d「接触」とは，近づいて触れ合うこと，また他の人と交渉をもつこと。

二　(論説文—漢字の書き取り，心情の理解，脱文・脱語補充，文脈把握，内容吟味，作文(課題))

問一　a「添削」とは，他人の詩歌・文章・答案などを書き加えたり削ったりして，改め直すこと。　b「頻発」とは，事件・事故などがたびたび発生すること。　c「閲覧」とは，書物・新聞・書類・ウェブページなどの内容を調べながら読むこと。

問二　傍線部の前に，「原稿用紙の署名は，そこに書きつづった言葉が何より自分のものであるとの証明で」あり，言葉にするということは同時に，責任(文責)も生じるので，それらを学ぶことでもあるということ。

問三　空欄の後に「実際に脅迫めいた言葉が記された手紙を受けとりました。」とある。新聞にマンションの住所が記載されたことで，「自己を他人にあらわに」してしまい，手紙が届いたのである。

問四　傍線部の前に「ネット上で発せられる文章は文責を問われることなく，SNS上の言葉は書き手から離れて暴走」とある。匿名による文章は，文責がないがゆえに，相手を攻撃してしまうことがあると警鐘を鳴らしている。

問五　無駄と思えることも，人間の頭のどこかに記憶される。ところが，記憶されていないことはいくら探そうとしても出てくることはない。それはいくら調べることがスマホやタブレットで簡単になったからといって，調べるための言葉を記憶していなければ，意味がないのである。

問六　「副次的」とは，ある事柄・状態が他のものに付随した存在であったり，従属した関係にあったりするさま。ここでは，調べる言葉の前後の言葉も，ついでに調べてしまうという二次的要素について述べられている。

問七　本の読み書きは，私(個人)に属し，自力で考えることが要求される。いわば，「自己との対話」であり，本を通して自分を考えるきっかけとなるものである。

問八　「現代のスマホ中心の情報社会は，個人の自立的な思考よりも，集団への参加とつながりを第一義的に考えるように，人々の内面を知らないうちに変化させている」とあり，集団のつながりを重視するような価値観へ変化しているのが現代社会であるとしている。

重要 問九　本を読む，書くという行為は「私」に属し，「私」の側にある言葉は，自己探求を促し，また真理の解明のため試行錯誤を行っていた。対して，SNSを含めたインターネットは，皆(集団)に属し，言葉ではなくつながりを重要視するようになった。それによって，言葉が形成してきた「私」の形成ができなくなることに，筆者は危機感を募らせているのである。

★ワンポイントアドバイス★

2題の説明的文章ともに，きめ細かな記述力が要求されている。記述に過不足がないか，制限時間内で確認する時間まで作れるとベストなので，最初の段階で，ある程度の完成度で書けるよう，問題集などで練習しておこう。

2021年度

★★★★★★★★★★★★★★★★★★★★★★★★

入　試　問　題

2021年度

桐朋高等学校入試問題

【数　学】（50分）〈満点：100点〉

【注意】・答えが無理数となる場合は，小数に直さずに無理数のままで書いておくこと。また，円周率はπとすること。

1　次の問いに答えよ。

(1)　$\frac{4}{3}a^3b^2\times\left(-\frac{1}{6}ab\right)^3\div\left(\frac{2}{9}a^3b\right)^2$　を計算せよ。

(2)　2次方程式　$\frac{x^2}{6}-\frac{x+5}{3}+\frac{1}{2}=0$　を解け。

(3)　$5x(x-2)-4(x+1)(x-1)+20$　を因数分解せよ。

2　次の問いに答えよ。

(1)　$\begin{cases}2x+y=\sqrt{3}\\x+2y=\sqrt{2}\end{cases}$　のとき，x^2-y^2の値を求めよ。

(2)　1つのさいころを2回投げて，1回目に出た目の数をa，2回目に出た目の数をbとする。$(a-b)^2\leqq 4$　となる確率を求めよ。

(3)　右の図の四角形ABCDは長方形で，△PQRはPQ＝PRの二等辺三角形である。∠APQ＝2∠QPR，∠QRB＝20°のとき，∠PQRの大きさを求めよ。

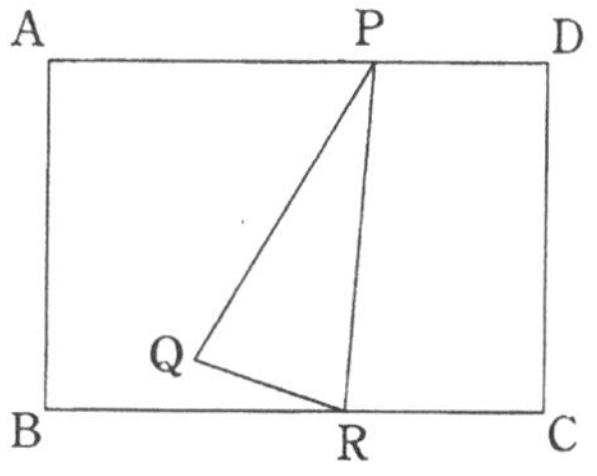

3　4つの容器A，B，C，Dがあり，Aには18％の食塩水が100 g，Bには3％の食塩水が600 g入っている。C，Dは空である。

はじめに，Aから食塩水をx g取り出してCに入れ，残りをすべてDに入れた。次に，Bから食塩水をy g取り出してCに入れ，残りをすべてDに入れた。このとき，食塩水の重さはCとDで等しく，食塩水に含まれる食塩の重さはCのほうがDより10.5 g軽くなった。

xとyの値を求めよ。答えのみでなく求め方も書くこと。

4 右の図のように，円と半直線AXは2点B，Cで交わり，円と半直線AYは2点D，Eで交わる。BEとCDとの交点をFとし，∠BFCの二等分線とBCとの交点をGとする。また，直線GFとDEとの交点をHとする。

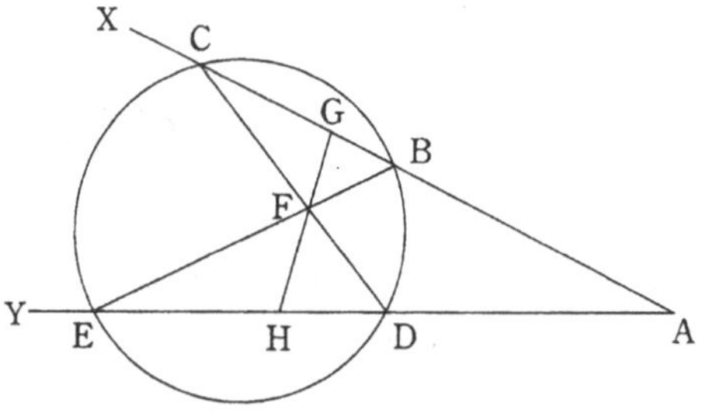

(1) AG＝AHであることを証明せよ。

(2) GF：FH＝2：3，AB＝11，AD＝9，△BGF＝8のとき，次のものを求めよ。

① △FHDの面積　　② BGの長さ　　③ △AGHの面積

5 右の図のように放物線 $y=ax^2(a>0)$ 上に2点A，Bがあり，x軸上に2点C，Dがある。AとCのx座標はどちらも3であり，BとDのx座標はどちらも6である。また，BD＝AC＋CD である。

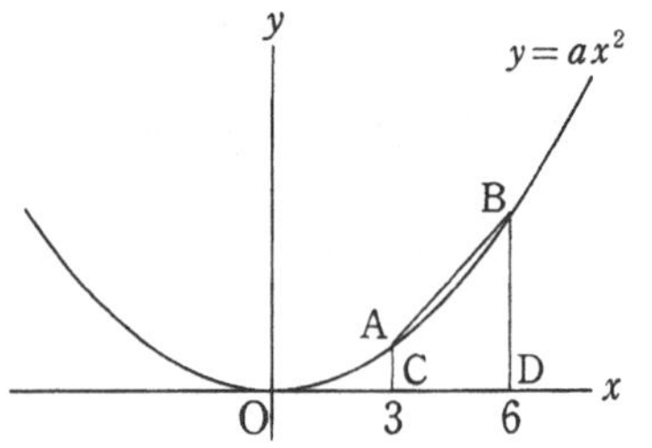

(1) aの値を求めよ。

(2) 直線ABについて，C，Dと対称な点をそれぞれE，Fとする。放物線 $y=bx^2$ と線分BFとの交点をGとすると，四角形FEAGは長方形となる。

① bの値を求めよ。

② x軸上に点P，放物線 $y=bx^2$ 上にx座標が負である点Qをとる。四角形GQPEが平行四辺形になるようなPのx座標を求めよ。

6 右の図のように，1辺の長さが10の正四面体ABCDがあり，辺ABの中点をMとする。

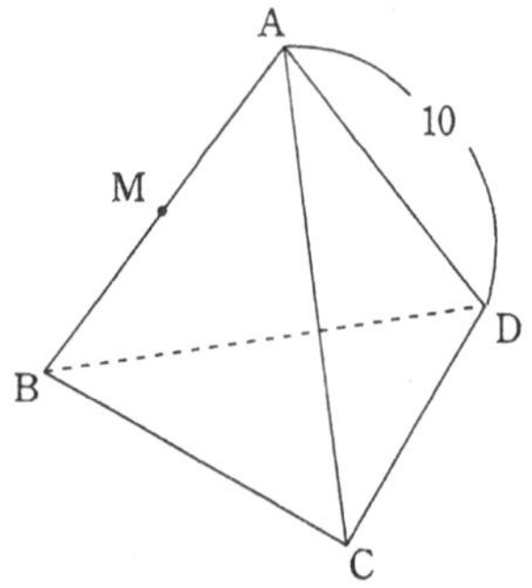

(1) 辺AC上にAP＝7となる点Pをとり，辺AD上にAQ＝3となる点Qをとる。

次の(ア)には適する三角形を，(イ)～(エ)には適する辺を，(オ)には適する数を入れよ。

> 辺CDの中点をNとする。△MPQと［（ア）］において，MP＝［（イ）］，PQ＝［（ウ）］，QM＝［（エ）］より，3組の辺がそれぞれ等しいから，△MPQ≡［（ア）］である。
>
> このことを利用すると，四面体AMPQの表面積は四面体ABCDの表面積の［（オ）］倍である。

(2) 辺AB上にAR＝2となる点Rをとり，辺AC上にAS＝1，AT＝4となる点S，Tをとり，辺AD上にAU＝3，AV＝6となる点U，Vをとる。四面体ARTVの表面積は四面体AMSUの表面積の何倍か。

【英　語】（50分）〈満点：100点〉

Ⅰ　リスニング問題　放送を聞いて次のA，Bの問題に答えなさい。

問題A　これから英語で短い対話を放送します。そのあとでその対話についての質問がなされますから，その答えとして最も適切なものを選び，記号で答えなさい。対話と質問は**1回だけ**読まれます。

(1)　A．Practice hard for the next game.
　　B．Watch his daughter's soccer games.
　　C．Wash his daughter's socks.
　　D．Buy some new pairs of socks.

(2)　A．Because she doesn't like concerts.
　　B．Because she is going to another concert.
　　C．Because she has class.
　　D．Because she is going to study at home.

(3)　A．Under his bed.
　　B．In his locker at school.
　　C．On his desk.
　　D．In the kitchen.

(4)　A．He loves all tomato dishes.
　　B．He hates all tomato dishes.
　　C．He likes cooked tomatoes.
　　D．He likes to have raw tomatoes in his salad.

(5)　A．$140.
　　B．$150.
　　C．$170.
　　D．$175.

問題B　これから放送される英文について，以下の問いに答えなさい。英文は**2回**読まれます。

問1　以下の質問の答えとして最も適切なものを選び，記号で答えなさい。

(1)　Why was the business school having interviews?
　　A．To find new students.
　　B．To find new teachers.
　　C．To find new staff members.
　　D．To find new business partners.

(2)　How did the boy feel when he heard the first question?
　　A．He was disappointed.
　　B．He was sad.
　　C．He was surprised.
　　D．He was angry.

問2　少年は，面接官の“Why?”という質問に答えませんでした。それはなぜですか。その答えとなるように，次の日本語の空所部分を埋めなさい。（　ア　）は12字以内，（　イ　）は15字以内とします。

（　　ア　　）に答えれば，（　　イ　　）と考えたから。

STOP　　STOP　　STOP

リスニングテストが終わるまで筆記問題に進んではいけません。

※リスニングテストの放送台本は，問題の最後に掲載してあります。

Ⅱ　次の英文を読んで，後の問いに答えなさい。

Samantha Robinson (1-a) on her computer and checks her e-mail. Then she watches a couple of YouTube videos that a friend told her about. Finally, she decides to find out what her next *assignment will be in her European History class. She goes to her university's web page and signs in. She sees a message from her professor. She joins a chat room and sees that eight other students are there, too. They begin to discuss the professor's assignment and (1-b) ideas. Some of these students live on campus. Others live an hour away. A few live in a different country. Samantha's learning is more *typical than you might think. More and more college students are (1-c) to take distance education, or DE, classes. DE classes let students take college courses from home using their computer and the Internet. (1-d) a distance education course is a smart decision for many reasons.

First of all, taking a DE class can save students money. [2] One cost of a DE class is that of a computer. However, today you can buy a computer for less than five hundred dollars. Buying a computer is money well spent. After a year of traditional classes, you would probably pay more than five hundred dollars on gas and parking alone.

Another *benefit of DE classes is having many course and school options. Most U.S. universities give online classes. More than one-third of American colleges allow you to *earn a degree from home. In addition, there are thousands of DE classes *available every *semester from schools all around the world. This means that a person living in Tokyo could take a class at New York University, and a New Yorker could take a class at the University of London — (　　3　　). For people who don't live near any university at all, DE classes are even more helpful. For them, DE classes open up a door to higher education that never existed before. DE can bring people and schools close together no matter how far apart they are.

Finally, the best part of DE classes is their flexible schedule. You don't have to "be on-time" to class. You decide when to work on your assignments, listen to lectures, and take exams. People who like mornings can do their assignments early. People who work better at night can wait until after dinner. You can even take exams at midnight in your pajamas if you want! As usual, there are *due dates. But you don't have to follow a strict schedule every day like you do in a traditional class. (4)<u>This</u> is perfect for people who can't take classes on campus because of their work hours. It also *benefits parents who need to be at home to take care of their children. These parents can still take a class.

DE classes can make people's lives easier. They are a good option for students who like to learn on computers. They also teach students to be more *independent learners, which is an important skill. The (5)[DE classes / continually growing / is / taking / of/ people / number]. As the number of DE students grows, the world seems to get smaller. Distance education is bringing schools and students closer together. It is just another sign that we live in a global society.

［注］

assignment：課題
typical：ふつうにある
benefit：恩恵（を与える）
earn a degree：学位を得る
available：入手可能な
semester：学期
due date：締切日
independent：自立した

問１　空所(1-a)～(1-d)に入る語を以下から選び，必要があれば適切な形に直して答えなさい。

decide / make / repeat / share / take / turn

問２　空所［ 2 ］には次の四つの文が入ります。文意が通じるよう正しい順番に並べかえて，記号で答えなさい。

A．As gas prices increase, this is an important point.
B．Parents can save hundreds of dollars a month if they don't use daycare.
C．If students don't have to drive to school, they reduce the amount of money to spend on gasoline and parking.
D．Moreover, students with children do not have to put their children in daycare in order to take classes.

問３　空所（ 3 ）に入る最も適切なものを以下より選び，記号で答えなさい。

A．all by paying less for school
B．all without really being there
C．all for traveling even to foreign countries
D．all in doing well in school

問４　下線部(4)の指す内容を日本語で説明しなさい。

問５　下線部(5)の［　　］内の語句を並べかえて，意味の通る英文にしなさい。

問６　本文の内容に合うものを以下より二つ選び，記号で答えなさい。

A．In DE classes, students cannot communicate with other students.
B．In Samantha's university, students do not have to live near the university and some even live abroad.
C．DE can save parents time and money because they do not need to pay for living on campus.
D．Students in a DE class can take exams early in the morning but not late at night.
E．DE classes do not have either strict schedules for lectures or due dates for assignments.
F．DE is very helpful for working parents with children.

問7　高校生のBettyとShotaは，この文章を読んだあとで次のような会話をしました。空所①，②に入れるのに適切な英語を，それぞれ20語程度で書きなさい。その際，文が複数になってもよい。

Betty：Hmm. DE is wonderful. There are many benefits we can get from it.

Shota：Well, I'm not sure. There may be several problems with it. For example, ①(　　　　　　　　　　　　) Another problem is that ②(　　　　　　　　　　　　)

Betty：Right. You're so smart here again, Shota! Things always have both good and bad sides.

Ⅲ　次の英文を読んで，後の問いに答えなさい。

The Amazon River is not a river anyone wants to swim, especially since it's the home of deadly piranhas, anaconda snakes, crocodiles, bull sharks, and dangerous *currents. If you're marathon swimmer Martin Strel, however, you look at the powerful Amazon and see a challenge that can't be refused. Using his *physical and mental strength, this man swam the largest river on Earth from its starting place in Peru all the way through Brazil to the Atlantic Ocean in 2007. Only a man like Strel could complete (1)this difficult challenge.

Strel is a large, middle-aged man from Slovenia who was raised in a village called Mokronog, which means "wet feet" in English. Strel has always loved swimming. He swam in pools, ponds, and small rivers as a young boy. As he grew older, Strel began swimming in larger rivers and soon became the world's best marathon swimmer. Over the years, Strel has swum through more than 12,000 miles (19,300 kilometers) of the world's longest rivers, from Europe's *Danube to China's *Yangtze. Strel likes to swim alone. He needs only the *company of the river itself — and the longer the river, the better.

Though he holds world records for his swims, Strel now swims for peace, friendship, and a clean environment. He talks to audiences about the reasons for his swims. He has swum in dirty rivers to *promote the need for clean water. He swam the Amazon to raise people's *awareness of the importance of this area. The Amazon Rain Forest produces twenty percent of the world's *oxygen, and it is threatened by *deforestation and pollution. If Strel could get people to pay attention to the Amazon, he hoped they might want to help protect and save it.

All of the rivers in which Strel has swum are difficult, but (2)the Amazon was the most challenging. Its length, amount of water, difficult currents, *extreme tides, and dangerous living things *required a large support team and a lot of tools. A group of doctors and guides traveled with Strel. Strel swam through deadly marine life, sometimes feeling the touch of a large unknown living thing. He never (3)[what / the water / looked in / was / it / see /to]. He just kept swimming toward his goal.

Along the way, Strel made friends with local people. As he swam down the river, large crowds came out to see him. People around the world also followed Strel's progress through news reports. The world was watching both Strel and the Amazon.

Although Strel had the support of his team and his fans, his biggest challenge was (　　4　　). He had to calm his mind as he spent ten hours a day alone in the water, swimming from port to port. All he heard was his *steady breath and the sound of his arms in the water. He filled the hours with dreams of his family. When he pulled into a port, he would swim steadily, not *hesitating in his pace. He could hear the noise of the cheering crowd, but he wouldn't look at his fans until he had reached the *bank. Then he would raise his arms and smile.

After 3,274 miles (5,269 kilometers) and sixty-six days on the river, fighting nature and *solitude, Strel finally arrived in Belém, Brazil, where the Amazon meets the Atlantic. When he touched land, he was twenty-six pounds lighter and smiling with *relief. He had become the first person to swim the Amazon. He had also *achieved (5)his other goal. He had built *cross-cultural friendships and helped the world think about this environmentally important area.

［注］

current：流れ
physical：肉体的な
Danube：ドナウ川
Yangtze：長江
company：一緒にいること
promote：～を広める
awareness：意識
oxygen：酸素
threaten：～を脅かす
deforestation：森林破壊
extreme tide：激流
require：～を必要とする
steady：一定のペースの
hesitate：ためらう
bank：岸
solitude：孤独
relief：安心
achieve：～を成し遂げる
cross-cultural：異文化間の

問1　下線部(1)の具体的な内容を日本語で説明しなさい。

問2　下線部(2)の理由として最も適切なものを以下より選び，記号で答えなさい。

A．Strel had no one to help him.
B．Strel did not have enough money for his swim.
C．The Amazon was the dirtiest river.
D．The Amazon had dangerous currents and living things.

問3　下線部(3)の［　　］内の語句を並べかえて，意味の通る英文にしなさい。

問4　空所（　4　）に入る最も適切なものを以下より選び，記号で答えなさい。

A．a physical one
B．a technical one
C．an environmental one
D．a mental one

問5　下線部(5)の具体的な内容を日本語で説明しなさい。

問6　本文の内容に合うものを以下より二つ選び，記号で答えなさい。

A．Strel learned to swim in the ocean when he was a child.
B．Strel has swum the Danube and Yangtze Rivers.
C．Strel likes swimming with other swimmers better than swimming by himself.
D．Strel has never held a world record for his swims.
E．The natural environment of the Amazon area is getting better.
F．No one heard of Strel's Amazon swim before he completed it.
G．Strel swam the Amazon River for 66 days and lost 26 pounds.

Ⅳ　次の下線部(1)，(2)を英語にしなさい。

最近，プラスチック(plastics)による環境汚染が話題となっています。(1)レジ袋(plastic bags)が毎日どれだけ使われているのかを知って驚きました。環境保護のためにはすこしでもプラスチックの使用を控えるべきです。しかし，(2)プラスチックほど軽くて丈夫なものはないので，プラスチックの使用をやめることは難しいでしょう。

2021年度　英語入試問題＜リスニング放送原稿＞

M… male speaker　**F**… female speaker

問題A

M：One.

F：Dad, can you get me new soccer socks?

M：New socks? I bought you a new pair only last month, Rachel.

F：Yeah, but they've already worn out. I practiced really hard for the games.

M：Okay, maybe you need a few more pairs. I'll get some new ones ready.

F：Question：What will the father do?

M：Two.

M：Lucy, I have two tickets for the classical concert. Why don't we go together?

F：When is it?

M：It's this Friday night at 7:00.

F：Thanks, but I've got class on Japanese history until 9:00 that day.

M：Question：Why isn't Lucy going to the concert?

M：Three.

F：Bill! Hurry up, or you'll be late for school.

M：I'll be down soon, Mom. I'm looking for one of my textbooks. Maybe I left it in my locker at school.

F：If it's your biology textbook, it's here on the kitchen table.

M：That's it, Mom. Thanks!

F：Question：Where was Bill's biology textbook?

M：Four.

F：Hey, Brian, don't you like tomatoes? You're not eating any tomatoes in your salad.

M：Well, actually, I'm not a great fan of raw tomatoes.

F：Does that mean you can eat cooked tomatoes?

M：Yeah. I love tomato sauce pasta and tomato soup.

F：Question：What can we say about the man?

M：Five.

F：Excuse me, how much is this handbag?

M：Hello, madam. It was two hundred dollars last month, but now we're giving a discount. It's twenty-five percent off, and we can make it thirty percent off if you join our customer's club.

F：That sounds nice. I think I'll join the club and get the discount.

M：Question：How much is the woman going to pay for the handbag?

問題B

[**M**]

In a business school, a team of teachers was giving interviews for admission to the school.

One young student entered the room and sat down nervously on the chair in front of the teachers. One of the teachers said to the boy, "You're going to answer twenty easy questions, or you're going to answer just one really difficult question. Which would you choose?"

The boy thought for a while and replied, "I would like to answer just one really difficult question."

The interviewer smiled and said, "Well, then, good luck on you. Now, answer this question. Which comes first, day or night?"

The boy was surprised, but he thought for a moment and replied, "It's day, sir."

"Okay. Why?" asked the interviewer.

The boy said, "Sorry, sir, but you told me that I don't have to answer any other question if I choose to answer one difficult one."

The boy passed the test to study at the school.

問一　〈Ⅰ〉の詩の中で用いられている表現技法として、**ふさわしくない**ものを次の中から一つ選び、記号で答えよ。

ア　擬人法　　イ　倒置法　　ウ　反復法　　エ　体言止め

問二　――線部①「とんでもない」のここでの意味を五字以内で答えよ。

問三　次のア～カは、〈Ⅰ〉の詩について説明したものである。〈Ⅱ〉の文章も参考にしながら、説明としてふさわしいものを二つ選び、記号で答えよ。

ア　「テーブルの上の胡椒入れ」という、作者にとって思い入れの深い題材を経験を交えて詠みこむことで、詩そのものの輝きや充実感が増している。

イ　「きみ」という二人称を用いることで、詩全体が作者から読者一人ひとりへの語りかけのように感じられ、作者と読者との距離を近づける効果が生じている。

ウ　「じゃない」という否定表現を多く用いることで、幸福は放っておけばやがて消えてしまうものであり、とらえることが難しいということを強調している。

エ　外来語の音の響きを詩の中に多く盛りこむことで、作者と読者一人ひとりとの間での幸福感の行き交いが国境を越えて広がっていくことを印象づけている。

オ　生活の一コマを詩の中で表現することで、日々の暮らしで人々が出会うすべてのものが、しあわせな親しい風物となりうることを実証している。

カ　ありふれた日常的な場面を描くことで、多くの人々の生活の中に存在しながらも見逃されてしまいがちなしあわせを、ことばによって掬いとっている。

問四　――線部②について。「友人」という詩全体の内容もふまえながら、このときの「きみ」の心情を説明せよ。

問五　――線部③について。「場面を自分のうちに取りもど」すとはどういうことか。それを詩「友人」に即して具体的に説明した75字以上80字以内の表現を本文中からさがし、その最初と最後の五字を抜き出して答えよ。

問六　――線部④に関連して。詩人が発したことばが「親しいものとして受けとめられる」とはどういうことか。それを説明した左の文の空欄を補うのに最もふさわしい25字以上30字以内の表現を、――線部④より後の本文中からさがし、その最初と最後の五字を抜き出して答えよ。

・［　　　　　　　　］こと。

問七　――線部⑤「朗誦という行為」とは、どのような行為か。また、その行為は何をもたらすと筆者は考えているのか。説明せよ。

ら一人へとさりげなく伝わり、親しいものとして受けとめられるのがふさわしい、と詩人は考えたのであろう。詩の世界を媒介にして作り手と読み手の距離が多少とも近くなることが期待できる。しあわせを表現しえた詩の、徳ともいうべきものがそこにはあるといえるかもしれない。

詩が詩集の形を取って世に出る場合、一般的にいって、一人のことばが一人へと伝わることがめざされているとはいえない。印刷されて公刊されることは一人の同じことばが多くの人の目に触れることを求める行為であって、詩人がそのことを知らないわけではない。知った上であえて「一人から一人へ」というのは、一対多の伝達に飽き足らぬものを感じ、それを超えたもっと細やかなことばの行き交いを求めるからだ。詩のことばだから、――とりわけ、さりげないしあわせを表現した詩のことばだから、――そういう思いが強くわき起こったと考えられる。詩のことばのうちにさりげないしあわせを感じとるには、ことばの意味を頭で理解するところから一歩も二歩も進んで、自分の全身でもってことばを生きる方向へと向かわねばならないのだから。詩の作り手の側としては、詩のことばが読んだ一人ひとりの体のどこかに入りこんで息づくのを願わずにはいられないはずなのだから。

長田弘の詩が朗誦するのにふさわしい言語表現だと思えるのも、右のことと無関係ではない。

詩はもともとことばの音を大切にし、表現される意味やイメージとことばの音との響き合いに耳を傾けるものだったから、読むほうとしてもことばの音に心引かれ、いっそのこと音読したほうがことばの流れが自然にたどれると思えることが少なくない。が、『深呼吸の必要』の場合、そういう一般論をいうだけでは不十分で、さりげないしあわせといったほのかな心情のゆれを丁寧に追っていく抒情詩だけに、声に出して詠み、心情のゆれが音の流れと交錯するさまを楽しむのがふさわしい試みに感じられるのだ。詩のことばを「一人から一人への伝言」だと詩人はいうが、そのことばを声に出して詠むことで、一人の詩人の発したことばを「一人の」読み手として受けとめる方向に多少なりとも近づくように思える。声となった音は、声を出す当人にとって、書かれたことばの音であるとともに、ほかならぬ自分自身のことばとして聞こえてくるのだから。

自分自身の声には、当然のこと、自分の経験が組みこまれ、自分の思いが盛りこまれる。そのように個人の主観に染められた声ではあるが、詩のことばに寄りそいつつ詩の世界に入りこもうとする意欲があるかぎり、主観が一人歩きすることはない。⑤朗誦という行為のうちで、詩の書き手と読み手はそれぞれに一人であることが意識されつつ、ことばを媒介にしてたがいの経験と心情が大きく、あるいは小さく重なり合うことが感じられる。書き手によってことばの世界に掬《すく》いとられたしあわせが、読み手の側のそのような言語行為によって、もう一人の人間の心に受け容《い》れられた共有世界となる。そのさりげない広がりかたがさりげないしあわせにふさわしい。

（長谷川宏『幸福とは何か』による。ただし途中本文を省略した部分がある）

自転車をとめ、きみは呼吸をやすめて、耳をすます。もしこんな暗いところで一人で何をしているのかと訊かれたら、何というのか。友人を待っているというのか。ガサッ、ガサゴソ。なつかしい微かな音がする。②きみは微笑する。一ぴきの老いたおおきな蟇《がま》がよたよたと、樹木の影のなかへでてくる。やあと、きみはいう。きみの旧友の蟇は約束を違えなかった。われらの星は太陽のまわりを一めぐりし、今年もいい季節がやってきたのだ。

詩人は、③過去のさりげない経験をことばにすることによって、場面を自分のうちに取りもどそうとしている。場面のもつしあわせを内面化しようとしている。放っておけばやがて消えてしまうかもしれぬさりげない場面であるだけに、かえってことばにしたかったということもあろうし、ことばに掬《すく》いとられることで場面が輝きを増すことに喜びを感じるということもあったかもしれない。さりげない情景がほんのりと脳裡に浮かび、それに導かれるようにしてことばを紡ぎ出し、紡いだことばを磨き上げて一篇の詩に仕立てる試みは、さりげないしあわせとのつき合いという点で、ほかでは得られそうもない充実感のともなう営みだったにちがいない。

その営みのなかで詩人は夜の道や、自転車のペダルを踏む感触や、木の下闇や、蟇ののろまな足の運びを改めて近しいものに感じ、時を隔ててさりげないしあわせの気分を幾分か心に蘇《よみがえ》らせることができたはずだし、読者は読者で、ことばの流れを追うなかで、詩人のしあわせがなにほどかは自分のしあわせでもあると感じるのである。

詩「友人」の中心が詩人と蟇の出会いにあるのは明らかだが、その場面が構想されたとき、詩人と蟇はすでに親しい間柄であって、だから「友人」と呼ばれ「旧友」と呼ばれるのはごく自然なことだった。そして、出会いを核とする過去の一情景が一篇の詩としてなりたったとき、詩人と蟇とのあいだのしあわせな親しさが夜の道や、坂を上る自転車や、樹木の影をもしあわせな親しい風物として浮かび上がらせる。

そうした詩作の営みには、当然のこと、読者をもしあわせな親しい世界に誘おうとする力が働く。そもそも詩を書くという行為が読んでくれる人とのあいだに一つの世界を共有したいという思いをふくむものといえるが、この詩のように、当の詩人がおのれの描くさりげない世界に心の安らぐ親近感を抱くような場合、その世界が読者にとっても親しい世界であってほしい、という思いには切なるものがあろう。「友人」を収録した詩集『深呼吸の必要』の「後記」に以下の一節がある。

> 本は伝言板。言葉は一人から一人への伝言。
>
> 伝言板のうえの言葉は、一人から一人へ宛てられているが、いつでも誰でもの目にふれている。いつでも風に吹かれているが、必要なだけの短さで誌された、一人から一人への密かな言葉だ。伝言が親しくとどけば、うれしいのだが。

『深呼吸の必要』は、粒ぞろいの散文詩の並ぶ、長田弘の詩集のなかでも高い位置を占める秀作詩集だが、右の文言からは詩人自身が詩の出来に手応えを感じているさまが読みとれるように思う。

そのなかで、「一人から一人への密かな言葉」が「親しくとどけば、うれしい」と詩人はいう。詩の幸福感が「後記」にまで匂い出たかのようなもの言いだ。④さりげないしあわせは内密なことばとして一人か

・あるいは、わたしがうっとうしかったのか。

問九　――線部⑥「その痛みに気づかないふりをする」とは、どういうことか。説明せよ。

問十　――線部⑦について。「『正しさ』に溺れる」とは、どのような態度のことだと筆者は考えているか。また、そのような態度は何をもたらすことになるか。説明せよ。

問十一　══線部a～eのカタカナをそれぞれ漢字に改めよ。

二　〈Ⅰ〉は詩人・長田弘の詩集『食卓一期一会』に収められた詩、〈Ⅱ〉は長田弘の詩集『深呼吸の必要』について書かれた文章である。〈Ⅰ〉〈Ⅱ〉を読んで、後の問に答えよ。

〈Ⅰ〉

テーブルの上の胡椒入れ

それはいつでもきみの目のまえにある。
ベーコン・エンド・エッグスとトーストの
きみの朝食のテーブルの上にある。
ちがう、新聞の見出しのなかにじゃない。
混みあう駅の階段をのぼって
きみが急ぐ時間のなかにじゃない。
きみのとりかえしようもない一日のあとの
街角のレストランのテーブルの上にある。
ちがう、思い出やお喋《しゃべ》りのなかにじゃない。
ここではないどこかへの
旅のきれいなパンフレットのなかにじゃない。
それは冷えた缶ビールとポテト・サラダと
音楽と灰皿のあるテーブルの上に、
ひとと一緒にいることをたのしむ
きみの何でもない時間のなかにある。
手をのばせばきみはそれを摑《つか》めただろう。
幸福は①とんでもないものじゃない。
それはいつでもきみの目のまえにある。
なにげなくて、ごくありふれたもの。
誰にもみえていて誰もがみていないもの。
たとえば、
テーブルの上の胡椒《こしょう》入れのように。

（長田弘『食卓一期一会』による）

〈Ⅱ〉

二〇一五年に亡くなった長田弘は、暮らしのさりげない場面に立ちあらわれるしあわせをとらえる、鋭敏にして繊細な感受性を具えた詩人だったが、その詩集『深呼吸の必要』に次のような詩がある。

友人

自転車に乗って、きみは夜の道をゆっくりと走る。明るい家々の角を曲がると、急な坂だ。息はずませて上る。ペダルを踏むごとに、前灯が激しく揺れて、あたたかな風が汗の匂いをサッと拭いとってゆく。坂を上りつめて、線路ぎわへの暗い抜け道に折れる。道のなかばまで古いおおきな樹木の影がかぶさって、木の下闇いっぱいに、雑草が勢いよくひろがっている。

をなだめてくれたのだから。

――わたしは正しい。

その感覚は、やわらかな「棘」に刺された痛みを声にしようとするわたしを鼓舞する。ただし、その感覚が行き過ぎるとわたしの声は甲高くなるばかりで、とたんに聞き苦しくなってくる。どんなに正しいことでも、聞く耳を持ってもらえないのなら意味はない。正しければ正しいほど、キイキイとけたたましく喚《わめ》くだけでは届かない。とはいえ、ただ正しいことを正しいと訴えるのに、どうしてこんなにも得たいの知れない何かに対して忖度《そんたく》しなくてはならないのだろうとも思う。

要するに、たった今もわたしは、⑦「正しさ」に溺《おぼ》れることなく、自分が言葉にするべきことを言葉にする、その責任の果たし方を模索しているのだ。

（温又柔「やわらかな『棘』と、『正しさ』の震え」による）

問一　――線部①「欠落」と熟語の構成（組み立て方）が同じものを次の中から選び、記号で答えよ。

ア　授受　イ　前進　ウ　換気　エ　削除　オ　公立

問二　空欄《Ａ》～《Ｃ》にそれぞれ漢字一字を補い、意味の通る表現にせよ。

問三　――線部②について。「わたし」が「母親のようす」に注意を払っているのはなぜか。その説明として最もふさわしいものを次の中から選び、記号で答えよ。

ア　子どもたちには悪意がないので、怒りを母親にぶつけようと機会をうかがっているから。

イ　母親が「わたし」にどのような感情を抱いているのか、必死に読み取ろうとしているから。

ウ　子どもたちの差別的な言動に対して母親がどのような態度をとるか、見届けようとしているから。

エ　子どもたちの差別的な発言を「わたし」が許せずにいることを、母親に気づかせようとしているから。

問四　――線部③について。「わたし」がこのように判断するのは、「わたし」のどのような考えに基づいているか。それを説明した左の文の空欄を補うのに最もふさわしい十字の表現を本文中からさがし、抜き出して答えよ。

・［　　　　　　］という考え。

問五　空欄［Ｉ］を補うのにふさわしい表現を、五字程度で考えて答えよ。

問六　――線部④について。深呼吸している「わたし」の状態として最もふさわしいものを次の中から選び、記号で答えよ。

ア　迷いを断ち切っている状態。

イ　不安な気持ちを紛らわせている状態。

ウ　差別的な言動を嘆いている状態。

エ　高ぶる気持ちを落ち着かせている状態。

問七　――線部⑤について。このときの「わたし」の心情を説明せよ。

問八　本文中からは左の一文が脱落している。どこに戻すのが最もふさわしいか。ふさわしい箇所を本文中の＊印（15ページ）よりも前からさがし、直後の五字を抜き出して答えよ。

の痛みではあった。でもわたしは、⑥その痛みに気づかないふりをすることができなかった。

（○○ちゃんやそのお母さんは、いま、堂々と生きていられてるんだろうか？）

　この「棘」に刺されながらも刺されたことすら気づかぬまま痛みに耐えているだれかのためにもわたしは、ここに「棘」があるのだと堂々と声にしなければならない。そう思うからこそ、わたしはどちらかといえば不愉快なこの出来事についてあちこちで積極的に話した。

＊

「……かのじょたちに絶妙のタイミングで気づきを与えたという意味では、自分がしたことは正しかったと思っている。かのじょたちにとってはそのせいで、よい一日が台無しになったとしてもね。

　ただ、わたしは？

　わたしの気持ちは？

　なぜ、わたしのほうが、聞く耳をもってくれた日本人たちに感謝をしなければならないの？

　なぜ、わたしのほうが、こんな会話はこの国ではありふれてるんだからいちいち噛みつかず、流そう。それが日本人のなかに溶け込んで暮らすときの、一種のbショセイ術だって昔から知ってるでしょ、と自分に言い聞かせなければならないの？

　なぜ、わたしのほうが、自分の悲しみや憤りを示すうえで、ここまで気を払わなければならないの？

　――この国はだんだん窮屈になった。言いたいこともものびのび言えなくなった。

　ひょっとしたら、わたしの存在は、ごくふつうの日本人たちにそのように思わせてしまっているの？

　たとえそうであるとしても、わたしは、わたしたちは、いつまで日本人たちに気を遣わなければならないの？

　この国にいさせてくれてありがとう、となぜ、わたしは請わなければならないの？

　こういうことを言わせてくださってありがとうございます？

　なぜ、わたしはあのとき離れる間際に、感謝などしてしまったのだろう？

　――もう二度と、わたしや、ほかのどんなひとにも、こういうことを言わせないでください。

　むしろ、そう言えばよかった。いや、そう言うべきだったのだ……」

　はじめこそ、話しながら憤怒のあまり、涙ぐんだこともあった。この話をするわたしに耳を傾けただれもが、そのように憤るわたしを慰め、cハゲましてくれた。そのおかげもあり、決して愉快とは言えない出来事に遭遇した衝撃は徐々に和らいだ。そうして冷静さを取り戻すにつれて、ファミレスで遭遇した〝差別的〟な態度の母親と息子たちを話題にするときの自分が、「正しさ」に酔い痴《し》れてはいないか不安をおぼえるようになった。わたしは早々と気づいていた。この話をするときに、日本語が理解できるのは日本人だけではない、と半ば叫ぶように同意を求めるdシュンカンの自分には、どのような異論をも挟ませないeカタクなさがみなぎっている。何しろ、この話を聞いてくれたひとたちは口を揃えて、あなたは正しいことを言っている、とわたし

見つめる。いや、 I といったほうが正確だ。けれども、ことばが出てこない。数秒ほど、そのような状態が続いたあと、あちらのほうから声をかけられる。

「……あの、どうかしました？」

――○○ちゃんのお母さんって、日本人じゃないから……

と言っていたほうの母親だ。どうかしました？　信じられないと思った。このひとたちは、自分たちの発言がどんなものなのかまるでわかっていないのだ。④わたしは深呼吸ののちに口を開く。

「こちらの聞き違いでなければ、先ほど、おともだちのお母さんは日本人じゃないから、という会話をしてませんでした？……」

子どもたちがゲーム機から顔をあげる。わたしは子どもたちと目を合わせる。

「……苦手な友だちはだれにでもいるよ。でも、その子のお母さんがナニジンとかは関係ないんだよ」

ふたりの男児はトマドっていたようだったが、わたしはかまわず続ける。

「日本には、日本語が理解できる外国の人もいっぱいいるんだよ。日本語は日本人にしかわからないと思って、外国の人たちが聞いたら悲しくなるようなことは言わないで」

日本人のように見えるし、日本の一員として生きてはいるけれど、日本以外の国にも根がある人たちがこの国にはたくさんいる。わたしは自分こそがそういう一人なのだとまでは言わなかった、いや、言えなかった。

「この方の言うとおりよ。わかった？」

わたしのことばを引き取り、子どもたちにそう言い聞かせたのは、どうかしました？と声をかけてきたほうの女性だった。このひとは根っからのわるいひとではないのだろう、という思いが胸をよぎる。⑤そのとたん、狂おしくなってくる。わたしは伝票をつかんで立ち上がる。お皿には半分パスタが残ったままだったが、これ以上、ここにはいられないと思った。隣席に近づく。子どもたちはふたりともうつむいていて、もうわたしのことを見ていなかった。わたしは気づいていた。ふたりいる母親のうち、もう一人は始終わたしと目を合わせようともしなかった。韓国人なのよね、と言っていたほうのひとだ。どんな顔をしたらいいのかわからなかったのだろう。いずれにしろわたしは、《 C 》を打ったように静かになった隣席の四人を前にして、申し訳ない気持ちが芽生える。わたしのせいで、かれらにとって楽しいはずの午後にけちをつけてしまったことが急に心苦しくなる。ほんとうは、お父さんがいないおうちの何がいけないんでしょうか？とも言いたかった。けれども、これ以上はわたしのほうが耐えられそうにない。それでわたしは自分で自分に言い聞かせる。もういい。もう十分だ。これぐらいにしておこう。わたしはかのじょたちに謝る。突然すみませんでした。そして礼を言う。こういうことを言わせてくださってありがとうございます。

――○○ちゃんのとこ、お父さんいないから……

――だって、あの子は日本人じゃないもんね。

血まみれになるほどではない。けれども、わたしはあのとき確かに、まろやかな午後のファミレスで交わされたことばの孕《はら》む棘《とげ》に刺されたのだ。刺されたとはいっても、耐えようと思えば耐えられる程度

【国語】（五〇分）〈満点：一〇〇点〉

一 次の文章を読んで、後の問に答えよ。

二〇一九年三月某日。

腹ごしらえのために、近所のファミレスに行った。となりの席には、小学二、三年生と思われる男児ふたりと、その母親らしき四人連れ。学校あるいは習い事の帰りなのだろう。食事はとっくに終えたらしく、子どもたちはゲーム機で遊んでいて、母親たちはお喋《しゃべ》りに花を咲かせている。聞き耳をたてていたのではないが、「ほら、〇〇ちゃんのお母さんって、日本人じゃないから……」と聞こえてくる。続けて、もう一人の女性も声を低める。

「韓国人なのよね」

まるで、そのことが決定的な①欠落のような口ぶりにわたしは《Ａ》を疑った。母親たちの会話を聞きつけて、

「うえー、〇〇のママ、韓国人なの?」

ゲーム機で遊んでいた男の子が言う。もう一人の子も、うげえ、など同調している。心拍数が一気に早まるのを感じながら、子どもたちではなく、②かれらの母親のようすをわたしは盗み見する。しかし、どちらの女性も息子たちを特にたしなめない。それどころか、母親のうちのひとりはこう続けた。

「それに、あそこのおうち、パパがいないからね……」

ふたりの母親が含み笑いを浮かべるのを、わたしは確かに目撃する。フォークを握る手が震えた。息が苦しくなってくる。しかし、隣席の母親たちはひきつづきお喋りにいそしみ、子どもたちもふたたびゲームに集中している。要するに四人とも、何もなかったかのように、ありふれた午後の続きを送っている。でも、かれらの隣にいるわたしは、何もなかったかのように自分の時間に戻ることはできなかった。

――うえー、〇〇のママ、韓国人なの?

母親たちが、息子の発言を叱らないのは当然だ。③かのじょたちの息子であるからこそかれらは、そのような発言をしたのだから。

――〇〇ちゃんのお母さんは日本人じゃないから。

ぎこちなくフォークを動かすものの、好物のパスタの味がまったくしない。食欲など失せてしまった。

どこにでもいそうな、ごくふつうの男の子たちは、かつてのわたしの同級生だったとしてもおかしくはない。かれらの母親は、いつかのわたしの同級生の母親のうちのだれかと、よく似ているのかもしれない。

わたしは、日本人ではないという理由でクラスメートや友だちと思っていたひとから馬鹿にされたり、からかわれたりしたことは、幸いにも、めったになかった。少なくとも、わたし自身がはっきり自覚できるようなかたちでは。けれどもそうだからといってわたしは、自分は運がよかったのだ、とは言いたくない。それは、運などで、左右されるようなことではないのだ。

（うまれつきの差別者はいない。環境が差別者をつくるのだ……）

とうとうわたしは、握っていたフォークを半分空になったお皿のうえに叩きつける。けっこうな音だったと思う。母親の一人がこちらを見た。かのじょが《Ｂ》を呑むのがわかった。わたしはかのじょを

MEMO

大切なことはメモしておこうネ！

2021年度

解　答　と　解　説

《2021年度の配点は解答欄に掲載してあります。》

＜数学解答＞

[1]　(1)　$-\frac{b^3}{8}$　　(2)　$x=1\pm2\sqrt{2}$　　(3)　$(x-4)(x-6)$

[2]　(1)　$\frac{1}{3}$　　(2)　$\frac{2}{3}$　　(3)　∠PQR＝76°

[3]　$x=15$，$y=335$

[4]　(1)　解説参照　　(2)　①　18　　②　4　　③　75

[5]　(1)　$a=\frac{1}{9}$　　(2)　①　$b=\frac{4}{9}$　　②　$-\frac{3\sqrt{3}}{2}-1$

[6]　(1)　(ア)　△NQP　　(イ)　NQ　　(ウ)　QP　　(エ)　PN　　(オ)　$\frac{1}{4}$　　(2)　$\frac{16}{9}$倍

○推定配点○

[1]，[2]，[4](2)，[5]，[6]　各6点×14　　[3]，[4](1)　各8点×2　　計100点

＜数学解説＞

基本　[1]　(数・式の計算，二次方程式，因数分解)

(1)　$\frac{4}{3}a^3b^2\times\left(-\frac{1}{6}ab\right)^3\div\left(\frac{2}{9}a^3b\right)^2=\frac{4}{3}a^3b^2\times\left(-\frac{1}{216}a^3b^3\right)\div\frac{4}{81}a^6b^2=-\frac{4a^3b^2}{3}\times\frac{a^3b^3}{216}\times\frac{81}{4a^6b^2}$ $=-\frac{b^3}{8}$

(2)　$\frac{x^2}{6}-\frac{x+5}{3}+\frac{1}{2}=0$　　両辺6倍すると $x^2-2(x+5)+3=0$　　$x^2-2x-7=0$　　解の公式より　$x=\frac{-(-2)\pm\sqrt{(-2)^2-4\times1\times(-7)}}{2\times1}=\frac{2\pm\sqrt{32}}{2}=\frac{2\pm4\sqrt{2}}{2}=1\pm2\sqrt{2}$

(3)　$5x(x-2)-4(x+1)(x-1)+20=5x^2-10x-4(x^2-1)+20=x^2-10x+24=(x-4)(x-6)$

[2]　(数・式の計算，平方根，確率，角度)

やや難　(1)　$2x+y=\sqrt{3}$…①　　$x+2y=\sqrt{2}$…②　　①＋②　　$3x+3y=\sqrt{3}+\sqrt{2}$より　　$x+y=\frac{\sqrt{3}+\sqrt{2}}{3}$…③　　①－②　　$x-y=\sqrt{3}-\sqrt{2}$…④　　$x^2-y^2=(x+y)(x-y)$　　これに③，④を代入すると　　$x^2-y^2=(x+y)(x-y)=\left(\frac{\sqrt{3}+\sqrt{2}}{3}\right)(\sqrt{3}-\sqrt{2})=\frac{1}{3}(\sqrt{3}+\sqrt{2})(\sqrt{3}-\sqrt{2})=\frac{1}{3}$

(2)　1つのさいころを2回投げたとき起こりうるすべての場合の数は6×6＝36(通り)　　$(a-b)^2\leqq4$ になるのは，$a-b=0$のとき，$(a,\ b)=(1,\ 1)$，$(2,\ 2)$，$(3,\ 3)$，$(4,\ 4)$，$(5,\ 5)$，$(6,\ 6)$の6通り。$a-b=\pm1$のとき，$(a,\ b)=(1,\ 2)$，$(2,\ 1)$，$(2,\ 3)$，$(3,\ 2)$，$(3,\ 4)$，$(4,\ 3)$，$(4,\ 5)$，$(5,\ 4)$，$(5,\ 6)$，$(6,\ 5)$の10通り。$a-b=\pm2$のとき，$(1,\ 3)$，$(3,\ 1)$，$(2,\ 4)$，$(4,\ 2)$，$(3,\ 5)$，$(5,\ 3)$，$(4,\ 6)$，$(6,\ 4)$の8通り。よって，全部で6＋10＋8＝24(通り)　　したがって，求める確率は，$\frac{24}{36}=\frac{2}{3}$

(3)　∠QPR＝x(°)とすると，∠APQ＝2∠QPRより，∠APR＝$3x$　　よって，∠DPR＝180

$-3x$…①　また，△PQRは，二等辺三角形より，∠PQR＝∠PRQ，内角の和は180°より，∠PRQ＝$\frac{180-x}{2}$　よって，∠PRB＝∠PRQ＋∠QRB＝$\frac{180-x}{2}+20$…②　錯角は等しいので，∠DPR＝∠PRB　①，②より，$180-3x=\frac{180-x}{2}+20$　両辺2倍して整理すると，$360-6x=180-x+40$　$-5x=-140$　$x=28$(°)　よって，∠PQR＝$\frac{180-28}{2}$＝76(°)

3 (方程式・不等式の応用)

Cには，Aから18%の食塩水xgと，Bから3%の食塩水yg，DにはAから18%の食塩水$(100-x)$g，Bから3%の食塩水$(600-y)$g入っている。食塩水の重さはCとDで等しいので，$x+y=(100-x)+(600-y)$…①　食塩水に含まれる食塩の重さは，Cが$x\times\frac{18}{100}+y\times\frac{3}{100}$(g)　Dが$(100-x)\times\frac{18}{100}+(600-y)\times\frac{3}{100}$(g)　CのほうがDより10.5g軽いので　$x\times\frac{18}{100}+y\times\frac{3}{100}+10.5=(100-x)\times\frac{18}{100}+(600-y)\times\frac{3}{100}$…②　①と②の連立方程式を解けばよい。①を整理すると，$x+y=350$…③　②を整理すると，両辺100倍して，$18x+3y+1050=18(100-x)+3(600-y)$　$18x+3y+1050=1800-18x+1800-3y$　$6x+y=425$…④　③－④より，$-5x=-75$　$x=15$　これを③に代入すると，$15+y=350$　$y=335$　よって，$x=15$，$y=335$

やや難 4 (円の性質，相似，面積，長さ)

(1)(証明)

$\overset{\frown}{BD}$に対する円周角より　∠GCF＝∠HEF…①

GHは∠BFCを2等分するから　∠CFG＝∠BFG

対頂角は等しいから　∠BFG＝∠EFH

よって，∠CFG＝∠EFH…②

①，②より

∠GCF＋∠CFG＝∠HEF+∠EFH…③

∠AGH＝∠GCF＋∠CFG，∠AHG＝∠HEF＋∠EFHより

∠AGH＝∠AHG

ゆえに，△AGHにおいて　AG＝AH

(2)①　△FGBと△FHDにおいて，弧ECに対する円周角より，∠GBF＝∠HDF…①　仮定より，∠BFG＝∠CFG…②　対頂角は等しいから∠CFG＝∠DFH…③　②，③より，∠BFG＝∠DFH…④　①，④より，2組の角がそれぞれ等しいので，△FGB∽△FHD　相似な図形の面積比は，相似比の2乗なので，GF:FH＝2:3より，△FGB:△FHD＝$2^2:3^2$＝4:9　よって，8:△FHD＝4:9　これを解いて，4△FHD＝72　△FHD＝18

②　△FGB∽△FHDより，BG:DH＝GF:HF＝2:3　よって，BG＝$2x$，DH＝$3x$とする

と，$AG=AB+BG=11+2x$　$AH=AD+DH=9+3x$　$AG=AH$より，$11+2x=9+3x$　これを解くと，$x=2$　よって，$BG=2x=2\times2=4$

③　$\triangle BGF:\triangle ABF=BG:AB=4:11$より，$8:\triangle ABF=4:11$　$\triangle ABF=22$　$\triangle AFG=\triangle BGF+\triangle ABF=30$　$\triangle AFG:\triangle AFH=GF:FH=2:3$ より，$30:\triangle AFH=2:3$　$\triangle AFH=45$　よって，$\triangle AGH=\triangle AFG+\triangle AFH=30+45=75$

やや難 **5**　**(図形と関数の応用)**

(1)　$y=ax^2$に$x=3$を代入すると，$y=9a$より$A(3,\ 9a)$，また，$x=6$を代入すると，$y=36a$より$B(6,\ 36a)$。よって，$BD=36a$，$AC=9a$，$CD=6-3=3$より，$BD=AC+CD$に代入すると，$36a=9a+3$　これを解くと，$27a=3$　$a=\frac{1}{9}$

(2)①　(1)より，$A(3,\ 1)$，$B(6,\ 4)$　直線ABの傾きは$\frac{4-1}{6-3}=1$なので，直線EC，FDの傾きはそれぞれ-1　よって，$E(2,\ 1)$，$F(2,\ 4)$となる。四角形FEAGは長方形なので，$FG=EA=1$　よって，$G(3,\ 4)$　$y=bx^2$に代入すると，$4=9b$　$b=\frac{4}{9}$

②　点$P(t,\ 0)$とすると，四角形GQPEは平行四辺形なので，$PQ/\!/EG$　よって，$Q(t+1,\ 3)$　これを$y=\frac{4}{9}x^2$に代入すると，$3=\frac{4}{9}(t+1)^2$　両辺に$\frac{9}{4}$をかけて，$(t+1)^2=\frac{27}{4}$　tについて解くと，$t+1=\pm\frac{3\sqrt{3}}{2}$　$t=-1\pm\frac{3\sqrt{3}}{2}$　$t<0$より，$t=-1-\frac{3\sqrt{3}}{2}$　したがって，Pのx座標は，$-\frac{3\sqrt{3}}{2}-1$

やや難 **6**　**(正四面体の表面積)**

(1)　$\triangle MPQ\equiv\triangle NQP$，また，$\triangle AMQ\equiv\triangle CNP$，$\triangle AMP\equiv\triangle DNQ$　よって，四面体AMPQの表面積は，$\triangle APQ+\triangle NQP+\triangle CNP+\triangle DNQ=\triangle ACD$　したがって，四面体AMPQの表面積は四面体ABCDの表面積の$\frac{1}{4}$倍になる。

(2)　(1)の結果を利用する。四面体ARTVと，正四面体ABCDにおいて，正四面体ABCDの1辺の長さを8cm，辺BDの中点をNとすると，$\triangle TRV\equiv\triangle NVR$　よって，四面体ARTVの表面積$=\triangle ABD$の面積(1辺8cmの正三角形の面積)　また，四面体AMSUと正四面体ABCDにおいて，正四面体ABCDの1辺の長さを6cm，辺BCの中点をNとすると，$\triangle UMS\equiv\triangle NSM$　よって，四面体AMSUの表面積$=\triangle ABC$(1辺6cmの正三角形の面積)。1辺8cmの正三角形と1辺6cmの正三角形の面積比は，$8^2:6^2=64:36=16:9$　したがって，四面体ARTVの表面積は四面体AMSUの表面積の$\frac{16}{9}$倍。

★ワンポイントアドバイス★

後半に向かって難易度は上がっていくので，1からミスをしないように，正確に解いていくことが重要である。また，計算処理速度を上げて後半に向けて，時間を確保しておくことにも気をつけよう。

＜英語解答＞

Ⅰ　問題A　(1)　D　(2)　C　(3)　D　(4)　C　(5)　A

問題B　問1　(1)　A　(2)　C

問2　ア　とても難しい質問1つ　イ　他の質問に答える必要はない

Ⅱ　問1　(1-a)　turns　(1-b)　share　(1-c)　deciding　(1-d)　Taking

問2　C→A→D→B　問3　B

問4　伝統的な授業とは異なり，毎日決まったスケジュールに従う必要がないこと。

問5　number of people taking DE classes is continually growing　問6　B, F

問7　①　it is difficult for some students to concentrate during DE classes. They may do something else on their computers in class.（21 words）

②　some students may have poor Internet connection. They cannot watch lectures or communicate with their classmates on the Internet.（19 words）

Ⅲ　問1　世界最大規模の河川，アマゾン川の源流から，大西洋に注ぐ河口まで泳ぎ切ること。

問2　D　問3　looked in the water to see what it was　問4　D

問5　アマゾン川流域に暮らす人々と交流し，世界の人々にアマゾン川流域の環境問題に関心を持ってもらうこと。

問6　B, G

Ⅳ　(1)　I was surprised to learn how many plastic bags are used every day.

(2)　nothing is as light and strong as plastics, so it will be difficult to stop using them.

○推定配点○

Ⅰ　問題A・問題B問1　各2点×7　他　各3点×2

Ⅱ　問1　各2点×4　問2・問3・問6　各3点×4　問4・問5　各4点×2

問7　各6点×2

Ⅲ　問1・問3・問5　各4点×3　問2・問4・問6　各2点×4　Ⅳ　各10点×2

計100点

＜英語解説＞

Ⅰ　リスニング問題解説省略。

Ⅱ　**(長文読解：語句補充，内容吟味，文整序，指示語，語句整序，条件英作文)**

(全訳)　サマンサ･ロビンソンはコンピュータをつけてメールを確認する。そして友達が言っていたユーチューブの動画をいくつか見る。それからやっとヨーロッパ歴史の授業で出される次の課題が何かを見つけることにする。大学のウェブサイトに行きサインインする。教授からのメッセージを見る。チャットルームに参加して，他に8人の学生もそこにいるのが分かる。彼らは教授からの課題について話し合い，意見を共有する。これらの学生はキャンパスに住んでいる人もいれば，1時間離れたところに住んでいる人もいる。2, 3人は別の国に住んでいる。サマンサの学習は，あなたが思うよりももっと典型的なものだ。ますます多くの大学生が，遠隔教育（DE）の受講を選択肢として考えている。学生は遠隔授業で大学の講義をコンピュータやインターネットをつかって自宅から受講できる。遠隔授業を受講することは，多くの理由から賢い決定である。

まず第一に，遠隔授業はお金の節約になる。学生は学校に車を運転していく必要がなければ，ガソリンや駐車にかかる費用が削減される。ガソリンの料金が上昇すれば，これは重要な点である。さらに，子供のいる学生であれば授業を受けるために子どもを託児所に預ける必要がない。そうすれば一ヵ月あたり数百ドルを節約できる。遠隔授業で費用がかかるのはパソコンだ。しかし，最近では500ドル以下でパソコンを買える。パソコンを買うのは良いお金の使い方だ。従来の授業を受けて1年たてば，ガソリンや駐車場代だけで500ドル以上は支払っているだろう。

遠隔授業の別の恩恵は，多くのコースと学校の選択肢があることだ。アメリカのほとんどの大学がオンライン授業を提供している。アメリカの大学の3分の1以上が自宅で学位を習得することを許可している。加えて，世界中の学校から各学期ごとに何千もの遠隔授業が利用可能である。つまり東京に住んでいる人がニューヨーク大学の授業を取ることができ，ニューヨークにいる人がロンドンの大学の授業を取ることもできるのだ。すべて現地に実際にいる必要はない。どの大学からも離れた場所に住む人々にとって，遠隔授業はさらにもっと有用だ。以前には存在しなかった，高等教育へつながるドアを開けている。人々と学校がどんなに遠く離れていたとしても，遠隔授業があればそれらをつなぎ合わせることができるのだ。

最後に，遠隔授業の最大の恩恵は柔軟なスケジュールだ。授業に時間厳守である必要はない。いつ課題を行い，いつ講義を聞き，試験を受けるかを自分で決める。朝が好きな人は課題を早くに行える。夜型の人は夕食後まで待つことができる。あなたが望めば真夜中にパジャマでテストを受けることさえできるのだ！たいていは締め切り日がある。しかし，今までの授業のように毎日厳しいスケジュールに従う必要はない。これは仕事があるためにキャンパスで授業を受けられない人々にとっては好都合だ。また，子どもを世話するために家にいなければならない親にとっても恩恵がある。これらの親は授業を取ることがまだ可能なのだ。

遠隔授業によって人々の生活はもっと楽になる。コンピュータ上で学びたい学生たちには一つの良い選択肢だ。遠隔授業はまた，学生をもっと自立した学習者となるように導く。これは重要な技術である。遠隔授業を受講する学生の数は増え続けている。遠隔授業の学生が増えるにつれて，世界はもっと小さくなるようだ。遠隔授業で生徒と学校はより近くになる。それは私達が１つのグローバル社会に住んでいるという，しるしにすぎない。

基本　問1　1-a　カッコの後ろの on に注目。turn on「スイッチを入れる」で，主語が三人称単数形。

1-b　話し合いの場で，それぞれの考えを「交換，共有する」が適切。

1-c　不定詞を目的語にとる動詞を選ぶ。be 動詞の後なので進行形で示す。

1-d　「受講する」take a course を動名詞にして主語を示す。

重要　問2　選択肢の内容は daycare に関する B と D，そして gasoline/gas に関する A と C に分かれる。A の内容の this は C を指していることから C → A となり，D のつなぎ言葉 moreover「さらに」から２つ目の話題に入るので A の後にくると判断できる。

問3　前文のオンライン授業の具体例から，住んでいる場所と授業の受講場所が違う国であることが分かる。

重要　問4　指示語 this は前文の you don’t have to follow ～ a traditional class を指す。

問5　the number of people「人々の数」を主語にし，後置修飾で taking DE classes を用いる。

重要　問6　A　遠隔授業では，生徒は他の生徒たちとコミュニケーションをとることができない。(×)

B　サマンサの大学では，生徒たちは大学近くに住む必要がなく，海外に住んでいる人さえいる。(○)　C　遠隔授業により，大学キャンパスに住む費用を払う必要が無いので，親たちは時間とお金を節約できる。(×)　D　遠隔授業ではテストを朝早くに受けることはできるが，夜遅くにはできない。(×)　E　遠隔授業では講義の厳しいスケジュールも課題の締め切りもない。(×)　F　遠隔授業は子供をもつ働く親にとってとても役に立つ。(○)

やや難　問7　Shotaは「いや，よく分からないな。いくつか問題点もあるかもよ。例えば…」と遠隔授業についての問題点について話している。遠隔授業のデメリットとして考えられるものには，下記のものがあげられる。

・We cannot see other students face to face, so it may be difficult to make good friends with and communicate with them.

・We need to keep watching our computer screen to take DE lessons. It can cause some health problems such as headaches and eye pains.

Ⅲ　**（長文読解：内容吟味，指示語，語句整序）**

（全訳）　アマゾン川は命をおびやかすピラニア，アナコンダ蛇，ワニ，オオメジロザメの住み家かつ危険な急流なので，だれもそこで泳ぎたいとは思わない。しかし，もしあなたが遠泳選手マーティン・ストレルなら，力強いアマゾン川を見て，抗い難い挑戦だと捉えるだろう。肉体と精神の力強さによって，2007年にこの男性は地球最大の川をペルーの源流からブラジルをずっと通って大西洋まで泳いだ。ストレルのような男だけが，この難しい挑戦をやり遂げることができたのだ。

ストレルはスロベニア出身の大柄の中年男性で，英語で“濡れた足”を意味するモクロノグという村で育った。ストレルは水泳がずっと大好きだった。若いときにはプール，池，小さな川で泳いだ。成長すると，ストレルは大きな川で泳ぎ始め，すぐに世界最高の遠泳選手になった。数年にわたり，ストレルはヨーロッパのドナウ川から中国の長江まで世界最長の川1万2千マイル(19,300キロ)以上を泳ぎ切った。ストレルは自分ひとりで泳ぐのが好きだ。川それ自体が一緒にいてくれればそれで良かった。川が長ければ長いほど良かった。

水泳で世界記録をもっているが，今は平和，友情そしてきれいな環境のために泳いでいる。観衆に彼が泳ぐ理由を話す。きれいな水の必要を広めるために，汚れた川で泳いだこともある。この地域の重要性に対する人々の認識を高めるためにアマゾン川で泳いだ。アマゾン熱帯雨林は世界の酸素の20パーセントを供給するが，森林破壊と汚染で脅かされている。もしストレルが人々の注意をアマゾン川に向けさせることができるなら，人々はそれを保護し救う手伝いをしたいと思うかもしれないと彼は期待した。

ストレルが泳いだ川のすべてが難敵だったが，アマゾン川はもっとも難易度が高かった。川の長さ，水量，難しい流れ，激流，そして危険な生物のため，大きなサポートチームや大量の道具が必要だった。医者とガイドの一団がストレルに同行した。時には多くの未知の生き物の存在を感じながら，ストレルは恐ろしい海の生物の中を泳いだ。彼は何かを確かめようと水の中をのぞき込むことは決してしなかった。目標に向かってただひたすら泳ぎ続けた。

道中ストレルは地元の人々と友達になった。彼が川を泳ぎ進めると，大群衆が彼に会いにやってきた。世界中の人々も報道を通してストレルの進行を見守っていた。世界がストレルとアマゾン川に注目していたのだ。

ストレルはチームとファンから支援を得ていたが，彼の最大の挑戦は精神的なものだった。港から港へと泳ぎながら一日10時間を水中で一人で過ごすので，心を落ち着かせなければならなかった。彼に聞こえるのは自分の安定した呼吸と水の中の腕の音だけだ。彼は何時間もの時間を彼の家族の夢で満たした。港に入ると，自分のペースをためらわずに一定のペースで泳ごうとした。声援を送る群衆の音が聞こえるが，岸につくまではファンたちを見ようとしなかった。そして彼は腕をあげてほほ笑むのだった。

3,274マイル（5,269キロ）と66日を川で過ごした後，自然や孤独と戦いながら，ストレルはアマゾン川が大西洋と合流するブラジルのベレンにやっと到着した。陸上に上がった時には，26ポンド体重が軽くなり安堵の笑みを浮かべた。彼はアマゾン川を泳いだ最初の人になった。また彼は別の目標も成し遂げた。異文化間の友情を築き，世界中がこの環境的に重要な地域について考えるように手助けしたのだ。

基本　問1　直前の Using his physical ~ the Atlantic Ocean in 2007 をまとめる。

問2　直後の文が説明となっている。

重要　問3　この段落では述語動詞が過去形なので，looked in を述語にする。

重要　問4　直後の文に he had to calm his mind とあることから D が正解。

重要　問5　his other goal は直後の文に書かれている。

問6　A　ストレルは子供の時に海で泳ぐ方法を習得した。(×)　B　ストレルはドナウ川と長江を泳いだことがある。(○)　C　ストレルは自分一人で泳ぐよりも他の人と共に泳ぐのが好きだ。(×)　D　ストレルは水泳の世界記録を持っていない。(×)　E　アマゾン地域の自然環境は良くなってきている。(×)　F　ストレルが完泳するまで彼のアマゾン水泳を誰も聞いたことがなかった。(×)　G　ストレルはアマゾン川を66日で泳ぎ，26ポンドやせた。(○)

Ⅳ　〔条件英作文〕

(1)　「～を知って驚いた」は be surprised to know/learn that と表現できる。「レジ袋が毎日どれだけ使われているか」は間接疑問文として that 節の中で用いる。

(2)　「A ほど…なものはない」は〈nothing is as …as A/nothing is 比較級 than A〉または〈there is nothing 比較級 than A〉と表現できる。

★ワンポイントアドバイス★

長文が2題あり，読む量も設問も多い。指示語に関する設問が多いので，前後関係を把握する必要がある。日頃から段落ごとの要点を押さえながら長文を読む習慣をつけておこう。英作文では，自分の意見を述べることができるように演習しておこう。

<国語解答>

一　問一　エ　　問二　A　耳　　B　息　　C　水　　問三　ウ

問四　環境が差別者をつくる　　問五　(例)　睨みつけた　　問六　エ

問七　(例)　自分が口にしたことは間違っていないと思うものの，自分の言葉に対する女性の反応を見て，その人が根っからの悪意の持ち主ではないのだと実感したことで，自分の伝え方が正しかったのか悩ましく思う気持ちが生まれ，いたたまれなくなっている。

問八　いずれにし

問九　(例)　自分が感じ取ったささやかな悪意によって，自分がわずかに傷つけられたことを認識しながらも，何もなかったことにしてその場をやり過ごそうとすること。

問十　（例）「正しさに溺れる」とは，自分の主張は正しいのだという思いが強くなりすぎることで，相手のことを考えずに，一方的に強い主張をしつづけてしまう態度のことだと筆者は考えており，そのような態度は相手の聞く耳を閉ざし，結果としてこちらの主張が届かないという状況をもたらすことになる。

問十一　a　戸惑（って）　b　処世　c　励（まして）　d　瞬間　e　頑（なさ）

二　問一　ア　問二　（例）特別な　問三　イ・カ

問四　（例）一年越しの蟇との再会の約束を果たすべく暗い夜道を一人やってきたが，聞き覚えのある物音を聞いて蟇も約束を果たそうとしていることがわかり，うれしく思っている。　問五　夜の道や，～らせること　問六　詩のことば～んで息づく

問七　（例）朗誦という行為は，詩人の発した言葉を，心情のゆれと音の流れの交錯を楽しみつつ，自分自身の声として音に出すことであり，それによりことばを媒介に書き手と読み手の経験と心情の重なり合いが感じられ，両者の共有世界が生じる。

○推定配点○

一　問七・問九　各10点×2　問十　12点　他　各2点×14

二　問四　10点　問七　12点　他　各3点×6　計100点

＜国語解説＞

一　（随筆文―情景・心情，内容吟味，脱語補充，漢字の書き取り，熟語，慣用句，長文記述）

基本　問一「欠落」は，二つの類義関係にある動詞，「欠ける」＋「落ちる」の熟語化。エの「削除」も「削る」＋「除く」の熟語化。アの授受は「授ける」＋「受ける」の熟語化だが，二つの動詞は対義関係。

基本　問二　A「耳を疑う」は，「聞いたことが信じられない」意味の慣用句。　B「息を呑む」は，「驚きなどで，一瞬息を止める」意味。　C「水を打ったよう」は，「その場にいた人々が静まり返る」様子を表す。

基本　問三　傍線部②の直後に「どちらの女性も息子たちを特にたしなめない」とあることから，この時点では，母親の，子供たちへの態度に関心の焦点があった，と判断できるので，ウが最もふさわしい。

重要　問四　息子たちの発言は「差別」にあたるので，「差別」に言及していて，筆者の内心の声を，特に（　）の括弧つきで表している部分に着目する。内容的にも，傍線部③の「かのじょたちの息子であるからこそ」が，括弧内の「環境が」に対応する。

基本　問五　直前に「見つめる」とあるところから，「怒りの感情で見る」意味の言葉を入れると良い。「睨む」を含む表現が適当。

基本　問六　直後に母親たちに抗議の言葉を語っていることから，呼吸を整え一度落ち着く必要があった，と解するのが妥当。他の選択肢では，傍線部④の「深呼吸」の意味がはっきりしない。

やや難　問七　傍線部⑤に「狂おしく」とあることから，自分の感情がまとまらずに葛藤している心情が察せられる。ここでは，「言うべきことを言った」という自負と，「この伝え方で良かったのか」という苦しさが，せめぎ合っている。その直接の原因は，「この方の言うとおりよ」

という女性の発言で,「このひとは根っからのわるいひとではない」と感じたことにあった。以上の要素を整理して過不足なくまとめる。

基本 問八　欠文が「あるいは」で始まるので，その直前に対比される文が来ると予測できる。「わたしがうっとうしい」のは，母親の感情と判断できるので，傍線部⑤を含む段落から，「どんな顔をしたらいいのかわからなかったのだろう。」が直前の文としてピックアップできる。次の一文の冒頭，「いずれにしても」も，二つ以上のことがらを対比させた後で使われることが多いので，文脈の流れに適合する。

やや難 問九　筆者は「ことばの孕む棘」によって傷つけられている。まず，その傷について具体化した上で，傍線部⑥の「気づかないふりをする」を「何もなかったことにする」や「その場をやり過ごそうとする」などの表現を使って言い換える。

重要 問十 「正しさ」について言及している後半部から,「(正しいという) 感覚が行き過ぎるとわたしの声は甲高くなるばかりで，とたんに息苦しくなってくる。どんなに正しいことでも，聞く耳を持ってもらえないなら意味はない」の部分に着目する。ここでも，筆者は葛藤しており，その内容を過不足なくまとめる。

基本 問十一　aの「戸惑う」の「惑」や，dの「瞬間」の「瞬」は，間違えやすい字なので正確に。bの「処世」はやや難。同音異義語のある熟語は意味の違いも確認しておく。cの「励まして」，eの「頑なさ」は，いずれも基本漢字なので，確実に抑えておく。

二　**(詩と論説文一大意・要旨，情景・心情，内容吟味，文脈把握，表現技法，長文記述)**

基本 問一　イの「倒置法」は，最終行の「テーブルの上の胡椒入れのように」が,「それはいつでもきみの目の前にある。」の行と倒置の関係にあり，該当する。ウの「反復法」は,「ちがう」が反復されており，該当。エの「体言止め」は,「ありふれたもの」「みていないもの」と，行末に体言の「もの」が使われている。アがふさわしくない。

重要 問二 「とんでもないものじゃない」と同じニュアンスで「ありふれたもの」という表現も出てくる。その点からも「ありふれた」と対照的な意味の言葉が導き出せる。「特別な」「特殊な」などが適合する。

重要 問三　Ⅱの文章に引用されている，詩人の言葉に「言葉は一人から一人への伝言。」とあることから，イはふさわしい。エも「一人ひとり」に言及しているが,「国境を越えて」が当たらない。また,Ⅱに「さりげないしあわせ」とあることから,カがふさわしい。オも「しあわせ」に言及しているが,「すべてのもの」だと，Ⅰの詩の内容に合致しない。アは「思い入れの深い題材に」，ウは「とらえることが難しい」が的外れなので，はじめから除外してよい。

やや難 問四 「蟇」という「友人」に,「きみ」(＝作者) が感じた思いをまとめる。「きみ」は「蟇」と再会する約束をした心持ちで，季節の一巡を寿（ことほ）いでいる。

基本 問五　鑑賞文の中で,「友人」の詩の言葉が多用されている部分を探せば，答えが見つかる。75字以上80字以内という細かな字数確認に手間取るのが難点だが，焦らずに確かめること。

重要 問六　傍線部④の直後に「，と詩人は考えたのであろう。」と続いているので,「詩の作り手」の側からの説明を探す。傍線部を含む段落の，次の段落に「詩の作り手の側としては」で始まる一文があり，その内容から答えを導き出す。

重要 問七 「朗誦」とは「声に出して（ここでは詩を）読むこと」であり，傍線部⑤を含む段落と，その直前の段落に，詳しく説明されている。両段落から,「心情のゆれ」「音の流れ」「自分自身のことば（声）として」「ことばを媒介にして」「(書き手と読み手の) 経験と心情が～重なり合う」「共有世界」などのキーワードやキーフレーズを引用して，上手に説明しよう。

★ワンポイントアドバイス★

説明的文章，文学的文章ともに，きめ細かな記述力が要求されている。記述に過不足がないか，制限時間内で確認する時間を作れるとベストだが，最初の段階で，ある程度の完成度で書けると，失点があっても最低限におさえられるはずだ。

2020年度

★★★★★★★★★★★★★★★★★★★★★★★★

入　試　問　題

2020年度

桐朋高等学校入試問題

【数　学】（50分）　＜満点：100点＞

【注意】 答えが無理数となる場合は，小数に直さずに無理数のままで書いておくこと。また，円周率はπとすること。

1 次の問いに答えよ。

⑴　$9x^3y\times\left(-\frac{1}{10}xy^4\right)\div\left(-\frac{3}{5}x^2y\right)^2$ を計算せよ。

⑵　$(\sqrt{5}-2)(\sqrt{5}+3)-\frac{(\sqrt{7}-\sqrt{2})(\sqrt{7}+\sqrt{2})}{\sqrt{20}}$ を計算せよ。

⑶　２次方程式 $(x-5)^2+3(x-5)-9=0$ を解け。

2 次の問いに答えよ。

⑴　座標平面上に２点A$(1,\ 7)$，B$(6,\ -2)$がある。直線 $y=ax+2$ と線分ABが共有する点をもつように，aの値の範囲を定めよ。ただし，線分ABは点Aと点Bを含むものとする。

⑵　大，小２つのさいころを投げ，大きなさいころの出た目をa，小さなさいころの出た目をbとする。このとき，$\frac{b}{a}$の値が整数となる確率を求めよ。

⑶　xについての２次方程式 $ax^2-3a^2x-18=0$ の解が $x=-3$ だけであるとき，aの値を求めよ。

3 下の表は，Ｔスポーツクラブの１月から４月までの会員数を表したものである。この表で次のことが分かった。

月	1月	2月	3月	4月
会員数(人)	a	368	356	347

２月，３月，４月の会員数は，それぞれ，その前の月の会員のx％の人がやめ，y人が新しく会員に加わった人数になっている。

⑴　x，yの連立方程式をつくり，x，yの値を求めよ。答えのみでなく求め方も書くこと。

⑵　表のaの値を求めよ。

4　右の図のように，放物線 $y=ax^2$（$a>0$）上に４点Ａ，Ｂ，Ｃ，Ｄがあり，Ｃ，Ｄの x 座標はそれぞれ２，６である。四角形ABCDはADとBCが x 軸と平行な台形で，その面積は64である。

⑴　a の値を求めよ。

⑵　点（１，０）を通り，台形ABCDの面積を２等分する直線の方程式を求めよ。

⑶　点Ｐ（０，t）とする。点Ｐを
台形ABCD＝△PAC
となるようにとるとき，t の値を求めよ。ただし，$t>0$ とする。

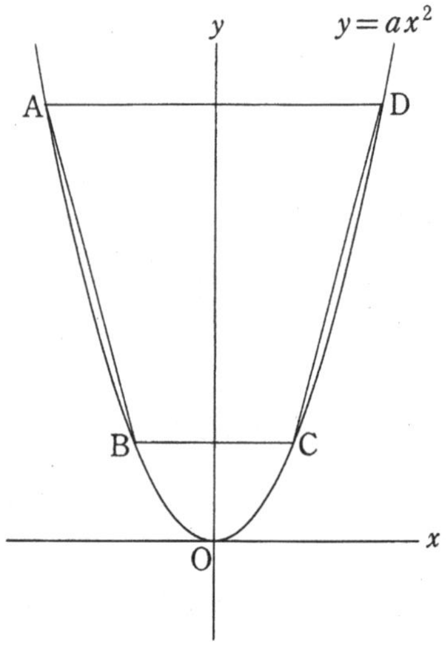

5　右の図の四角形ABCDにおいて，
∠ABC＝∠CDA＝90°である。
辺AB上に点Ｅ，辺BCの延長線上に点Ｆがあり，
∠EDF＝90°である。

⑴　△AED∽△CFD であることを証明せよ。

⑵　AE＝６，EB＝５，BC＝２，CF＝８ のとき，次のものを求めよ。

①　ACの長さ　　②　ADの長さ

③　DFの長さ　　④　四角形ABFDの面積

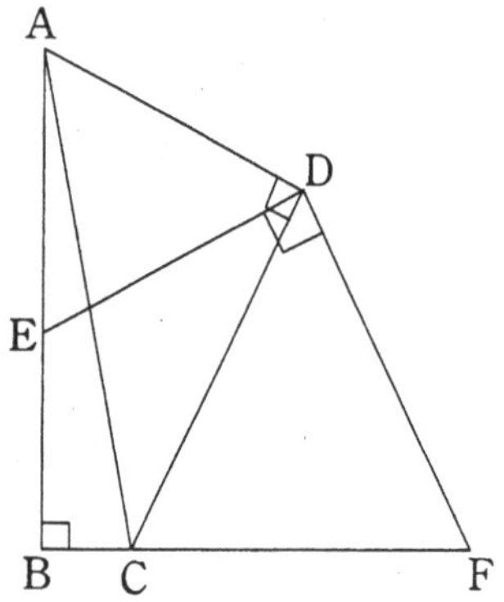

6　右の図のように，Ｐを頂点とし　円Ｏを底面とする円錐がある。円Ｏの半径は１で，母線PQの長さは４である。点Ｑから円錐の側面上を１周して点Ｑにもどる曲線のうち，長さが最短となるものを ℓ とする。
また，円Ｏの周上に３点Ａ，Ｂ，Ｃを
$\overset{\frown}{AB}:\overset{\frown}{BC}:\overset{\frown}{CQ}:\overset{\frown}{QA}=2:2:1:1$
となるようにとり，３つの母線PA，PB，PCと ℓ との交点をそれぞれＤ，Ｅ，Ｆとする。

⑴　次のものを求めよ。

①　PEの長さ　　②　PDの長さ

⑵　△PDE，△PEF，△PFD，△ODE，△OEF，△OFDで囲まれた六面体について，次のものを求めよ。

①　DFの長さ　　②　六面体ODEFPの体積

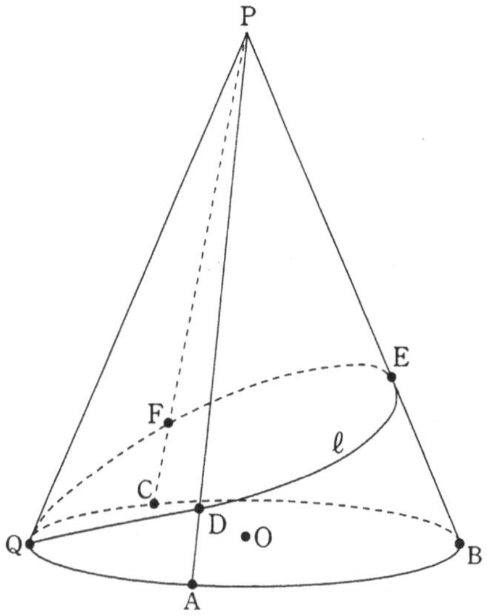

【英　語】（50分）　＜満点：100点＞

【注意】リスニングテスト中，メモを取ってもかまわない。

I　リスニング問題　放送を聞いて次のＡ，Ｂの問題に答えなさい。

注意　リスニングテスト中は筆記問題に進んではいけません。

問題Ａ　これから英語で短い対話を放送します。そのあとでその対話についての質問がなされますから，その答えとして最も適切なものを選び，記号で答えなさい。対話と質問は１回だけ読まれます。

(1) A. Go to school.
B. Go shopping.
C. Wash the dishes.
D. Buy some dishes.

(2) A. He is not good at English.
B. He likes Japanese better.
C. He didn't study enough.
D. He studied for a *kanji* test.

(3) A. Go to Takayama by bus.
B. Take the bus to the Tourist Information Center.
C. Ride the train to Nagoya.
D. Wait for a train for two hours.

(4) A. He is going to have dinner.
B. He is going to see a movie.
C. He is not good at singing.
D. He went to *karaoke* last Sunday, too.

(5) A. Around 3:20.
B. Around 3:30.
C. Around 4:00.
D. Around 4:30.

問題Ｂ　これから放送される英文について，以下の問いに答えなさい。英文は２回読まれます。

問１　以下の質問の答えとして最も適切なものを選び，記号で答えなさい。

(1) What did the lady buy at the shops?
A. Some kitchen goods.
B. A mouse-trap.
C. Some cheese.
D. A magazine.

(2) Why didn't the lady go back to the shops?
A. Because she had to keep watching the mouse.
B. Because she did not have anything to buy.
C. Because it was very late.

D. Because she wanted to read a magazine.

問2　女性の取った行動とその結果について，以下の文を完成させなさい。ただし，（　）内にはそれぞれ6字以内の日本語を入れること。

女性がネズミ捕りの中に（　ア　）を置いたら，翌朝にはその隣に（　イ　）が置いてあった。

STOP　　STOP　　STOP

リスニングテストが終わるまで筆記問題に進んではいけません。

※リスニングテストの放送台本は，問題の最後に掲載してあります。

Ⅱ　次の英文を読んで，後の問いに答えなさい。

Joseph Campbell (1904-1987) spent his life answering this question: What is a hero? Campbell was a professor of literature and religion at Sarah Lawrence College in New York. He studied and taught hero stories from around the world. Over the years, he noticed that a lot of myths — a kind of hero story — are very similar. In old myths or new ones, whether from Asia, Africa, or South America, the world's hero stories all have the same basic shape. The *details of the stories may (1), but every hero story has the same three parts.

During the first part of any hero story, the hero starts a journey. This can be a trip from one country to another. It can be an adventure into outer space. It can be a journey into a dream world. Often the hero does not, at first, want to go on this journey. But in the end, (2) he agrees. He leaves the safety of his home, friends, and family and goes to this new place. This place is very different from the hero's home and is often dark and dangerous. Sometimes there is a mentor or a teacher who helps the hero understand this new place. The mentor (3)[the hero / or information / he / gives / the tools] needs. For example, a kind old lady on the road may give our hero a map for his journey. A stranger may give the young hero the key to the door of the enemy king's castle.

The second part in the hero story is the most exciting. This is when the hero must pass (4) some kind of test or challenge. A common example of a test is fighting a monster. In these stories, the monster is much bigger and stranger than our hero. The hero and the readers do not, at first, believe he can kill the monster. Other common challenges *include solving a problem or facing a fear such as the fear of snakes. In any challenge, the hero must use his *strength, intelligence and heart to pass the test. He must kill the dragon, answer the question, or trust his feelings. Of course, in the end, he always succeeds.

[A] Finally, in the third part of the hero story, the hero returns home. [B] He is a different person now and brings what he has acquired or learned on his journey — wealth, knowledge, and *wisdom — to share with his family and friends. [C] Sometimes his enemies are *embarrassed. [D] Sometimes his family and his friends become rich. [E] Sometimes the hero's town becomes free.

Campbell believes that the adventure of the hero is the adventure of being alive. Campbell spent his life studying myths because he loved the stories and believed they were important. He believed that the hero's journey is similar to a person's life. All people live through difficult struggles (the test or challenge) and must use their (5) to succeed. He says that by going down into the darkness we find the treasures of life. (6) He explains that the *cave we are afraid to enter has the treasure we are looking for and that when we *stumble, then we will find gold. In short, Campbell believes that *opportunities to find deeper powers within ourselves come when life seems most difficult.

[注] detail：細部　include：～を含む　strength：力，強さ　wisdom：知恵
embarrassed：恥ずかしく思っている　cave：洞穴　stumble：つまずく　opportunity：機会

問１　空所（１）に入る最も適切なものを以下より選び，記号で答えなさい。

A．happen　B．change　C．appear　D．turn

問２　下線部(2)について，何に「同意する」のか，日本語で説明しなさい。

問３　下線部(3)の［　］内の語句を並べかえて，意味の通る英文にしなさい。

問４　下線部(4)の具体例を３つ，それぞれ10字程度の日本語で説明しなさい。

問５　第４段落からは，以下の文が抜けています。この文が入る位置を，同じ段落の［A］～［E］の中から選び，記号で答えなさい。

When he returns home, others are also *affected by his journey.

affect：～に影響をおよぼす

問６　空所（５）に入れるのに適切な４語を本文中より抜き出して書きなさい。

問７　下線部(6)を日本語にしなさい。

問８　最後の段落にある波線部について，その具体例として語ることのできるあなたの経験を一つ挙げ，40語程度の英語で書きなさい。

Ⅲ　デンキウナギ（electric eels）に関する次の英文を読んで，後の設問に答えなさい。

Did you know that electric eels have (1) quite a misleading name? They do! That's because even though it's true they are electric, they're actually not eels! Instead they are a kind of fish ア(call) "knife-fish." They are closely related to carp and *catfish. The most interesting thing about electric eels is that they can produce an *electric charge. The shock can go up to 600 volts. That is (2)[produced / than / five times / the electricity / stronger] in a regular *wall socket. This can knock down a full grown horse. That's pretty powerful!

The body of an electric eel contains three pairs of special *abdominal organs that produce electricity. These organs can produce two types of electricity: high *voltage and low voltage. Electric eels use their charge to hunt and protect themselves. They also use the charge in another way. Since these eels have poor eyesight, they don't *rely on their eyes to see. Instead, they give out a weak electric signal that they use like radar. This radar helps them find their way around. It also helps them find where their *prey is.

Electric eels live in fresh water. They are (3) nocturnal, which means they sleep during the day and are active at night. They mostly live in rivers in South America. They like dark waters, mud, and caves. Most of their time is イ(spend) underwater. *Once in a while, they come up to the *surface to breathe. This is pretty unusual. Let's take a look why.

Almost all *species of fish breathe *oxygen in the water, through their *gills. The electric eel, however, is quite different. Electric eels live in waters that have very low levels of oxygen. As a result, they have *adapted to (4)their environment in a way that allows them to breathe air. An electric eel will regularly come to the surface about every ten minutes to *inhale air through its mouth, then it will swim back to the bottom of the water.

Electric eels are *carnivores, so they love to eat meat. They like to *chomp on fish, shrimp, and other small animals like birds or rats. They are very good at ウ(attack) their prey, and their teeth are really sharp. Electric eels like to dig in the sand and hide there. (5) That way, they can launch surprise attacks on their prey.

Electric eels are pretty amazing travelers. Some of them even travel up to 4,000 miles to find a mate. That's a long way! This journey can take over 7 months. After they mate, the male uses his *saliva to make a nest for eggs. The female can lay up to 17,000 eggs.

Electric eels have long, thin bodies. They can be white, black, blue, purple, or gray in color. They can grow to be quite big, even as long as 8 feet! That's taller than most people. They can weigh up to 44 pounds. Some people may be afraid of them since they can look a bit *creepy and they produce electric charges. But there's no need to worry. (6) It is very unusual for you to come in contact with one. And they *rarely harm humans. In fact, they are afraid of people. In some cultures, people eat electric eels. They are a *delicacy. Since the blood can be *toxic, the eels need to be fully cooked. Would you eat one?

［注］ catfish：ナマズ　electric charge：電荷　wall socket：壁コンセント
abdominal organs：腹部組織　voltage：電圧　rely on：～に依存する　prey：獲物
once in a while：時々　surface：水面　species：種・種類　oxygen：酸素　gill：えら
adapt to：～に適応する　inhale：～を吸い込む　carnivore：肉食動物
chomp on：～をむしゃむしゃ食べる　saliva：唾液　creepy：気味が悪い
rarely：めったに～しない　delicacy：珍味　toxic：有毒な

問１　下線部(1)について，なぜ「誤解を招く名前」であるのか，その理由を簡潔に日本語で述べなさい。

問２　下線部(2)の［　］内の語句を並べかえて，意味の通る英文にしなさい。

問３　下線部(3)の語の意味を，以下の空欄に漢字２字を補って答えなさい。

□□性

問４　下線部(4)の内容を15字以内の日本語で説明しなさい。

問５　下線部(5)について，デンキウナギは獲物を急襲するためにどのようなことをしますか。本文に即して，簡潔に日本語で述べなさい。

問６　下線部(6)を日本語にしなさい。

問７　文中のア～ウの（　）内の動詞を適切な形にしなさい。

問８　本文の内容に合うものを以下より二つ選び，記号で答えなさい。

A．Electric shock produced by an electric eel is strong enough to knock down a horse.

B．Recent studies have not yet found how electric eels produce electricity.

C．Since electric eels have poor eyesight, they use a low-level electric charge that helps them find their food.

D．Electric eels can be found in the deep waters of the Pacific Ocean.

E．Electric eels do not need to get oxygen to survive like other fish.

F．Electric eels often kill humans by drowning them after giving them an electric shock.

Ⅳ　次の(1)，(2)を英語にしなさい。(2)は下線部だけでよい。

(1)　トムは日本に来てまだ１週間で，この町のことは右も左もわからないんだ。

(2)　言いたいことは山ほどあったが，彼は何も言わずに部屋を後にした。

2020年度　英語入試問題＜リスニング放送原稿＞

M ... male speaker　　F ... female speaker

問題A

M：One.

M：Mary, can you wash the dishes for me?　I have to go shopping now.

F：I washed them yesterday.　It's your turn today.

M：I know, Mary.　But I need to buy a notebook.　I need it at school tomorrow.　I'll do the dishes for the rest of the week.　I promise!

F：All right, then.　Only this time, though.

M：Question: What will the man do now?

M：Two.

F：Hi, Takeo!　How was your English test?

M : It was terrible. I didn't have enough time to study because I had my big baseball match during the weekend.

F : Oh, that's a pity.

M : I have to do better on the *kanji* test tomorrow, or Mom will get angry!

F : Question: Why did Takeo do badly on the English test?

M : Three.

[TELEPHONE RINGTONE]

M : Hello, this is Nagoya Tourist Information Center. How can I help you?

F : Yes, I'd like to know how I can get to Takayama from Nagoya.

M : Well, if you go by bus, it'll take about three hours. If you take the train, you can get there in about two hours, but it's more expensive.

F : Thank you. I'll take the cheaper option.

M : Question: What is the woman going to do?

M : Four.

[TELEPHONE RINGTONE]

M : Hello?

F : Hi, Billy. This is Mom. Do you want to go to *karaoke* together with Dad and me on Sunday?

M : Sorry, Mom. I promised my girlfriend I'd go to see a movie with her that day.

F : I see. How about Saturday, then? We can also have dinner after that.

M : That'll be great, Mom. I'll have to practice singing for it then!

F : Question: Why won't Billy go to *karaoke* on Sunday?

M : Five.

M : Hello. I'm here to see Dr. Taylor at 3:20, but I'm ten minutes late. I'm so sorry.

F : You must be Nick Harrison. Please take a seat in the waiting room.

M : Will I have to wait long?

F : Well, about half an hour. The doctor is seeing three more patients before you.

M : Question: When will Mr. Harrison see the doctor?

問題B

M : One day a lady saw a mouse running across her kitchen floor. She was very afraid of mice, so she ran out of the house, got in a bus and went down to the shops. There she bought a mouse-trap. The shopkeeper said to her, "Put some cheese in it, and you will soon catch that mouse."

The lady went home with her mouse-trap, but when she looked in the fridge, she could not find any cheese in it. She did not want to go back to the shops, because it was very late, so she cut a picture of some cheese out of a magazine and put that in the trap.

Surprisingly, the picture of the cheese was quite successful! When the lady came down to the kitchen the next morning, there was a picture of a mouse in the trap beside the picture of the cheese!

えなさい。

問六　――線部③「幻想が破れつつある」とは、どういうことか。ふさわしい具体例を挙げて説明しなさい。

問七　――線部④について。筆者が「普通の」にカギ括弧《かっこ》を用いているのはなぜだと考えられるか。次の中から最もふさわしいものを選び、記号で答えなさい。

ア　日本とベルリンでは様々な方面において普通という概念が異なっていると感じているから。

イ　日本の会社では社会福祉を目的とすることが普通になっていると感じているから。

ウ　ベルリンの普通の会社では利益を第一の目的としていないと感じているから。

エ　利益だけを目的とすることが必ずしも普通ではないと感じているから。

問八　次の文章を参考に、ベルリンという都市のもつ歴史をふまえながら、――線部⑤の「ベルリンらし」さとはどのようなものかを説明しなさい。

　ベルリンの壁崩壊に一片の映画がどれだけの影響を与えたのか？　それを正確に立証することはできないが、一九八七年、ヴィム・ヴェンダースの映画『ベルリン・天使の詩《うた》』は、壁の崩壊が予測され始めた年にベルリンで公開された。この映画に込められていたのは、壁を取り壊すのは私たち一人ひとりの責務であり、決意を込めた行動であるというメッセージだった。それが、どれだけ当時の人々の実際の行動に結びついたかは不明である。しかし、壁が崩壊に向かうだろうという時代の予感の只中《ただなか》でこの映画は公開された。

　映画に描かれた「天使」は、人間の日々の小さな営みを記憶し続け、時に人間の弱さや悲しみにただ寄り添うだけの存在だ。サーカスの空中ブランコの舞姫マリオンに恋した天使ダミエルは、天使の永遠の命よりも限られた生を全うする人間であることを選ぶ。天使が感じる世界は人間の感覚とは違う。世界の色もマリオンの匂いもコーヒーの味も、天使にはわからない。ダミエルは人間に「堕《お》ちる」ことで人間を知る。人間を救おうとしても、ベルリンという街はあまりにも罪深いがゆえに天使は傍観者でしかなかった。ならば人間となってその罪深さや慈悲までを背負い、生きる全ての喜びや悲しみをかけて現実と向かい合う。そんな天使の切ない存在感は、人間の営みそのものの写像だった。

　ベルリンの天使は、どこの天使より罪深い人間たちと向かい合っている。大規模な虐殺と戦争による市民の死、瓦礫《がれき》の山からの復興は東西ベルリンに分断された冷戦の壁に引き継がれてきた。壁を終わらせる以外に、ベルリンの再生はない。瓦礫の山をひとつひとつ取り払い、この街の再生に助力しようとも、街の人々にその強い意思がなければ、ここは廃墟《はいきょ》のままである。

　ベルリンの瓦礫の山をどうするのか？　映画は観客にベルリンへの強い意思を促し、最後に「乗船完了！」と締めくくる。ベルリンの壁を取り払うための「意思の船」に世界中の観客が乗り込んだ瞬間だった。

（武邑光裕『ベルリン・都市・未来』による）

け声をかけられずにいた。それを怒鳴りつける先輩の言葉はかなり乱暴で、殴り合いの喧嘩《けんか》になるのではないかと私はひやひやしたが、①言われた方は怒りも傷つきもしない。先輩の方も乱暴なのは言葉の選び方だけで、しばらく見ていると、後輩に丁寧にコツを教え続けていた。

　休憩時間が来たのでコーヒーを煎《い》れて出した。青年たちは輪になって床にすわり、持って来たパンなどを食べている。食べ終わると小さなトランジスタラジオのスイッチを入れ、身を寄せ合ってスポーツの実況中継を聴いていた。主任は床に落ちていた日本語の文庫本を拾ってページをめくり、いつまでも面白そうに眺めている。そのうち「日本語ですよね。人類学の本ですか。何かの儀式の挿絵がありますね」と話しかけてきた。さっきの新米君も本をのぞきこみ、「この字はどういう意味ですか」などと私にcタズね、その場で漢字を覚えようとしている。②この子の人生はまだまだこれからだ。いつの日か、東アジアの文学を教える大学教授になるかもしれない。

　休憩後も作業は続いた。本を詰めた段ボールは重い。二個重ねて人の背中にのせる人、それを背負って踊り場まで運ぶ人、踊り場で交代して下の階まで運ぶ人、受け取って部屋に運び入れる人。額からだらだら汗を流し、全員が一つの流れになっていく。作業は速度を増し、みんなの呼吸はぴったり合っている。これだけ力を合わせて働くことのできる人間という生き物は本来、蟻《あり》やミツバチに負けないくらい共同作業が得意なのかもしれない。それをどこでどう間違えたのか。各個人が人と競争しながら自分だけの利益を追い求めれば社会全体が自然と豊かになっていく、という③幻想が破れつつある時代を今私たちは生きている。

　後日、請求書といっしょにシナノンの情報誌が送られてきた。アメリカにあった同名のプロジェクトにヒントを得て、ベルリンに依存症回復施設「シナノン」がつくられたのは七十年代の初頭のこと。少し後で、日本でもベルリン動物園駅裏でdヒサンな日々を送る麻薬中毒少女クリスチアーネを主人公にした小説が翻訳され、私も学生時代に読んだのを覚えている。シナノンはできた当時から今日まで一貫して、希望者は週末でも夜中でもeヤッカイな書類手続きや入居待ちなど一切なく、すぐに受け入れる方針でやってきたそうだ。施設で共同生活をしながら、まず薬物を断つ治療が行われる。それから社会復帰のために、シナノンの引っ越し会社、工房、牧場などで働くことができる。希望があれば働きながら、庭師、家具職人、調理師などの職業資格もとれる。

　最初から利益ではなく社会福祉を目的にしてできた会社が経営上も④「普通の」会社に負けずに成功しているところが⑤ベルリンらしい。

（多和田葉子『ベルリン通信』二〇一九年七月三〇日　朝日新聞による）

問一　＝＝線部a～eのカタカナをそれぞれ漢字に直しなさい。

問二　[A]を補うのに最もふさわしいことばを本文中から抜き出して答えなさい。

問三　[B]を補うのにふさわしい表現を考え、一五字以内で書きなさい。

問四　――線部①について。「怒りも傷つきもしない」のはなぜだろうか。――線部①を含む段落の内容から考え、自分のことばで説明しなさい。

問五　――線部②について。こうした筆者の思いは、「この子」に対してだけではないようだ。そのことが読み取れる描写として最もふさわしいところを、本文中からひと続きの二文で抜き出し、最初の五字を答

中から選び、記号で答えなさい。

ア　奈央と先生　　イ　奈央とメソポタミアの羊飼い

ウ　やぎ座とみずがめ座　　エ　星座とメソポタミアの羊飼い

問九　――線部⑨「その上をいった」とはどういうことか。次の中から最もふさわしいものを選び、記号で答えなさい。

ア　奈央以上にふざけているようでしかしユニークなことを言ってきたということ。

イ　奈央以上に詩的な、やはり小説家だと感じさせることを言ってきたということ。

ウ　奈央以上に非現実的な、見当違いな推測に基づくことを言ってきたということ。

エ　奈央以上に理屈っぽさを離れた、ロマンチックなことを言ってきたということ。

問十　――線部⑩「鷹揚《おうよう》」の意味として最もふさわしいものを次の中から選び、記号で答えなさい。

ア　ゆったりと落ち着いていること。

イ　いちずで目標が高いこと。

ウ　気品があって控えめであること。

エ　冷静で論理的であること。

二　次の文章を読み、後の問に答えなさい。

「麻薬のない人生」と書かれた真っ白なバンが家の前に停《と》まり、黒いTシャツとバミューダショーツ姿の二十歳前後の若者たちが数人降りて来たのが窓から見えた。最後にファイルをかかえてゆっくりと降りてきたのは四十代の長身の男性で、彼が主任だとあとで判明した。

　私は今年になって同じ建物の中で四階から三階に引っ越すことになり、シナノン（Synanon）という引っ越し会社を友達に勧められた。仕事が丁寧なので大変評判がよく、四十年以上のaギョウセキを誇るだけでなく、シナノンにはある特色がある。麻薬やアルコール中毒から立ち直り、[A]を目指す若者たちだけが働く会社なのだ。

　若者たちの日焼けした顔には、くぐり抜けてきた苦労の痕跡《こんせき》と、若さだけの持つ柔らかさが混在していた。どの顔にも、しっかりやるぞという強い決意が現れている。みんな腕や足に入れ墨をしている。もっとも最近のドイツでは、若い人の三割はタトゥーをしているのでこれは特別なことではない。

　同じ建物内での引っ越しなので楽なはずだが、書籍を詰めた段ボールが百八十個もあるのが難点だった。引っ越し前に蔵書の量を少しでも減らそうと一応努力はしたが、あまり減っていない。手放す前に大切な点だけメモしておこうと読み返しているうちに手放せなくなった本も多かった。

　暑い日だった。主任は全体の流れをみんなに説明し、それから後は本人たちに任せ、自分は棚の位置を測るなど細かい作業にbボットウした。各自が[B]ように促しているのだろう。始めのうちはスタンドランプや椅子を思いつきでばらばらに運んでいるだけで仕事に勢いがなかった。重い家具を運ぶ段になると緊張感が出てきた。一人で運ぶのが無理な場合は二人で力を合わせて運ぶことになるが、方向を変える時や下ろす時、二人の息がぴったり合わなければ怪我《けが》をする。一人まだ十代と思われる新米がいて、角を曲がる時や家具を下ろす時に上手《うま》く掛

丸帽…「先生」を引き継ぐ際に代々渡されてきた、「先生」であることを表す、上部が円形の学生帽。

蔵島先生…歴代の「先生」の一人。九十歳を超えている。

アルバトロス…大学の近所にある定食屋。さまざまな本や漫画が置いてある。

『天才ファミリー・カンパニー』…二ノ宮知子の漫画。

大いなる助走…奈央が「先生」と知り合った日、いつまでも学部を卒業せずにいる「先生」の鷹揚さを説明する際に伊藤が紹介した、「先生」の座右の銘「より高いところを飛ぶものは、より長い助走を必要とする」による。

メソポタミアの羊飼い…以前にも、奈央は鴨川のほとりで偶然「先生」に会い、ベンチに座って一緒に星空を眺めたことがあったが、その時に「先生」は星座を最初に考えついたのはメソポタミアの羊飼いであると奈央に話した。

問一　――線部①について。「先生」の「遠い目」とはどのような気持ちの表れた目か。くわしく説明しなさい。

問二　――線部②「素朴」、③「軽率」、④「無防備」、⑤「軽薄」の意味することとして最もふさわしいものをそれぞれ次の中から選び、記号で答えなさい。

ア　相手の機微に配慮することなしに、自身の見解を述べようとしてしまうこと。

イ　心のひだに踏み込もうとしないで、ありふれた捉え方でまとめてしまうこと。

ウ　相手との関係性を勘違いして、思いや考えをぶつけ合おうとしてしまうこと。

エ　背後にある心情に気付かず、相手の言葉を文字通りに受け取ってしまうこと。

オ　相手に構うことなく、己の胸中の核心的な部分を率直に吐露してしまうこと。

問三　[A] を補うのにふさわしいひらがな二字を答えなさい。

問四　[B]・[C] を補うことばの組み合わせとして最もふさわしいものを次の中から選び、記号で答えなさい。

ア　B　実力　C　評価　　イ　B　成果　C　過程

ウ　B　本意　C　覚悟　　エ　B　意志　C　才能

問五　――線部⑥の意味することとして最もふさわしいものを次の中から選び、記号で答えなさい。

ア　先人のことばの内容を都合のいいように解釈して、自説の根拠とすること。

イ　先人のことばに学ぼうとせず、自身の考えに固執し正しさを主張すること。

ウ　先人のことばを自身のことばであるかのように装って、他者に誇示すること。

エ　先人のことばを、意味もわかっていないくせにもっともらしく引用すること。

問六　[D] を補うのにふさわしい漢字二字のことばを、本文中のここより後の部分から抜き出して答えなさい。

問七　――線部⑦について。この時の奈央の心情についてわかりやすく説明しなさい。

問八　――線部⑧「双方」の指すものとして最もふさわしいものを次の

だよ。まああれも面白いから読んでみなさい。それより君新しい作品はまだ書かないのかね？」

「先生風に言えば*大いなる助走の最中です」

「僕もそうだが、君の滑走路もずいぶん長いね」

「先生が助走だとすると、実際私は地面を這《は》いつくばってるぐらいのものですよ」

「今はそれで構わないさ。ゴキブリだって普段は地面を這いつくばってるがいざというときにはちゃんと飛び立つ」

先生はこれでフォローをしたつもりでいるらしい。⑦奈央は腹が立つより可笑しくなって笑ってしまった。

「何かおかしなことでも？」

「いいえ」と奈央は笑ったまま言った。

先生は、

「そうか」と言うと、さっき口から出たゴキブリということばが実際に羽を持って宙に飛び立っていき、その様子を目で追ったかのように空を見上げた。奈央も先生の視線を追うように見上げて、

「綺麗な空ですね」と言った。星々は深い藍の底で磨き上げられたように瞬《またた》いている。「前もこうやって星を見たことがありましたね」

「うん、寒くなってくると空気が澄んでもっと綺麗になるよ」

先生はすらりとした人差し指を天に向けて、あれがやぎ座だとかみずがめ座だとか言い出した。けれども奈央はいくら説明されても図柄が全く見えてこない。やぎ座はただの三角形に見えるし、みずがめ座は理科の教科書に載っていたミジンコぐらいしか浮かんでこない。「*メソポタミアの羊飼いは何を考えてたんですかね」

「想像力が豊かだったのかもしれないね」と先生は⑧双方に穏当な答え方をした。

「恐ろしく暇だったんですかね？」

「まあ星座や名前がわからなくとも、それで星々の輝きが消えるわけじゃないさ」と先生は話をまとめてしまった。

「世界は人間なしに始まったし、人間なしに終わるものだ」

先生に哲学が再発しそうになったのを察知して、

「違う星から来て故郷が懐かしくなっていたのかもしれないですね」と奈央が軽薄に復《ふく》そうとすると、

「あるいは恋でもしていたか」と先生は意外にも⑨その上をいった。

「先生も恋をして星を見つめたことがあるんですか？」

「まさか」先生は笑った。笑い方は今までとまるで変わらない。⑩鷹揚で、抑制がきいていて、それでいてどこか寂しそうな笑い方である。先生はしばらく星を見つめていたが、ふいに奈央に視線を戻して、

「もう足は休まったか？」と訊《き》いた。

奈央が頷《うなず》くと、先生は立ち上がって、

「じゃあそろそろ行こうか」と言った。「今度君の書いたものを読んでみるよ」

それで二人はそれぞれの帰路についた。別れ際に先生は奈央の新しい靴を褒めてくれた。

（畠山丑雄『先生と私』による）

先生…先日亡くなった、奈央の「先生」の「先生」である諏訪野先生のこと。

辻田…諏訪野先生に一緒に師事していた、「先生」の弟弟子《おとうとでし》。

ネッスン・ドルマ…イタリアの歌劇『トゥーランドット』の中で歌われる独唱曲（アリア）。歌い出しの歌詞から「誰も寝てはならぬ」と和訳される。

「［B］ではなく［C］が行く道を選ぶ」先生は黒い流れが注いでいく先を見つめながら言った。「そういうことがあると思うんだ」

「また何かの引用ですか」

先生は驚いたように奈央を見た。「よくわかったね」

「半年近く弟子をやってたらわかるようにもなりますよ」

先生は笑った。今日の先生は珍しく声を出してよく笑う。しかし騒がしい感じはまるでしない。むしろこの笑い声が響いた後はあたりがより一層静まり返った心持ちがする。そうして川の音がいつまでも、どこまでも続いている。

「君はもともとその顧問の先生に文章を教わっていたんだよね？」

「特に何か指導された記憶はないですけどね。書いたものは必ず見せるようにはしていましたが」

しかし顧問があの読書会で奈央に言った言葉だけは、奈央はなぜだか今でもはっきり覚えている――悲しいことを悲しそうに書いてはいけない。君は何か秘密を抱えていてそれをありのままに書くことはどうしてもできなかった。そうしてその秘密は君以外誰も知らない。教えてはならない。物語というものはそのようにして書かれねばならないんだ。

「ああ、それは『のだめカンタービレ』のセリフだね」と先生は即座に言った。

「のだめ？」

「知らないのか。二ノ宮知子の漫画だよ。『*アルバトロス』には……置いてなかったかな。『*天才ファミリー・カンパニー』はあるんだけど」

「そうだったんですか」今度は奈央が驚いて先生を見た。「漫画の引用だったんですね」

「引用はいけない？」

「いけなかあないですが、てっきりその先生自身のことばだと思っていたので」

「確かに引用は他者のことばかもしれない。しかし、では逆に『我々自身のことば』とは何なのだろう？」その問いは奈央にでもなく自分自身にでもなく架空の聞き手に投げかけられているらしい、先生の瞳は再び奈央からそれて虚空をとらえている。酔いが回ったのか［D］の兆候が出始めたと見える。「そもそも『我々自身のことば』なるものは本当に存在するのだろうか？」

「昔自分のことばを作ろうとしたことならありますけどね。『指輪物語』のエルフ語にあこがれて」

「実際のところ、我々のことばは始まりのことばではないし、締めくくりのことばではない」先生はすっかり講義調になって続ける。「であれば我々がどんなことばを用いてもそのことばには必ず前後がある。文脈がある。我々は物語の途中から参加し、我々が退場した後も物語は続いていく。無論その気になれば死人に口なしとばかりに⑥始祖を騙《かた》ることも不可能じゃない。しかし死者への敬意を持たぬものは必ずどこかでその代償を払わされることになる。だからこそ我々は口を開くより先に耳を澄ませなければならない」

奈央には先生が何を言ってるのかよくわからない。そもそもせっかくいい気分に酔いがまわっているのにここでお談義をされてはたまらない。

「まあまた『アルバトロス』で『のだめカンタービレ』読んでみますよ」

「『アルバトロス』に置いてあるのは『天才ファミリー・カンパニー』

配はない。しまいに先生は『*ネッスン・ドルマ』を歌いだした。しかもそれがすごくいい声なんだ」

「『ネッスン・ドルマ』？」

「知らないのか。プッチーニの『トゥーランドット』のアリアだよ」

　奈央はプッチーニも『トゥーランドット』も知らない。しかし先生はずいぶん気持ちよく話しているのでそれ以上話を聞くのは憚《はばか》られた。

「私はそのまま眠ってしまい、朝起きたときには風邪をひいていた。先生はすっかり回復していた」

　そう言いながら先生はもう笑っている。奈央も笑ってみたが、*丸帽の庇《ひさし》の下の先生の①遠い目にはどれほどその笑みが映じているのかはわからない。

「それで今度は先生が見舞いに来てくれたんだが、あんなわがままな見舞客はなかったね。眠りたいのに話しかけてくるし、優しいものが食べたいと言ったのにこれしかつくれないからと言ってカレーをつくるし。しかもカレーに入れるのに霜降り肉を買ってくる始末さ。体力が落ちてるからいいもの食べて栄養をつけろと言うんだ」

　先生のことばは怒っている。しかし顔はやはり笑っている。そうして語調は感傷に転じている。結構酔っているらしい。

「先生はこれからも私か倒れたら必ず見舞いにかけつけてやると一方的に約束もしてくれた。そうして実際先生は私が倒れるたびに見舞いに来た。弟子の面倒を見るのが師の役目だと言うのが先生の言い分なんだが、だいたい来て一、二時間もすれば飽きてしまう。それでチェスの相手をさせられたり、人を呼んで麻雀《マージャン》を始めたり、一人で庭で花火をしたり……どっちが面倒を見てるかわかりゃしない」

　これを愚痴や批判ととらえて積極的に賛意を示すほど奈央は②素朴ではない。しかし要約や批評を試みるほど③軽率でもない。だから彼女は黙っている。すると先生は、

「しかしあんな見舞いでももう来ないとなると妙に懐かしい」と総括し、「人間というのは不思議なものだ」と突飛《とっぴ》な一般化さえしてしまった。いつもの先生からすると一つ目の発言はあまりに④無防備で、二つ目の発言はあまりに⑤軽薄である。

「そういえば*蔵島先生もおっしゃってましたけど」と奈央は話題を変えた。「引き継ぎはいつやるつもりなんですか？」

「私は今年で卒業するつもりだし、おそらく来年になるだろう」

「なるほどそうなんですか」奈央は自分で聞いておきながらあまり興味がないので返事が適当になっている。

「まあ蔵島先生にも言ったが、まだ君と伊藤のどちらにするかは決めてない。しかしもし君を選んだとして、引き受けてくれるか？」

　そう言われても奈央にはそもそもまだ『先生』は何をするものなのかよくわかっていない。「弟子を集めたりするのはたぶん伊藤の方が得意ですよ」

「弟子は集めるものじゃない。集 A ものだ」

　また警句が飛び出した。例によって語感はいいが何を言っているのかはっきりしない。奈央は膝《ひざ》の上の花束を抱きしめて、

「正直に言うと、私はまだ心の準備ができてないんです」と言った。コスモスの先からほのかに甘い匂いが漂ってくる。「引き継ぎの話や、正直言えば今回の受賞だってそうでした。高校の文芸部の顧問が勝手に送っただけで私の B じゃないんです」

【国　語】（五〇分）〈満点：一〇〇点〉

一　次の文章を読み、後の問に答えなさい。（＊のついた語句は後に注があります）

一浪して京都の大学に入学した女子学生の奈央《なお》は、高校の友人だった伊藤の仲介で、伊藤の師事する「先生」と知り合った。「先生」といっても、留年を繰り返して大学に長く在籍している年長の男子学生である。「先生」は四回生（四年生）の時にある地方文学賞を受賞し、一昨年には初めての短編集も出版された小説家でもある。奈央も高校の文芸部で小説を書いていたが、受験期以降、小説は書いていない。奈央は伊藤の勧めるままに「先生」の弟子ということにされたが、小説の弟子というわけではなく、何の師弟関係なのか不明なまま、「先生」の下宿に出入りし「先生」やその周辺の人物と接する日々を送っていた。ある日、「先生」の「先生」であるという諏訪野先生が若くしてバイク事故で亡くなった。「先生」の部屋の写真で見た諏訪野先生は、ライダース・ジャケットを格好良く着こなした女性で、大学入学間もない頃と思われる「先生」と一緒に写っていた。通夜の席で奈央は歴代の「先生」たちに会い、「先生」というものが代々弟子のうちの一人に引き継がれてきた存在であることを知った。通夜の後、「先生」は元気のない日々を過ごしているようだった。しばらくして、高校の文芸部の顧問が秘かに応募していた奈央の小説が岡山の新聞社の主催する文学賞を受賞したという連絡が奈央に入った。そのことを「先生」に報告すると、「先生」は祝福し、その晩ごちそうしてくれた。帰り道、新しい、履き慣れない靴に疲れた奈央の申し出で、二人は鴨川《かもがわ》のほとりのベンチで休むことになった。

「お寿司、ごちそうさまでした。美味しかったです」と奈央が先に口を開いた。

「なに、弟子の祝いだ。あれぐらい」

「そういえば先生が賞をもらったときってどんな感じだったんですか？」

「そりゃ嬉《うれ》しかったよ」

「デビューのプレッシャーみたいなものはなかったですか？」

「何だかヒーローインタビューみたいだな。まあ私の場合も賞はもらったがすぐ本が出せるという話ではなかったからね。現実感はなかなかわかない。ただ＊先生はとうとう弟子の中から小説家が出たかと喜んでいた」先生が先生の先生の話をするのは珍しい。心なしか口ぶりもだいぶ愉快そうである。～中略～「それで受賞が決まって先生はすぐ農学部の食堂を借り切って祝賀会を開いてくれたんだ。しかし先生は珍しく飲みすぎてつぶれてね。私は会の主賓《しゅひん》なのに後のことをすべて＊辻田に任せ、先生をタクシーに乗せて下宿まで送るはめになった。無論タクシー代は私が払った」

　先生はまた腹を立てているらしく、口ぶりがさっきまでとは違っている。

「放っておいたら喉《のど》に吐瀉物《としゃぶつ》を詰まらせて死にそうだったから、私は先生の容体が落ち着くまで傍《そば》で見ていることにした。ただ私も祝賀会で気が張っていたんだろう。灯りを消してじっとしていると急に眠たくなってきた。しかし私がうとうとしだすと決まって先生は肩をゆすってくる。師より先に眠る弟子があるかと言うんだ。そうして先生は吐くものを吐いてしまうと妙に元気になって、いつまで経っても眠りにつく気

MEMO

大切なことはメモしておこうネ！

2020年度

解 答 と 解 説

《2020年度の配点は解答欄に掲載してあります。》

＜数学解答＞

1 (1) $-\frac{5}{2}y^3$　(2) $-1+\frac{\sqrt{5}}{2}$　(3) $x=\frac{7\pm3\sqrt{5}}{2}$

2 (1) $-\frac{2}{3}\leqq a\leqq5$　(2) $\frac{7}{18}$　(3) $a=-2$

3 (1) $x=25$，$y=80$(求め方は解説参照)　(2) $a=384$

4 (1) $a=\frac{1}{4}$　(2) $y=-5x+5$　(3) $t=19$

5 (1) 解説参照　(2) ① $5\sqrt{5}$　② $3\sqrt{5}$　③ $4\sqrt{5}$　④ 73

6 (1) ① $2\sqrt{2}$　② $\frac{4\sqrt{6}}{3}$　(2) ① $\sqrt{2}$　② $\frac{\sqrt{15}+\sqrt{5}}{6}$

○推定配点○

1 各5点×3　2 各5点×3　3 (1) 10点　(2) 5点　4 各5点×3

5 (1) 8点　(2) 各4点×4　6 各4点×4　計100点

＜数学解説＞

基本 1 (単項式の乗除，平方根，2次方程式)

(1) $9x^3y\times\left(-\frac{1}{10}xy^4\right)\div\left(-\frac{3}{5}x^2y\right)^2=-9x^3y\times\frac{xy^4}{10}\times\frac{25}{9x^4y^2}=-\frac{5}{2}y^3$

(2) $(\sqrt{5}-2)(\sqrt{5}+3)-\frac{(\sqrt{7}-\sqrt{2})(\sqrt{7}+\sqrt{2})}{\sqrt{20}}=5+\sqrt{5}-6-\frac{7-2}{2\sqrt{5}}=-1+\sqrt{5}-\frac{\sqrt{5}}{2}=-1+\frac{\sqrt{5}}{2}$

(3) $(x-5)^2+3(x-5)-9=0$　$x-5=\mathrm{X}$とおくと，$\mathrm{X}^2+3\mathrm{X}-9=0$　解の公式を用いて，$\mathrm{X}=\frac{-3\pm\sqrt{3^2-4\times1\times(-9)}}{2\times1}=\frac{-3\pm\sqrt{45}}{2}$　よって，$x-5=\frac{-3\pm3\sqrt{5}}{2}$　$x=\frac{7\pm3\sqrt{5}}{2}$

基本 2 (1次関数，確率，2次方程式)

(1) 直線$y=ax+2$がA$(1,\ 7)$を通るとき，$7=a+2$　$a=5$　直線$y=ax+2$がB$(6,\ -2)$を通るとき，$-2=6a+2$　$a=-\frac{2}{3}$　よって，直線$y=ax+2$と線分ABが共有する点をもつようなaの値の範囲は，$-\frac{2}{3}\leqq a\leqq5$

(2) さいころの目の出方の総数は$6\times6=36$(通り)　このうち，$\frac{b}{a}$の値が整数となるa，bの値の組は，$(a,\ b)=(1,\ 1)$，$(1,\ 2)$，$(1,\ 3)$，$(1,\ 4)$，$(1,\ 5)$，$(1,\ 6)$，$(2,\ 2)$，$(2,\ 4)$，$(2,\ 6)$，$(3,\ 3)$，$(3,\ 6)$，$(4,\ 4)$，$(5,\ 5)$，$(6,\ 6)$の14通りだから，求める確率は，$\frac{14}{36}=\frac{7}{18}$

(3) $ax^2-3a^2x-18=0$に$x=-3$を代入して，$a\times(-3)^2-3a^2\times(-3)-18=0$　$a^2+a-2=0$　$(a+2)(a-1)=0$　$a=-2,\ 1$　$a=-2$のとき，もとの方程式は，$-2x^2-12x-18=0$　$x^2+6x+9=0$　$(x+3)^2=0$　$x=-3$　よって，成り立つ。$a=1$のとき，もとの方程式は，$x^2-3x-18=0$　$(x+3)(x-6)=0$　$x=-3,\ 6$　これは題意に反する。したがって，$a=-2$

3 （方程式の応用）

(1)　3月の会員数について，$368\times\left(1-\dfrac{x}{100}\right)+y=356$…①　4月の会員数について，$356\times\left(1-\dfrac{x}{100}\right)+y=347$…②　①－②より，$12\times\left(1-\dfrac{x}{100}\right)=9$　$1-\dfrac{x}{100}=\dfrac{3}{4}$　$x=25$　これを①に代入して，$368\times\dfrac{3}{4}+y=356$　$y=80$　これらは解として適する。

基本 (2)　2月の会員数について，$a\times\left(1-\dfrac{25}{100}\right)+80=368$　$a=288\div\dfrac{3}{4}=384$

4 （図形と関数・グラフの融合問題）

基本 (1)　$y=ax^2$に$x=2$，6をそれぞれ代入して，$y=4a$，$36a$　よって，C$(2,\ 4a)$，D$(6,\ 36a)$　したがって，A$(-6,\ 36a)$，B$(-2,\ 4a)$　AD$=6-(-6)=12$，BC$=2-(-2)=4$より，台形ABCDの面積について，$\dfrac{1}{2}\times(12+4)\times(36a-4a)=64$　$32a=8$　$a=\dfrac{1}{4}$

重要 (2)　(1)より，A$(-6,\ 9)$，B$(-2,\ 1)$　y軸と線分AD，BCとの交点をそれぞれE，Fとし，線分EFの中点をMとすると，点Mのy座標は$\dfrac{1+9}{2}=5$　ここで，点Mを通る傾きが負の直線と線分AE，FCとの交点をそれぞれG，Hとする。台形ABCDはy軸に関して対称であるから，四角形ABFEと四角形DCFEの面積は等しい。1組の辺とその両端の角がそれぞれ等しいから，△EMG≡△FMHより，△EMG＝△FMH　よって，四角形ABHGと四角形CDGHの面積は等しい。したがって，直線GHが求める直線となる。直線の式を$y=mx+5$とおくと，点(1，0)を通るから，$0=m+5$　$m=-5$　よって，$y=-5x+5$

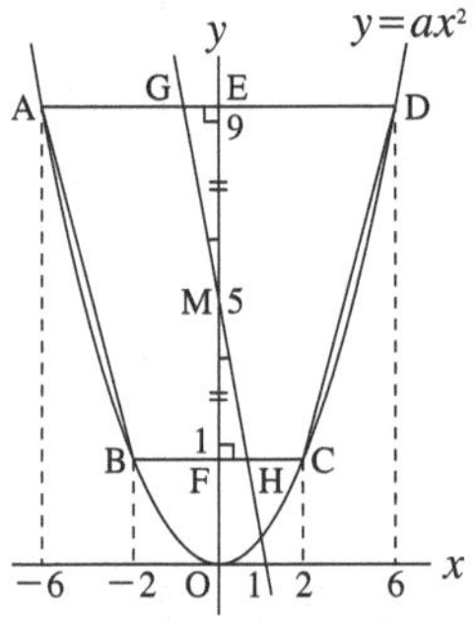

基本 (3)　直線ACとy軸との交点をQとする。直線ACの式を$y=bx+c$とおくと，点Aを通るから，$9=-6b+c$　点C$(2,\ 1)$を通るから，$1=2b+c$　この連立方程式を解いて，$b=-1$，$c=3$　よって，Q$(0,\ 3)$　△PAC＝△PAQ＋△PCQ＝$\dfrac{1}{2}\times(t-3)\times6+\dfrac{1}{2}\times(t-3)\times2=4(t-3)$　よって，$4(t-3)=64$　$t-3=16$　$t=19$

5 （平面図形の証明と計量）

基本 (1)　△AEDと△CFDにおいて，∠ADE＝∠ADC－∠EDC＝90°－∠EDC　∠CDF＝∠EDF－∠EDC＝90°－∠EDC　よって，∠ADE＝∠CDF…①　四角形ABCDの内角の和は360°だから，∠DAE＝360°－(∠ABC＋∠BCD＋∠CDA)＝360°－(90°＋∠BCD＋90°)＝180°－∠BCD　∠DCF＝∠BCF－∠BCD＝180°－∠BCD　よって，∠DAE＝∠DCF…②　①，②より，2組の角がそれぞれ等しいから，△AED∽△CFD

基本 (2)　①　△ABCに三平方の定理を用いて，AC$=\sqrt{\text{AB}^2+\text{BC}^2}=\sqrt{(6+5)^2+2^2}=\sqrt{125}=5\sqrt{5}$

重要 ②　△AED∽△CFDより，相似比は，AE：CF＝6：8＝3：4　AD$=3a$とすると，CD$=4a$　△ACDに三平方の定理を用いて，AD^2＋CD^2＝AC^2　$(3a)^2+(4a)^2=(5\sqrt{5})^2$　$25a^2=125$　$a^2=5$　$a>0$より，$a=\sqrt{5}$　よって，AD$=3\sqrt{5}$

重要 ③　△AED∽△CFDより，ED$=3b$とすると，FD$=4b$　EF^{2}について，ED^2＋FD^2＝BE^2＋BF^2　$(3b)^2+(4b)^2=5^2+(2+8)^2$　$25b^2=125$　$b^2=5$　$b>0$より，$b=\sqrt{5}$　よって，DF$=4\sqrt{5}$

重要 ④　四角形ABFD＝△AED＋△EBF＋△DEF　△AEDにおいて，DからAEにひいた垂線をDHとすると，DA＝DEより，AH$=\dfrac{1}{2}$AE$=3$　よって，DH$=\sqrt{\text{DA}^2-\text{AH}^2}=\sqrt{(3\sqrt{5})^2-3^2}=\sqrt{36}=6$

したがって，$\triangle AED=\frac{1}{2}\times6\times6=18$　$\triangle EBF=\frac{1}{2}\times5\times10=25$　$\triangle DEF=\frac{1}{2}\times3\sqrt{5}\times4\sqrt{5}=30$　よって，四角形ABFDの面積は，$18+25+30=73$

重要 6 （空間図形の計量）

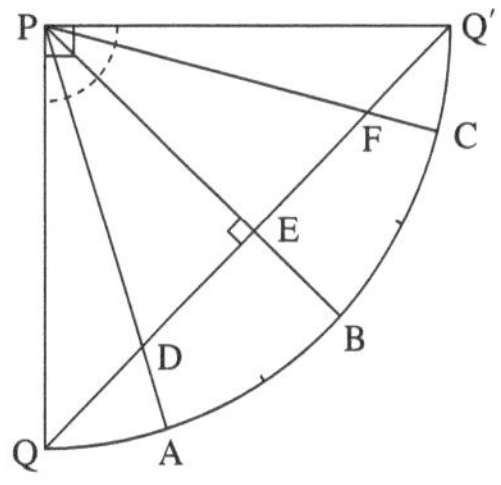

(1)　①　円錐の展開図の側面のおうぎ形の中心角の大きさをx°とすると，$2\pi\times4\times\frac{x}{360}=2\pi\times1$　$x=90$　よって，$\angle QPB=90^\circ\times\frac{1+2}{2+2+1+1}=45^\circ$　右の図で，$\triangle PQQ'$は直角二等辺三角形だから，$\angle PQQ'=45^\circ$　したがって，$\triangle PQE$も直角二等辺三角形だから，$PE=\frac{1}{\sqrt{2}}PQ=\frac{4}{\sqrt{2}}=2\sqrt{2}$

②　$\angle APB=90^\circ\times\frac{2}{6}=30^\circ$より，$\triangle PDE$は内角が$30^\circ$，$60^\circ$，$90^\circ$の直角三角形だから，$PD:PE=2:\sqrt{3}$　$PD=\frac{2\times2\sqrt{2}}{\sqrt{3}}=\frac{4\sqrt{6}}{3}$

(2)　①　$\triangle ABC$は正三角形だから，OからACにひいた垂線をOHとすると，$\angle AOH=\frac{1}{2}\angle AOC=\angle ABC=60^\circ$より，$AH=\frac{\sqrt{3}}{2}OA=\frac{\sqrt{3}}{2}$　よって，$AC=2AH=\sqrt{3}$　$PF=PD$より，$DF/\!/AC$ 平行線と比の定理より，$DF:AC=PD:PA$　$DF:\sqrt{3}=\frac{4\sqrt{6}}{3}:4$　$DF=\sqrt{3}\times\frac{4\sqrt{6}}{3}\div4=\sqrt{2}$

②　3点P，Q，Bを通る平面は点Hも通るから，線分DFの中点Mも通る。六面体ODEFPは3点P，Q，Bを通る平面に対して対称だから，六面体ODEFPの体積は，$\frac{1}{3}\times$四角形$PMOE\times DF$で求められる。$PO=\sqrt{PB^2-OB^2}=\sqrt{4^2-1^2}=\sqrt{15}$　EからPOにひいた垂線をEIとすると，$EI:BO=PE:PB$より，$EI=\frac{1\times2\sqrt{2}}{4}=\frac{\sqrt{2}}{2}$　MからPOにひいた垂線をMJとすると，$MJ:HO=PM:PH=PD:PA$　$MJ=\frac{1}{2}\times\frac{4\sqrt{6}}{3}\div4=\frac{\sqrt{6}}{6}$　よって，四角形$PMOE=\triangle EPO+\triangle MPO=\frac{1}{2}\times\sqrt{15}\times\frac{\sqrt{2}}{2}+\frac{1}{2}\times\sqrt{15}\times\frac{\sqrt{6}}{6}=\frac{\sqrt{30}+\sqrt{10}}{4}$　したがって，六面体ODEFPの体積は，$\frac{1}{3}\times\frac{\sqrt{30}+\sqrt{10}}{4}\times\sqrt{2}=\frac{\sqrt{15}+\sqrt{5}}{6}$

★ワンポイントアドバイス★

出題構成は記述式を含め，ここ数年変わらない。過去の出題例をよく研究し，時間配分を考えながら解いていく習慣を身につけよう。

＜英語解答＞

Ⅰ　A　(1)　B　　(2)　C　　(3)　A　　(4)　B　　(5)　C

B　問1　(1)　B　　(2)　C　　問2　(ア)　チーズの写真　　(イ)　ネズミの写真

Ⅱ　問1　B　　問2　旅に出ること。　　問3　gives the hero the tools or information he

問4　・モンスターと戦うこと　　・問題を解決すること　　・恐怖に立ち向かうこと

問5　C　　問6　strength, intelligence and heart　　問7　彼は，私たちが入ることを怖れる洞窟の中にこそ，私たちの探している宝があるのだと説明している。

問8　(例)　Last spring my English teacher advised me to join a speech contest. At first I felt too afraid, but later I decided to do it. I practiced very hard, and I was able to get a prize. That experience gave me confidence.(42語)

Ⅲ　問1　本当はウナギではないから。　　問2　five times stronger than the electricity produced　　問3　夜行(性)　　問4　酸素濃度が極めて低い水の中。

問5　砂の中に穴を掘ってかくれること。　　問6　デンキウナギに出会うことはめったにない。　　問7　ア　called　　イ　spent　　ウ　attacking　　問8　A，C

Ⅳ　(1)　(例)　Tom has been in Japan for only a week, and he doesn't know anything about this town.　　(2)　(例)　He left the room without saying anything.

○推定配点○

Ⅰ　各2点×9　　Ⅱ　問7　5点　　問8　8点　　他　各3点×8

Ⅲ　問6　5点　　他　各3点×10　　Ⅳ　各5点×2　　計100点

＜英語解説＞

Ⅰ　リスニング問題解説省略。

Ⅱ　**(長文読解問題・説明文：語句選択補充，内容吟味，語句整序，脱文補充，語句補充，英文和訳，自由英作文)**

(全訳)　ジョセフ・キャンベル(1904-1987)は，この問いに答えて人生を過ごした。英雄とは何か。キャンベルはニューヨーク，サラ・ローレンス大学の文学と宗教の教授だった。彼は世界中の英雄物語を研究し，教えた。長い年月を経て，彼は多くの神話──一種の英雄物語─がとてもよく似ていることに気づいた。古い神話でも新しい神話でも，アジアのものでも，アフリカのものでも，南アメリカのものでも，世界の英雄物語にはすべて同じ基本形があるのだ。物語の細部は(1)変わっているかもしれないが，その英雄物語には3つの同じ部がある。

どんな英雄物語でも，第一部の間に英雄は旅を始める。これはある国から別の国への旅行の場合もある。宇宙への冒険である場合もある。夢の世界への旅である場合もある。英雄は，最初はこの旅に出ることを望まないことが多い。しかし最後には同意する。彼は自分の故郷，友人たち，家族という安全を離れ，この新しい場所に行く。この場所は自分の故郷とはとても異なっていて，暗くて危険な場合が多い。英雄がこの新しい場所を理解する手助けをする助言者や教師がいることもある。(3)助言者は英雄に，彼が必要とする道具や情報を与える。例えば，路上の親切な老婦人が，英雄に旅のための地図を与えることがある。見知らぬ人が，若い英雄に敵の王の城に入るドアのカギを与えることもある。

英雄物語の第二部は最も刺激的である。これは英雄がある種の試練あるいは難題を乗り越えるときである。よくある試練の例は，モンスターと戦うことだ。このような物語では，モンスターは英雄よりもはるかに大きく，奇妙である。英雄と読者は，最初は彼がモンスターを殺せるとは思っていない。またよくある難題は，ある問題を解決するとか，ヘビの恐怖のような恐怖に立ち向かうといったことを含む。どのような難題においても，英雄は試練を乗り越えるために，自分の力と知恵と勇気を使わなければならない。彼は竜を殺し，問いに答え，自分の感情を信じなくてはならない。最後にはもちろん，彼は常に成功する。

ついに，英雄物語の第三部では，英雄が故郷に戻る。彼は今や別人となっており，旅の途中で得たり学んだもの―富，知識，そして知恵をもたらして家族や友人たちと分かち合う。[C]彼が故郷に戻ると，他の者たちもまた彼の旅の影響を受ける。彼の敵が恥ずかしく思うこともある。彼の家族や友人たちが裕福になることもある。英雄の町が自由になることもある。

キャンベルは，英雄の冒険は生きていることの冒険であると信じている。キャンベルは英雄の物語を愛し，それらが重要であると信じていたので神話を研究して人生を過ごした。彼は，英雄の旅は個人の人生と同じだと信じていた。すべての人々が困難な闘い(試練や難題)を生き抜き，成功するために自分たちの(5)力と知恵と勇気を使わなくてはならない。彼は，暗闇へと降りていくことによって人生の宝が見つかるのだと言う。彼は，私たちが入ることを怖れる洞窟の中にこそ，私たちの探している宝があり，つまずいたそのときに黄金が見つかるのだと説明している。要約すれば，キャンベルは，私たち自身の中にあるより深い力を見つける機会は，人生が最も困難であると思われるときにやってくると信じているのだ。

問1　空所の後の but 以下に「その英雄物語には3つの同じ部がある」と続くので，前半の内容はこれと対照的なものになる。したがって，「物語の細部は変わっているかもしれない」という意味になるようにBの change を入れるのが適切。

問2　直前の文に「英雄は，最初はこの旅に出ることを望まないことが多い」とある。この後，But でつながれているので，「旅に出ることに同意する」とすると文意が通る。

問3　(The mentor) gives the hero the tools or information he (needs.)　直前の文で助言者や教師が英雄を助けることが述べられていることから，その具体例を示す内容の文を入れると文脈に合う。主語を The mentor「助言者」として，動詞は gives しかないことから，〈give ＋人＋もの・こと〉の語順にして「その助言者は英雄に道具と情報を与える」という文を作る。the tools or information の後に he (= the hero) needs と続けて，「彼が必要とする道具や情報」とする。

問4　下線部は，英雄が旅の途中で直面する「試練や難題」を指す。その具体例として挙げられているのは，同じ段落の第3文にある「モンスターと戦う」こと，第6文にある「ある問題を解決する」ことと「恐怖に立ち向かう」ことである。第3文の A common example「よくある例」，第6文の Other common challenges「またよくある難題」に着目する。

問5　抜けている文は，「彼が故郷に戻ると，他の者たちもまた彼の旅の影響を受ける」という意味。直後に故郷の人々が帰ってきた英雄によって受けた影響の例が述べられている[C]に入れるのが適切。

問6　空所には，人が困難な闘いを生き抜き，成功するために使わなくてはならないことが入る。英雄が試練や問題を乗り越えるために使わなくてはならなかったこととして述べられている，第3段落第7文にある strength, intelligence and heart を入れるのが適切。

重要　問7　He explains that ～「彼は～であると説明する」という文。接続詞 that 以下の主語は the cave で，we are afraid to enter「私たちが入ることを怖れる」が the cave を修飾している。The cave に対する動詞は has で，その目的語が the treasure。the treasure をwe 以下が修飾しているという構造。

やや難　問8　破線部は，「暗闇へと降りていくことによって人生の宝が見つかる」という意味。「暗闇」は英雄が直面するような試練や問題を指す。そのような経験をした後に得られた成果を40語程度で書く。解答例は，「この前の春に，私の英語の先生が私にスピーチ・コンテストに参加するよう助言してくれた。最初，私はあまりに不安を感じていたが，その後そうすることに決めた。私はとても熱心に練習し，賞を取ることができた。その経験は，私に自信を与えてくれた」という意味。

Ⅲ 〔長文読解問題・説明文：内容吟味，語句整序，語句解釈，英文和訳，語形変化〕

〈全訳〉 デンキウナギが実に誤解を招く名前であるかを知っていただろうか。まさにその通りなのだ！ それは，それらが電気を発することは事実であったとしても，実はそれらはウナギではないからである！ そうではなく，それらは「ナイフ・フィッシュ」と呼ばれる種類の魚なのだ。それらはコイやナマズに近い関係にある。デンキウナギに関して最も興味深いことは，それらが電荷を作り出すことができることである。その衝撃は600ボルトにまで達することがある。(2)それは通常の壁コンセントで発せられる電気よりも5倍の強さである。これは大人の馬を倒すことができる。それは相当に強力である！

デンキウナギの体には，電気を発する3組の特別な腹部組織がある。これらの組織は2種類の電気を発することができる。高電圧と低電圧である。デンキウナギは狩りと我が身を守るために電荷を使う。それらはまた，別の方法でも電荷を使う。これらのウナギは視力が弱いため，見るために視力に依存することができない。代わりに，それらはレーダーのように使う弱い電気信号を発する。このレーダーはそれらが周りの進路を見つけるのに役立つ。それはまた，獲物がどこにいるのかを見つけるのにも役立つのだ。

デンキウナギは淡水に住んでいる。それらは昼間は眠って夜に活動する夜行性である。それらはほとんどが南アメリカの川に住んでいる。それらは暗い水中，泥の中，そして洞窟を好む。それらの時間のほとんどは水面下で過ごされる。時々，それらは呼吸をするために水面に上がってくる。これはきわめて普通ではないことだ。なぜなのかを見てみよう。

ほとんどすべての種の魚は，えらを通じて水中で酸素を吸っている。しかし，デンキウナギはまったく異なっている。デンキウナギは酸素濃度が極めて低い水の中に住んでいる。その結果，それらは空気が吸える方法で環境に適応してきた。デンキウナギは定期的に，その口から空気を吸い込むためにおよそ10分ごとに水面にやって来て，それから水底に泳いで帰るのだ。

デンキウナギは肉食動物なので，肉を食べることを好む。それらは魚，エビ，そして鳥やネズミのような他の小動物をむしゃむしゃ食べることを好む。それらは獲物を攻撃することがとても得意で，歯はとても鋭い。デンキウナギは砂に穴を掘ってかくれることを好む。そのようにして，それらは獲物を急襲することができるのだ。

デンキウナギはとても驚くほど長い距離を移動する。それらの中には，連れ合いを見つけるために4,000マイルほどまで移動するものもいる。なんと長い距離か！ この旅は7か月を超えることもある。交尾をすると，オスは唾液を使って卵のために巣を作る。メスは17,000個ほどまでの卵を産む。

デンキウナギは長くて細い体をしている。それらは色が白，黒，青，紫，あるいは灰色になることがある。それらはとても大きく，8フィートにさえ成長することがある。それはほとんどの人よりも長さがある。それらは体重が44ポンドにまでなることがある。それらは少し気味が悪い見た目をしていて電荷を作り出すことがあったりするために，中にはそれらを怖れる人もいる。しかし，心配する必要はない。(6)あなたがたがそれに出くわすことはとてもまれなことなのだ。そして，それらはめったに人に危害を加えない。実は，それらは人を怖れているのだ。中には人がデンキウナギを食べる文化もある。それらは珍味である。その血液が有害であることもあるので，そのウナギは十分に調理される必要がある。ひとつ食べてみたいとは思わないだろうか。

問1　デンキウナギが誤解を招く名前である理由は，下線部を含む文から2文目に，That's because「それらが電気を発することは事実であったとしても，実はそれらはウナギではないからである！」と述べられている。名前にウナギとついていても，実際にはウナギの仲間ではないために，「誤解を招く名前」と言っている。

問2　(That is) five times stronger than the electricity produced (in a regular wall socket.) times, stronger, than から「～倍…」という内容の文を考える。〈～倍＋比較級＋ than …〉で「…の～倍―」という意味を表す。produced は過去分詞で，produced in a regular wall socket「通常の壁コンセントで発せられる」が後ろから the electricity を修飾している。通常の壁コンセントから発せられる電気とデンキウナギが発する600ボルトという電気の衝撃を比較した文にする。

問3　下線部直後の which は They are nocturnal を指し，which 以下に nocturnal という語の説明がある。they sleep during the day and are active at night「昼間は眠って夜に活動する」ということから，「夜行(性)」が適切。

問4　下線部を含む文の主語 They は「デンキウナギ」を指し，下線部の their environment は「それら(＝デンキウナギ)の環境」ということ。デンキウナギが住む環境のことを言っているので，直前の文で述べられている，「酸素濃度が極めて低い水の中」というデンキウナギが住む場所とその特徴を答える。

問5　That way「そのようにして」の具体的な内容は，これよりも前の部分で述べられている。獲物を急襲するのに都合のよいことを指すので，直前の文で述べられている「砂に穴を掘ってかくれること」が適切。

重要　問6　下線部は〈It is ～ for ＋人＋ to ＋動詞の原形〉「…することは(人)にとって～だ」の構文。contact は「接触」という意味で，come in contact with ～ で「～に出会う，～と接触する」という意味を表す。unusual は usual「通常の」に否定の意味を表す接頭辞 un- がついた語で，「まれだ，普通でない」という意味。代名詞が指すものをはっきりさせて，「デンキウナギに出会うことはめったにない」のように訳すとよい。

基本　問7　ア　a kind of fish までで文は成り立っているので，call 以下が直前の a fish を修飾する形を考える。「『ナイフ・フィッシュ』と呼ばれる魚」とすると意味が通るので，名詞を修飾する過去分詞 called とする。　イ　spend は「過ごす」という意味。主語が Most of their time「それら(＝デンキウナギ)の時間のほとんど」で，直前に is があることから spend を過去分詞 spent として受動態の文にする。　ウ　be good at ～ で「～が得意だ」という意味を表す。attack their prey を「獲物を攻撃すること」という意味を表すようにすると文意が成り立つが，前置詞 at に続くので動名詞 attacking とする。

問8　A「デンキウナギによって発せられる電気の衝撃は馬を倒せるほど強力である」(○)　第1段落最後から2文目の内容に合っている。主語の This は2文前で述べられている，600ボルトにまで達することもある，デンキウナギが発する電荷を指す。　B「最近の研究では，デンキウナギがどのようにして電気を発するのかはわかっていない」(×)　第2段落第1文に「電気を発する3組の特別な腹部組織がある」とあるので，デンキウナギが電気を発する仕組みはすでにわかっていることになる。　C「デンキウナギは視力が弱いので，それらは食べ物を見つける助けとなる弱いレベルの電気を使う」(○)　第2段落第5文以下を参照。デンキウナギは視力が弱く，弱い電気信号を発してそれをレーダーのように利用して周りの進路を見つけたり，獲物がどこにいるのかを見つけたりしていることが述べられている。　D「デンキウナギは太平洋の深いところで見つかる」(×)　第3段落第1文に，「デンキウナギは淡水に住んでいる」とあるので，合わない。
E「デンキウナギは，他の魚と同じように生き抜くために酸素を得る必要がない」(×)　第3段落最後から3文目に，デンキウナギは呼吸をするためにときどき水面に上がってくることが述べられているので，合わない。　F「デンキウナギは人間に電気の衝撃を与えて溺れさせることで人間を殺すことができる」(×)　最終段落第8，9文から，デンキウナギは人を怖れ，めったに人に危害を加えないことがわかるので，合わない。

重要 Ⅳ **(和文英訳：現在完了，動名詞)**

(1)「日本に来てまだ1週間だ」は，「1週間だけ日本にいる」と考えて，継続を表す現在完了を使って，解答例のように Tom has been in Japan for only a week などと表すことができる。他に，It is only a week since Tom came to Japan，Only a week has passed since Tom came to Japan などと表すこともできる。「右も左もわからない」は，「何もわからない」ということなので，解答例のように he doesn't know anything about this town，あるいは he knows nothing about this town などと表す。

(2)「何も～しないで」は without ～ing で表す。without は「～なしで」という意味の前置詞なので，後に動名詞が続く。前半の「言いたいことは山ほどあった」は，「言いたいことがたくさんあった」ということなので，He had a lot of things to say，He had many things (which [that]) he wanted to say などと表すことができる。

★ワンポイントアドバイス★

Ⅱの問5のような脱文補充の問題では，入れる文にある語句に関連する内容が書かれている個所を探すのがコツ。この場合は others「他の人たち」がポイントになる。英雄以外の人たちへの何らかの影響が具体的に書かれている個所を探そう。

＜国語解答＞

一　問一　(例)　身勝手だけれども奔放さの中に愛嬌や弟子である自分への愛情が感じられた，生前の諏訪野先生のことを，亡くなった寂しさを感じながら懐かしむ気持ち。
問二　②　エ　③　ア　④　オ　⑤　イ　問三　まる　問四　エ　問五　ウ
問六　哲学　問七　(例)　相手をゴキブリに喩えるのは普通は不適切で失礼なことだということに気付かず，奈央の軽い謙遜のことばを真面目に受け取り，格言めいたことばで励まそうとしているところに「先生」らしい不器用な人柄の良さを感じ，面白く感じている。
問八　イ　問九　エ　問十　ア

二　問一　a　業績　b　没頭　c　尋(ね)　d　悲惨　e　厄介　問二　社会復帰
問三　自分の頭で考えて行動する　問四　(例)　人格を否定しているのではなく，自分たちの身体や命を守るための注意であることや，仕事をしっかり覚えさせるためだということが理解されているから。　問五　若者たちの　問六　(例)　各々が利益を競い，大量生産し大量消費することが社会を豊かにすると思われていたが，ゴミが増えて世界中で環境破壊が起こったり，貧困や格差が広がったりしていることが社会問題として認識されてきていること。　問七　エ　問八　(例)　第二次世界大戦で荒廃したドイツは，東西ドイツに分かれ，その間にあったベルリンは巨大な壁によって分断されていたが，人々の意思によって壁が壊され，両方の人々が入り交じって暮らすようになった。そうした歴史の中で，利益を目的とする価値観と社会福祉を目的とする価値観の両方が対等に存在する日常に生まれた，困難を抱えている人がいれば分け隔てなく相互に支え合おうとするベルリン市民独特の生活意識や行動スタイルのようなもの。

○推定配点○

一　問二・問十　各2点×5　　他　各5点×8

二　問一　各2点×5　　問八　10点　　他　各5点×6　　　計100点

＜国語解説＞

一　（小説一情景・心情，内容吟味，文脈把握，脱文・脱語補充，語句の意味，ことわざ・慣用句）

問一　「遠い目」は，今ここではないどこか遠くのことを考えている様子を表す。この前で「先生」は，「先生」の「先生」である諏訪野先生のことを懐かしく思い出しながら語っている。生前の諏訪野先生と「先生」のエピソードから，諏訪野先生がどのような人物であったのか，弟子である「先生」にどのように接したのかを加えてまとめる。

重要　問二　②「そぼく」と読み，素直で単純なこと。直前の「先生はこれからも私が倒れたら必ず見舞いにかけつけてやると一方的に約束もしてくれた……どっちが面倒を見てるかわかりゃしない」という「先生」の言葉に対して「愚痴や批判ととらえて積極的に賛意を示す」というのであるから，単純に相手の言葉を文字通りに受け取っているというエがふさわしい。　③「けいそつ」と読み軽はずみなこと。②と同じ「先生」の言葉を受けて「要約や批評を試みる」というのであるから，自身の見解を述べようとしているとするアがふさわしい。　④　前の「しかしあんな見舞いでももう来ないとなると妙に懐かしい」という発言を「無防備」としている。自分の心情を素直に述べたものという意味のものを選ぶ。　⑤　前の「人間というのは不思議なものだ」という会話を，思慮が浅く軽々しいという意味の「軽薄」としている。「人間というものは不思議なもの」は，誰もが口にするありふれた捉え方であることから判断する。

基本　問三　「集 A もの」は，直前の文の「集めるもの」と対照的な表現。弟子は「先生」が努力して集めるものではなく，「先生」の人徳を慕って自然に集まるものだと言っている。

問四　B　直前の「高校の文芸部の顧問が勝手に送っただけ」に着目する。受賞について「私」の「意思」ではなかったと奈央は言っている。嫌がっている様子は描写されていないので，ウの「本意」はふさわしくない。　C　前で「心の準備ができていない」と言っていた奈央を，「先生」は励まそうとしている。奈央が文学賞を受賞したことを意味する「才能」がふさわしい。

問五　「始祖」を，選択肢で「先人」と言い換えている。「騙る」は，偽って人をだますという意味。前に「死人に口なし」とある。先人が何も言えないのを良いことに，先人の言葉を自身の言葉であるかのように偽って話す，という意味のものを選ぶ。

問六　前の「『我々自身のことば』とは何だろう？」や，後の「そもそも『我々自身のことば』なるものは本当に存在するのだろうか？」といった「先生」の言葉は，人間の本質や存在の理念を問うものである。文章の後半に「世界は人間なしに始まったし，人間なしに終わるものだ」という人間と世界に関する同様の会話があり，その後で「先生に哲学が再発しそうになった」とある。ここから適当な漢字二字のことばを抜き出す。

やや難　問七　前の「先生」と奈央の会話に着目する。奈央が「先生が助走だとすると，実際私は地面を這いつくばってるぐらいのもの」と謙遜したのに対して，「先生」は「今はそれで構わないさ。ゴキブリだって……いざというときにはちゃんと飛び立つ」と奈央をゴキブリに喩えて「フォローをした」のである。普通は不適切で失礼なことに気づかず，格言めいたことばにして奈央を励まそうとしている「先生」に，奈央は「可笑しくなっ」たのである。このエピソードから感じ取れる「先生」の人柄を加えて述べ，「面白く感じている」などと奈央の心情をまとめる。

問八　直後の「穏当」は，無理がなくおだやかなこと。いくら説明されても星座の図柄が見えてこない奈央が，「メソポタミアの羊飼いは何を考えていたんですかね」と言った場面である。「先生」の「想像力が豊かだったのかもしれないね」は，奈央もメソポタミアの羊飼いのどちらも傷つけることのない穏やかなものである。

問九　直前の「あるいは恋でもしていたか」という「先生」の言葉は，前の「違う星から来て故郷が懐かしくなっていたのかもしれないですね」という奈央の言葉の「上をいった」という文脈である。「先生」の言葉は，奈央の言葉よりもロマンチックなものである。

基本　問十　鷹が悠然と空を飛ぶ様子からできた言葉。

二　（随筆一主題・表題，内容吟味，文脈把握，脱文・脱語補充，漢字の読み書き）

問一　a　事業や研究でなしとげた実績。「業」の他の音読みは「ゴウ」で，「非業」「自業自得」などがある。　b　一つの事に熱中し他をかえりみないこと。「没」を使った熟語には他に「陥没」「神出鬼没」などがある。　c　音読みは「ジン」で，「尋問」「尋常」などの熟語がある。

d　あまりにひどく痛ましいこと。「惨」の訓読みは「みじ(め)」。　e　めんどうなこと。「厄」を使った熟語には，他に「災厄」「厄年」などがある。

問二　前後の文脈から，「麻薬やアルコール中毒から立ち直」った「若者たち」が「目指す」のは何かを考える。「後日」で始まる段落の「施設で共同生活をしながら，まず薬物を断つ治療が行われる。それから社会復帰のために……働くことができる」に着目する。

重要　問三　直後の文以降「始めのうちは……思いつきでばらばらに運んでいるだけで仕事に勢いがなかった」のが，「休憩後も」で始まる段落「全員が一つの流れになっていく。作業は速度を増し，みんなの呼吸はぴったり合っている」は，若者たちが自分たちで考えるうちに効率よく仕事をするようになったことが読み取れる。直前の文に「主任は全体の流れをみんなに説明し，それから後は本人たちに任せ」とあるように，主任は各自が自分の頭で考えて行動するように促しているとわかる。

やや難　問四　直後の「先輩の方も乱暴なのは言葉の選び方だけで，しばらく見ていると，後輩に丁寧にコツを教え続けていた」から，先輩がどのようなつもりで後輩を指導しているのか，後輩はそれをどう受け止めているから「怒りも傷つきもしない」のかを考える。先輩の言葉は，「二人の息がぴったり合わなければ怪我をする」というもので，後輩の人格を否定しているのではなく，自分たちが怪我をしないようにするための注意や仕事の心得であり，後輩はそのことを理解しているから，などとまとめる。

問五　「この子」は，麻薬やアルコール中毒からの社会復帰を目指してシナノンで仕事をしている若者で，「私」の本の字に興味を示している。同じように，「私」が社会復帰を目指し意欲と向上心を持った若者の将来を楽しみにしている思いが読み取れる部分を探す。「若者たちの」で始まる段落の「若者たちの日焼けした顔には，くぐり抜けてきた苦労の痕跡と……しっかりやるぞという強い決意が現れている」という二文に注目する。

問六　同じ文の「各個人が人と競争しながら自分だけの利益を追い求めれば社会全体が自然と豊かになっていく」という考えを「幻想」としている。人々が利益を競い，大量生産，大量消費をすることが社会を豊かにすると思われていたが，その結果，現代ではどのような問題を起こってきたのかを自分の言葉を用いてまとめる。

重要　問七　「普通の」のカギ括弧には，本当にそうだろうかという筆者の疑問の意味が込められている。

一般的に会社は「利益」を目的にするものと考えられているが，筆者はベルリンで利益とともに社会福祉を目的にしている会社が成功していることを知り，利益だけを目的とする会社が本当に普通なのだろうかと疑問を感じたからである。

やや難 問八　文章の前半は「ベルリンという都市のもつ歴史」について，後半は「ベルリンらし」さについて書くという構成とする。前半のベルリンの歴史については，「ベルリンの壁崩壊」「東西ベルリンに分断された冷戦の壁」「壁を終わらせる以外に，ベルリンの再生はない」などの記述をもとに，第二次世界大戦や，壁の崩壊後に東西両方の人々が入り交じって暮らすようになった，などの世界史の知識を自分で補ってまとめる。後半の「ベルリンらしさ」については，筆者が利益と同時に社会福祉を目的とする「シナノン」の活動で感じたベルリンの人々の意識を述べる。困難を抱えている人もお互い助け合って生きていこうとする生活意識や行動スタイル，というような形でまとめる。

★ワンポイントアドバイス★

記述式の問題では，まず設問が求めている内容を正確に把握することが大切だ。その上で，何をどのように書けばよいのか，文末はどのようにまとめればよいのか構成を考え，書き終えた後もわかりやすい表現となっているか読み返したい。限られた時間で解答するためには，ふだんから練習を重ねるしか方法はない。

MEMO

大切なことはメモしておこうネ！

T・G

2019年度

入　試　問　題

2019年度

桐朋高等学校入試問題

【数　学】（50分）〈満点：100点〉

【注意】　答えが無理数となる場合は，小数に直さずに無理数のままで書いておくこと。また，円周率はπとすること。

1　次の問いに答えよ。

(1)　$\left(\dfrac{a^2b}{2}\right)^2\div(-ab)-\dfrac{a^2}{2}\times\left(-\dfrac{ab}{3}\right)$ を計算せよ。

(2)　2 次方程式 $(2x-3)^2+2(2x-3)-15=0$ を解け。

(3)　$\dfrac{(\sqrt{5}+\sqrt{2})(\sqrt{5}-\sqrt{2})}{\sqrt{3}}-\dfrac{(2-\sqrt{3})^2}{2}$ を計算せよ。

2　次の問いに答えよ。

(1)　関数 $y=\dfrac{a}{x}$ で，x の変域が $-8\leqq x\leqq -4$ であるとき，y の変域は $b\leqq y\leqq -3$ である。a，b の値を求めよ。

(2)　1 つのさいころを 2 回投げて，1 回目に出た目を a，2 回目に出た目を b とする。$\dfrac{ab}{7}$ の値を小数で表したとき，その整数部分が 1 となる確率を求めよ。

(3)　右の図のひし形 ABCD で，$\angle$AEB＝110°，$\angle$EBC＝22°，$\angle$CAE＝34° である。このとき，$\angle$ADC の大きさを求めよ。

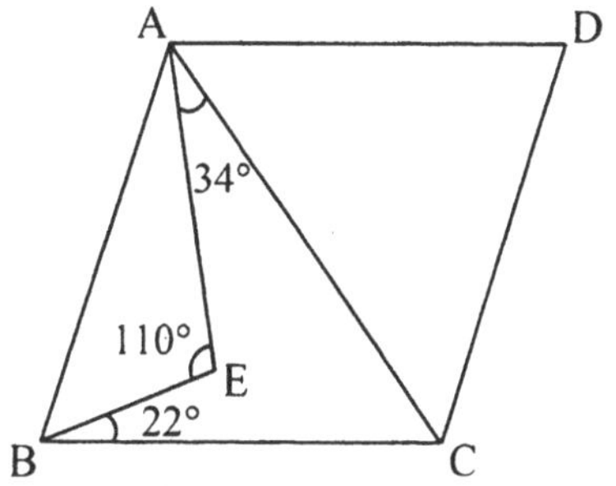

3　2 つの商品 A, B をそれぞれ何個かずつ仕入れた。1 日目は，A, B それぞれの仕入れた数の 75%，30%が売れたので，A と B の売れた総数は，A と B の仕入れた総数の半分より 9 個多かった。2 日目は，A の残りのすべてが売れ，B の残りの半分が売れたので，2 日目に売れた A と B の総数は 273 個であった。仕入れた A，B の個数をそれぞれ求めよ。答えのみでなく求め方も書くこと。

4 長方形ABCDは，辺ADが直線 $y=1$ 上にあり，辺BCが直線 $y=-\frac{1}{4}$ 上にあり，点Dの x 座標は点Aの x 座標より1だけ大きいものとする。長方形ABCDは，その周が放物線 $y=x^2$ と異なる2点P，Qで交わるように動く。ただし，Pの x 座標はQの x 座標より小さいものとする。

このとき，点Aの x 座標を t として，次の問いに答えよ。

(1) $t=-\frac{3}{2}$ のとき，2点P，Qの座標を求めよ。

(2) t の値の範囲を求めよ。

(3) 線分PQが長方形ABCDの面積を2等分するとき，t の値を求めよ。

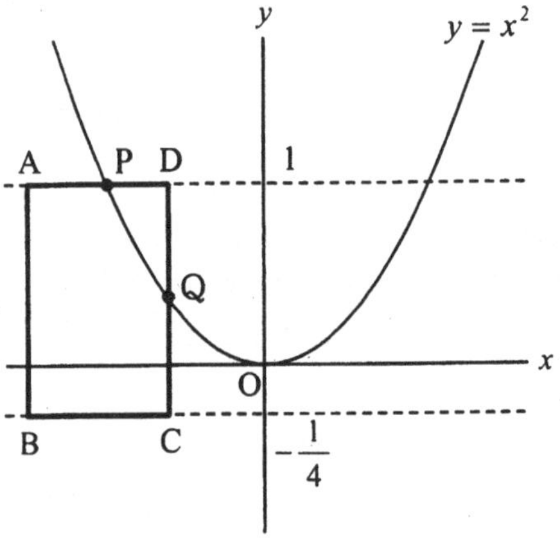

5 右の図のように，AB＝ACの二等辺三角形ABCと，3点A，B，Cを通る円がある。$\overset{\frown}{AB}$ 上に点Dを，$\overset{\frown}{BC}$ 上に点Eを，$\overset{\frown}{AD}=\overset{\frown}{BE}$ となるようにとる。また，直線ABと直線CEの交点をFとする。

(1) △AFC∽△DCBであることを証明せよ。

(2) BC＝4，BD＝3，∠DBC＝90° のとき，次のものを求めよ。

①ACの長さ　②BFの長さ　③△BFEの面積

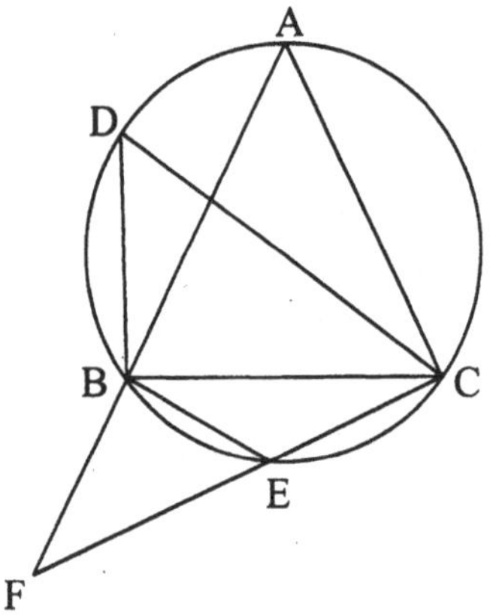

6 右の図のように，1辺の長さが6の正八面体ABCDEFがある。BDとCEの交点をO，辺BCの中点をMとし，OからAMに垂線OHを引く。Oを中心として，OHを半径とする球Sをつくると，球Sは正八面体ABCDEFのすべての面に接する。

(1) OHの長さを求めよ。

(2) P，Q，Rを，それぞれ辺AB，AC，AD上の点とし，AP：PB＝AQ：QC＝AR：RD＝2：1とする。

次の3点を通る平面で球Sを切断するとき，切り口の円の半径を求めよ。

①P，Q，R　②P，Q，D

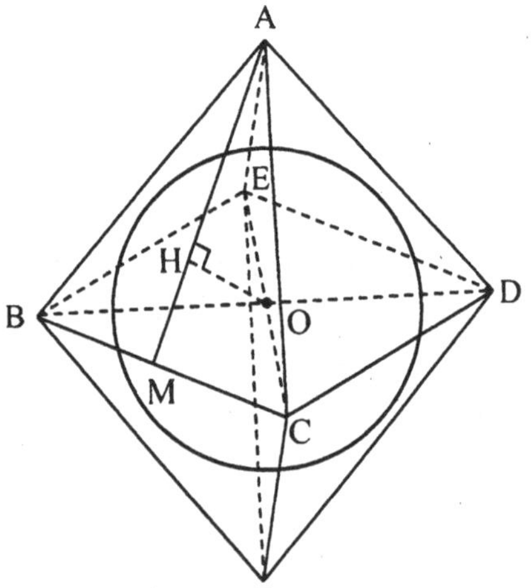

【英　語】（50分）〈満点：100点〉
【注意】 リスニングテスト中，メモを取ってもかまわない。

Ⅰ　リスニング問題　　放送を聞いて次のA，Bの問題に答えなさい。
注意　リスニングテスト中は筆記問題に進んではいけません。
問題A　これから英語で短い対話を放送します。そのあとでその対話についての質問がなされますから，その答えとして最も適切なものを選び，記号で答えなさい。対話と質問は **1回だけ** 読まれます。

(1) A. Seven dollars.
B. Ten dollars.
C. Twelve dollars.
D. Fifteen dollars.

(2) A. To make an appointment.
B. To ask him about the traffic.
C. To tell him she'll be late.
D. To cancel their appointment.

(3) A. Catch a bus from stop 5.
B. Catch a number 20 bus.
C. Go to the city hall.
D. Get her airplane ticket at the store.

(4) A. At home.
B. At the station.
C. On the train.
D. In the bookstore.

(5) A. He lost his football match.
B. He missed a science class.
C. He cannot talk to his teacher.
D. He could not finish his report.

問題B　これから放送される英文について，以下の問いに答えなさい。英文は **2回** 読まれます。
問1　英文の内容に合うように，次の(1)，(2)の各文の後半部分として最も適切なものを選び，記号で答えなさい。

(1) Rose didn't allow Jim to ride in the helicopter because
A. it was dangerous.
B. it was expensive.
C. Jim was old.
D. Jim was sick.

(2) The helicopter pilot promised Jim and Rose that the ride would be free
A. because Jim came there every year.
B. because Jim was older than 85.

C. if Jim said the secret password.

D. if Jim was silent during the ride.

問2 ヘリコプターに乗っている間にJimが取った行動を，以下の英文の空所(1)～(3)に英語を1語ずつ補う形で書きなさい。

When Jim (1) his wallet, he (2) shouted. But he didn't say (3) so that he wouldn't have to pay.

STOP STOP STOP

リスニングテストが終わるまで筆記問題に進んではいけません。

※リスニングテストの放送台本は，問題の最後に掲載してあります。

Ⅱ 次の英文を読んで，後の問いに答えなさい。

*Ordinary people have always been *attracted to the world of movies and movie stars. One way to get closer to this world is to become a movie extra. Although you have seen movie extras, you may not have paid much attention to them. Extras are the people seated at tables in a restaurant while the two main actors are in conversation. They are the guests at the wedding of the main characters. They are the people crossing the street while "the bad guy" is being *chased by the police. Extras don't normally speak any lines, but they make the scenes (1) real.

Being a movie extra might seem like a lot of fun. You get to see what life is like behind the scenes. But don't forget that being an extra is really a job, and it's mostly about doing nothing. First-time extras are often shocked to (2)[of / learn / is / the process / slow / how / movie making]. In a finished movie, the action may move quickly. But (3)it sometimes takes a whole day to shoot a scene that appears for just a few minutes on the screen.

The main *requirement for being an extra is the ability to (4). You may report to work at 5 or 6 a.m., and then you wait until the director is ready for your scene. This could take several hours. Then there may be technical problems, and you have to wait some more. After the director says "action" and you do the first "take," you may have to do it again if he or she is not (5) the scene. In fact, you may have to do the same scene over and over again. You could be on the set for hours, sometimes waiting outdoors in very hot or cold weather. You may not be finished until 11 p.m. or midnight. The pay isn't good, either — often only a little bit above *minimum wage. And you must pay the *agent who gets you the job a *commission of about 10 percent.

So who would want to be a movie extra? In spite of the (6-①) hours and (6-②) pay, many people still *apply for the job. Some people truly enjoy the work. They like being on a movie set, and they enjoy the *companionship of their fellow extras. Most of them have *flexible schedules, which allow them to be *available. They may be students, waiters, homemakers, *retired people, or *unemployed actors. Some unemployed actors hope the work will help them get real acting jobs, but (7)it doesn't happen often. Most people in the movie *industry make a sharp *distinction between extras and actors, so extras are not usually *considered for larger parts.

The next time you see a movie, don't just watch the stars. Take a closer look at the people in the background, and ask yourself: Who are they? Why are they there? What else do they do in life? Maybe there is someone in the crowd who is just like you.

［注］ ordinary：普通の　attract：～を引きつける　chase：～を追いかける　requirement：必要条件
minimum wage：最低賃金　agent：仲介業者　commission：手数料　apply for：～に応募する
companionship：親交　flexible：融通の利く　available：都合のつく　retired：退職した
unemployed：仕事のない　industry：産業　distinction：区別　consider：～を考慮に入れる

問1　空所(1)に入る最も適切なものを以下より選び，記号で答えなさい。

A. are　B. like　C. look　D. sound

問2　下線部(2)の［　］内の語句を並べかえて，意味の通る英文にしなさい。

問3　下線部(3)を日本語にしなさい。

問4　空所(4)に入る最も適切な語を本文中より抜き出して答えなさい。

問5　空所(5)に入る最も適切なものを以下より選び，記号で答えなさい。

A. disappointed with
B. satisfied with
C. scared of
D. tired of

問6　空所(6-①)と(6-②)に入る語の組み合わせとして最も適切なものを以下より選び，記号で答えなさい。

A. (6-①) short　(6-②) low
B. (6-①) short　(6-②) high
C. (6-①) long　(6-②) low
D. (6-①) long　(6-②) high

問7　下線部(7)が指す内容を日本語で説明しなさい。

Ⅲ　次の英文は，ロボットについて1990年代後半に書かれた文章です。これを読んで，後の問いに答えなさい。

Robots are smart. With their computer brains, they can do work that humans don't want to do because it is dangerous, dirty, or boring. [1] Bobby is a mail carrier robot that brings mail to a large office building in Washington, D.C. There are hundreds of mail carrier robots in the United States. In more than seventy hospitals around the world, robots called Help Mates take medicine down halls, call for elevators, and deliver meals. In Washington, D.C., a tour guide at the Smithsonian museum is a robot called Minerva. About 20 percent of the people who met Minerva said that (2)[a / as / as / person / seemed / she / smart]. There is even a robot that is a teacher.

Mr. Leachim is a fourth-grade teacher robot. He (3-①) 200 pounds, is six feet tall, and has some *advantages as a teacher. One advantage is that he doesn't forget *details. He knows each child's name, the parents' names, and what each child knows and needs to know. In addition, he knows each child's pets and hobbies. Mr. Leachim doesn't make mistakes. Each child (3-②) Mr.Leachim his or her name and then *enters an *identification number. His computer brain (3-③) the child's voice and number together. He identifies the child with no mistakes. Then he starts the lesson.

Another advantage is that Mr.Leachim is *flexible. If the children do not understand something, they can [　　(4)　　]. When the children do a good job, he tells them something interesting about their hobbies. At the end of the lesson, the children switch off Mr. Leachim . The good thing about Mr. Leachim is that (5), so he doesn't get *upset if a child is "difficult."

Today, scientists are trying to create a robot that shows emotions like a human being. At MIT (Massachusetts Institute of Technology), Cynthia Breazeal has created a robot called Kismet. It has only a head at this time. As soon as Breazeal comes and sits in front of Kismet, the robot's mood changes. The robot smiles. Breazeal talks to it the way a mother talks to a child, and Kismet watches and smiles. When Breazeal starts to move backward and forward, Kismet doesn't like that and looks upset. The message Kismet is giving is "Stop this!" Breazeal stops, and Kismet becomes (6-①). Breazeal now pays no attention to Kismet, and the robot becomes (6-②). When Breazeal turns toward Kismet, the robot is (6-③) again. (7) Another thing Kismet does like a child is to play with a toy and then become bored with the toy and close its eyes and go to sleep. Breazeal is still developing Kismet. Kismet still has many things missing in its personality. It does not have all human emotions yet, but one day it will!

At one time, people said that computers could not have emotions. It looks very possible that in the future scientists will develop a computer that does have emotions and can even be a friend. But what are the advantages of having a friend that's a machine?

［注］ advantage：利点　detail：詳細　enter：～を入力する　identification：認識(動 identify)
flexible：適応力がある　upset：腹を立てた

問1　空所[1]に入る最も適切なものを以下より選び，記号で答えなさい。

A. Some robots are taking jobs away from people.
B. Robots still cannot help people do difficult jobs.
C. Some robots can find good jobs for those who need them.
D. Computer brains that robots have are better than human brains.

問2　下線部(2)の[ ]内の語を並べかえて，意味の通る英文にしなさい。

問3　空所(3-①)～(3-③)に入る最も適切なものを以下より選び，必要ならば適切な形に変えて答えなさい。ただし，それぞれ1回しか使えない。

call　pay　put　tell　weigh

問4　空所(4)に入る英語を書きなさい。ただし，以下の語(句)を**順番と形を変えずにすべて使うこと。**

ask / to / lesson / as many / they like

問5　空所(5)に入る最も適切なものを以下より選び，記号で答えなさい。

A. the children can switch him on again

B. he teaches as well as human teachers

C. he doesn't have feelings like a human

D. the children can carry him anywhere

問6　空所(6-①)，(6-②)，(6-③)に入る語の組み合わせとして最も適切なものを以下より選び，記号で答えなさい。

A.	(6-①) upset	(6-②) pleased	(6-③) sad
B.	(6-①) happy	(6-②) pleased	(6-③) upset
C.	(6-①) upset	(6-②) sad	(6-③) pleased
D.	(6-①) pleased	(6-②) sad	(6-③) happy

問7　下線部(7)を日本語にしなさい。

問8　以下の質問に40語程度の英語で答えなさい。

Do you want to have a machine friend?　Why or why not?

Ⅳ　次の下線部(1)，(2)を英語にしなさい。

(1)歩きながらゲームをしている人が多いのには驚きます。歩いているときは(2)周りを見ないとたいへんなことになります。

2019年度　英語入試問題　＜リスニング放送原稿＞

[M] ... male native speaker

[F] ... female native speaker

これから放送によるリスニングテストを始めます。問題冊子の2ページを開いてください。なお，このリスニングテスト中は，指示があるまで筆記問題に進んではいけません。

問題A

これから英語で短い対話を放送します。そのあとでその対話についての質問がなされますから，その答えとして最も適切なものを選び，記号で答えなさい。対話と質問は1回だけ読まれます。

(1) M: Natalie, could you lend me five dollars?

F: I don't know, John. You haven't even paid me back the ten dollars that you borrowed last week.

M: What? I borrowed seven dollars, not ten.

F: Oh, right... Anyway, if I lend you five dollars now, it will be twelve dollars in total.

Question: How much money did Natalie lend to John last week?

(2) (*on the phone*)

M: Hello?

F: Hello, my name is Emily Taylor. May I speak to Mike Williams?

M: Oh. Hi, Emily. This is Mike.

F: Mike, I'm going to be about twenty minutes late for our appointment. The traffic is terrible.

M: All right. Drive safely. Thanks for calling.

Question: Why is Emily calling Mike?

(3) F: Excuse me, but does this bus go to the airport?

M: No, this one takes you to the city hall. But number 12 goes to the airport.

F: Oh, thanks. Where can I catch the bus?

M: It leaves from stop 5 — over there next to the convenience store.

Question: What is the woman going to do next?

(4) M: Katie, what's the problem? You look so sad.

F: Oh, I've lost my smartphone.

M: That's too bad. When and where do you think you lost it?

F: I remember reading a novel on my smartphone at the station this morning, so I believe I left it on the bench there.

M: You should call the train company then.

Question: Where does Katie think she lost her smartphone?

(5) M: Hi, Mary. This is Tom. Were you able to finish the science report?

F: Yeah. I did it yesterday. How about you?

M: I couldn't. I was watching the football match on TV until late at night. I didn't feel like working on the report. I'm worried about what Mr. Johnson will say....

F: Don't worry. He'll understand. I'm sure he was also enjoying the match.

Question: What is Tom's problem?

問題B　これから放送される英文について問題用紙の各問いに答えなさい。英文は２回読まれます。

Jim and his wife Rose went to the city festival every year, and every time he said to her, "Rose, you know that I want to ride in that helicopter." But Rose always said, "I know that, Jim, but that helicopter ride is 50 dollars and 50 dollars is 50 dollars."

This year, however, Jim said to his wife, "I'm 87 years old now. If I don't ride that helicopter this year, I may never get another chance." Once again Rose said, "Jim, you know that helicopter is 50 dollars and 50 dollars is 50 dollars."

This time the helicopter pilot heard their conversation and said, "Listen. I'll take you for a ride. If you can stay quiet during the ride and not say a word, you don't have to pay for the ride! But if you say just one word, it's 50 dollars."

Jim and Rose agreed and Jim went up in the helicopter. The pilot did all kinds of moves and tricks, but not a word was said by Jim. When they finally landed, the pilot said to Jim, "Wow! I did everything I could to make you scream or shout, but you didn't. I'm really surprised!"

Jim said, "Well, I almost said something when my wallet fell out, but 50 dollars is 50 dollars!"

これでリスニングテストを終わります。続いて，筆記問題に進んでください。

船が傾き、甲板の手すりにしがみついていた人が海へと落下していく。凄惨《せいさん》な出来事の胸をしめつけられる結末……。

映画館では、この場面で大爆笑が起こった。エチオピア人の観客は、［　B　］ようだった。満員の観客が手を叩《たた》きながら、互いに顔を見合わせて笑っている姿が、いまでも目に浮かぶ。

（松村圭一郎『うしろめたさの人類学』による。）

問一　――線部①「そんな生活」とはどのような生活か。文中の二箇所の表現を用いて、三十字以内で説明せよ。

問二　――線部②とあるが、筆者が「びっくりし」たのはなぜか。次の中から最もふさわしいものを選び、記号で答えよ。

ア　女性従業員が乗客の後ろから、誰も見ていないのにお辞儀をしたから。

イ　女性従業員がとても丁寧なお辞儀を、感情のないままに形だけしたから。

ウ　女性従業員がバスに向かって、乗客の様子にはお構いなくお辞儀したから。

エ　女性従業員が心のこもったお辞儀を、振り返った自分にだけしてくれたから。

問三　――線部③とあるが、筆者は日本にいるときの自分についても、エチオピア体験の後で捉え直している。

㈠　筆者が日本にいるときの自分を説明するのに用いている、ほとんど同じことを指していながら意味の異なる表現を二つ、どちらも十五字以内で抜き出せ。

㈡　㈠で抜き出した二つの表現の意味の違いをふまえて、筆者が日本にいるときの自分についての捉え方がどう変化したかを、簡潔に説明せよ。

問四　――線部④とあるが、感情が「操作されているようにも思え」る具体的な状況を自分で考えて、簡潔に述べよ。ただし、本文中のCMやお笑い番組の例とは異なるものであること。

問五　――線部⑤「自分の居場所と調査地とを往復するなかで生じる『ずれ』や『違和感』」を端的に表す一語を文中から抜き出せ。

問六　――線部⑥「日本社会の感情をめぐる環境の特殊さ」を説明した次の文の空欄に補われることばを、十五字程度で文中から抜き出せ。

・［　　］が構築されていること。

問七　――線部⑦について。筆者はこれを考えるのに三つの面から考察を進めている。それらを表す三つのことばを文中から抜き出せ。ただし、それぞれ八字、二字、六字である。

問八　［A］に補われることばとして最もふさわしいものを次の中から選び、記号で答えよ。

ア　自分も「もののあわれ」を以前から感じていたことに気づく。

イ　なるほど「もののあわれ」という言葉があると便利だと納得できる。

ウ　そこで感じた「なにか」は「もののあわれ」としか表現しようがなくなる。

エ　違う言葉で表現するだけでだれもが「もののあわれ」を感じているのだとわかる。

問九　［B］に補われる、「この場面で大爆笑が起こった」理由を想像して、簡潔に説明せよ。

次に、怒りを感じる場面を思い浮かべてみる。わずかに目の周りに力が入ったり、胸の奥に熱いものが流れる感じがしたり……。

　やってみるとよくわかるけど、ぼくらはこうした感情を「悲しみ」や「怒り」という言葉以上にうまく表現する語彙をもたない。あるいは、「悲しみ」や「怒り」といった言葉を手がかりにして、はじめて胸の奥にわきあがる「なにか」に意味を与えることができている。

　だから、ぼくらは知らない言葉の感情を感じることができない。

　古典の教科書に出てくるような「もののあわれ」という言葉の意味を知らなければ、「いやぁ、もののあわれを感じるなぁ」とは言えない。でも言葉を知り、その「感じ」がぼんやりとでもわかると、そうした感情を覚えることができる。そして、そのとたん、［　A　］。

　あるいは、「今日は、ハッピーだ！」というときの気分と、「私は幸せ者です」というときの気分は、ちょっと違う。どこがどう違うのか、きちんと説明できなくてもよい。「なんとなく違う」というだけで、ぼくらはふたつの感情を感じ分けることができる。

　これは、感情が身体的な生理現象だけではないことの証拠でもある。もちろん、心のなかの「なにか」は脳内の反応とつながっているのだろうけど、「言葉」は、それに「かたち」を与え、分類や区別を可能にし、経験のリアリティを支える。

　感情を「わかる」ための手がかりは「言葉」だけではない。

　母親が赤ん坊をあやしながら、ふくれっ面《つら》をする。ぼくらは、母親がほんとうに怒っているわけではないことをわかっている。「涙」や「顔の表情」といった外的に表示される印は、周囲の文脈のなかで理解される。

　前の章で書いたように、店員とのモノのやりとりではなにも感じないのに、家族のあいだの同じようなモノのやりとりには感情がこもっているように思える。

　感情を引き起こす刺激には、人とモノの配置やそれらの関係といった文脈全体が含まれている。そこでは、行為する人やそれを見ている人が、どのようにその文脈と関わっているのかが重要になる。

　「悲しい」という感情を「わかる」ために、鏡で自分の顔を確認したり、心のなかに生起する反応をそのつど脳波モニターで確認したりする必要はない。それらはいずれも文脈を問わない理解の仕方だ。

　ある映画をじっと観ている。ストーリーの展開、雰囲気のある音楽、すっと流れ出る涙。こうした人とモノの配置から、ぼくらは自分のなかに生じる「なにか」が「悲しみ」だと疑いなく感じとる。このとき脳内でどういう反応が起きているかは関係ない。だとしたら、とたんに外的な「刺激」と内的な「反応」という線引き自体があやしくなる。人と対象との関わり方自体が、刺激や反応の意味を決めているからだ。

　そして、感情が社会的な文脈で生じるのであれば、それは自分だけの「こころ」の表現とはいえない。悲しみや怒りは、ある特定の人やモノの配置にそって意味が確定され、「涙」や「顔の表情」がひとつのリアルな「感情」として理解可能になる。

　感情の意味は、さまざまな人やモノとの関わりのなかで決まる。だからこそ、同じ対象や場面でも、違った反応を引き起こすことになる。

　エチオピアの地方の映画館でレオナルド・ディカプリオが主演した『タイタニック』を観ていたときのことだ。最後、氷山にぶつかった客

かって深々とお辞儀する女性従業員の姿に、びっくりして振り返ってしまった。

人との関わりのなかで生じる厄介で面倒なことが注意深く取り除かれ、できるだけストレスを感じないで済むシステムがつくられていた。

おそらく、お辞儀する女性は感情を交えて関わり合う「人」ではなく、券売機の「ご利用ありがとうございます」という機械音と同じ「記号」だった。

つねに心に波風が立たず、一定の振幅におさまるように保たれている。その洗練された仕組みの数々に、逆カルチャーショックを受けた。

そのうち、自分がもとの感情の起伏に乏しい「自分」に戻っていることに気づいた。顔の表情筋の動きも、すっかり緩慢になった。顔つきまで変わっていたかもしれない。③いったい、エチオピアにいたときの「自分」は「だれ」だったのだろうか？　そんなことも考えた。

でも日本の生活で、まったく感情が生じないわけではなかった。テレビでは、新商品を宣伝するために過剰なくらい趣向を凝らしたCMが繰り返し流され、物欲をかき立てていた。それまで疑問もなく観ていたお笑い番組も、無理に笑うという「反応」を強いられているように思えた。そんなとき、ひとりテレビを観ながら浮かぶ「笑い」は、「感情」と呼ぶにはほど遠い、薄っぺらで、すぐに跡形もなく消えてしまう軽いものだった。

多くの感情のなかで、特定の感情／欲求のみが喚起され、多くは抑制されているような感覚。エチオピアにいるときにくらべ、自分のなかに生じる感情の動きに、ある種の「いびつさ」を感じた。④どこか意図的に操作されているようにも思えた。

人類学は、この⑤自分の居場所と調査地とを往復するなかで生じる「ずれ」や「違和感」を手がかりに思考を進める。それは、ぼくらがあたりまえに過ごしてきた現実が、ある特殊なあり方で構築されている可能性に気づかせてくれる。

人類学では「ホーム」と「フィールド」との往復が欠かせない。そして、その両者が思考の対象となる。人類学といえば、よく遠くの国の異文化について研究していると思われてしまうが、人類学者はたんにフィールドの「かれら」だけを調査しているわけではない。

エチオピアにいると、日本とは違う感情の生じ方を経験する。そこから、⑥日本社会の感情をめぐる環境の特殊さに気づくこともできるし、それまで疑問をもたなかった「感情とはなにか？」という根本的な問いにも自覚的になれる。

⑦そもそも、ぼくらは感情をどう感じているだろうか？

涙がこぼれるとき、そこに「悲しみ」があるのは、わかりきったことかもしれない。でも、涙は悲しいときだけ流れるわけではない。目にゴミが入ったときも、あくびをしたときも涙は出る。そんなとき、自分が悲しんでいるとは思わない。

「悲しみ」は「涙」という印だけから、そこにあると理解されるわけではない。では、なぜ自分のなかの感情が「悲しみ」や「怒り」だとわかるのか？

感情が生じるときの心の動きをじっくり観察してみよう。

過去にあった悲しい出来事を思い出してみる。なんだか目の奥がうずうずしたり、胸がもやもやしたり……。

問七　――線部④「**if**のバネ」とほぼ同じ意味で使われている別の表現を本文中からみつけ、抜き出して書け。

問八　［3］を補うのにふさわしいと思われる語を、本文中から抜き出して書け。

問九　「母が持っていた勇気」の詩について。本文の筆者は、ミレーがこの詩にどのような思いを込めていると読み取っているのか。――線部⑤に「**if**は、母の勇気へ背伸びするためのバネだ」とあることもふまえて説明せよ。

問十　＝＝線部a～eについて、カタカナは漢字に改め、漢字はその読み方をひらがなで書け。

二　次の文章を読んで、後の問に答えよ。

最初にエチオピアを訪れたのは、もう二十年近く前のことだ。ほとんど海外に出たこともなかった二十歳そこそこのころ。十カ月あまりの滞在期間の大半をエチオピア人に囲まれて過ごした。

それまで、自分はあまり感情的にならない人間だと思っていた。人とぶつかることもそれほどなく、どちらかといえば冷めた少年だった。それが、エチオピアにいるときは、まるで違っていた。

なにをやるにしても、物事がすんなり運ばない。タクシーに乗るにも、物を買うにも、値段の交渉から始まる。町を歩けば、子どもたちにおちょくられ、大人からは質問攻めにあう。調査のために役所を訪れると、「今日は人がいないから明日来い」と何日も引き延ばされる。「ここじゃない、あっちの窓口だ」と、たらいまわしにされる。話がうまくいったと思ったら最後に賄賂を要求される……。

言葉の通じにくさもあって、懸命に身振り手振りを交えて話したり、大声を出して激高してしまったりする自分がいた。

村で過ごしているあいだも、生活のすべてがつねに他人との関わりのなかにあって、ひとりのプライベートな時間など、ほとんどない。いい意味でも、悪い意味でも、つねにある種の刺激にさらされ続けていた。

食事のときは、いつもみんなでひとつの大きな皿を囲み、「もっと食べろ」と声をかけあい、互いに気遣いながら食べていた。

村にはまだ電気がなかった。食後はランプの灯りのもとで、おじいさんの話に耳を傾け、息子たちと腹を抱えて笑い転げたり、真顔で驚いたりと、にぎやかで心温まる時間があった。

村のなかにひとり「外国人」がいることで、いろんないざこざが起きて、なぜこんなにうまくいかないんだと、涙が止まらない日もあった。

毎朝、木陰にテーブルを出して、前日の日記をつけるのが日課だった。ふと見上げると、抜けるような青空から木漏れ日がさし、小鳥のさえずりだけが聞こえる。さわやかな風に梢《こずえ》が揺れる。おばあさんが炒《い》るコーヒーのいい香りが漂ってくる。自分はなんて幸せなんだろうと、心からうっとりした。

腹の底から笑ったり、激しく憤慨したり、幸福感に浸ったり、毎日が喜怒哀楽に満ちた時間だった。顔の筋肉も休まることなく、つねにいろんな表情を浮かべていた気がする。

①そんな生活を終えて、日本に戻ったとき、不思議な感覚に陥った。関西国際空港に着くと、すべてがすんなり進んでいく。なんの不自由も、憤りや戸惑いも感じる必要がない。バスのチケットは自動券売機ですぐに買えて、数秒も違わず定刻ぴったりに出発する。②動き出したバスに向

呆然と立ちすくんだことはあった。十二歳のときだ。飛行機の墜落事故で父親が死んで、一夜にして、長男のぼくが父親の立場になってしまった。

　もちろん、とても背負えない負担と、ちっとも果たせない責任ばかりだったが、それでも家族にぽっかり開いた穴に、自らが吸い込まれてそこから出られず、耳の鼓膜の奥でだれかが［ 3 ］とささやいているようだった。

　子にとっては親の存在が大きく、おそらく年齢に関係なく、事故死か病死か老衰かも関係なく、親を失えば、とてつもない**it**にタッチされたみたいに、立場ががらりと変わる。

　一八九二年に生まれたアメリカの詩人エドナ・セントヴィンセント・ミレーは、母親の強さを岩にたとえて、同じ荷を背負えない自分をしみじみと描いた。この「母が持っていた勇気」という詩でも⑤**if**は、母の勇気へ背伸びするためのバネだ。

　　母が持っていた勇気　　エドナ・セントヴィンセント・ミレー

母が持っていた勇気は、いっしょに
去っていき、今も母とともにある。
ニューイングランドの山から切り出された御影石《みかげいし》が
再びその山の上に据えられ、母もその地に戻った。
母が胸につけていた金のブローチは
わたしのものになった。母が残してくれた
なによりの宝だ。宝ではあるけれど、それが
なくても、わたしは生きていくことができる。
母がもし、岩のようなあの勇気を
かわりに残してくれていたら！
今の母には必要ないかもしれないもの――
でもわたしにあったなら、どんなにか。

（アーサー・ビナード『もしも、詩があったら』による。ただし一部省略した部分がある。）

問一　――線部①について。「相場」という語のここでの意味を答えよ。

問二　本文中の二カ所の［　　］を補うのにふさわしい表現を考えて書け。（二カ所には三文字の同じ語が入る。）

問三　――線部②について。筆者は、外国語を習得するうえで大切なのはどのようなことだと考えているのか。簡潔に答えよ。

問四　［ 1 ］を補うのに最もふさわしいと思われる表現を次の中から選び、記号で答えよ。

ア　実在感が希薄な感じ　　イ　何ともおぞましい様子
ウ　取るに足りない気分　　エ　得体の知れない雰囲気

問五　［ 2 ］を補うのに最もふさわしいと思われる語を次の中から選び、記号で答えよ。

ア　謎　　イ　死　　ウ　変身
エ　快楽　　オ　悪夢

問六　――線部③とあるが、筆者はどのようなことを「Old Ageの変身」といっているのか。わかりやすく説明せよ。

味なのか。

補足説明など一切なく、はっきり認められるのはheでもsheでもなく、あえてitと呼ぶことによって、［1］がc醸し出されることだ。強いていえば、怪しい「人でなし」といった印象がひそんでいる。

しかしそれがなんなのか、来日して「鬼ごっこ」に出くわすまでは、ぼくは深く考えたことがなかった。ミシガンでtagの遊びを何百回もやっていたというのに、自分もitに何百回もなっていたというのに。やはり「鬼」と比較して、英語のitが百倍くらい曖昧なのだ。

むかしミシガンでのtagに、隣の家のメアリーと弟のダッグ、その又隣のっぽのデイヴと弟のケーシーと、それから斜向《はすむ》かいの家のエイミーもいつも参加していた。エイミーは足が速く、とてもすばしこかったが、彼女の発音がちょっと独特で、子音をいうときに少々息が漏れる感じだった。たとえばtが、どこかfとsを掛け合わせたような音になり、鬼のitとして彼女がだれかにタッチすれば"You're it!"と叫び、でもそれが"You're if!"に聞こえたりした。いつかぼくは"I'm if? What's if?"と彼女をからかったこともあった。むろん、つかまってしまった悔しさを、意地悪くまぎらそうとしただけだったが。

けれど、詩を書くようになってから、あのtagを通してのitとifの交差を思い出し、ただならぬdグウゼンの一致と感じて、うなずいた。詩人はときおりifという単語を、鬼ごっこのタッチみたいに使い、一時的な［2］を読者に体験させようとする。理屈ではなく「もしも」の飛躍の力で、常識の枠外へひょいっと連れていき、別天地を見せたい。

もしそれができれば、作品は立派に成功する。

「鬼ごっこ」という日本語を覚えてから三年ほど経ったころに、ぼくは『古今和歌集』を読み始めた。そしてさらに一年ばかりすぎて、どうにか八九五番目の歌までたどりつき、そこで習字教室の仲間と校庭で遊んだ記憶が、鮮やかによみがえった。

作者の「翁《おきな》」は、まるで鬼ごっこでもするような感覚で、「老い」というやつと向き合い、タッチされてしまったことを歎《なげ》いている。

老《お》いらくの来《こ》むと知《し》りせば門《かど》さしてなしと答《こた》へて逢《あ》はざらましを

If I'd known when Old Age was coming, I'd have locked
the gate and answered, "Nobody home!" — instead
I met this most unwelcome guest.

隠れん坊にも通じるたとえだが、英訳しようとするとheかsheかの代名詞の問題にぶつかり、「老いらく」は男なのか女なのか……いや、男でも女でもなく、きっとitであろうと「鬼ごっこ」の感覚のほうへ戻ってくる。ぼくは最終的に、代名詞を使わないですむunwelcome guestという表現をつくって、英語の読者の想像に任せた。

日本語の原文には「もしも」は入っていないが、「せば」と「ましを」の流れを伝えるにはifが必要になる。また③Old Ageの変身を演出するためにも、やはり④ifのバネが欠かせないのだ。

本格的な「老いらく」は、ぼく自身の門へは、まだやってこないので、どこか気楽に八九五番の歌をeカンショウしているかもしれない。ただ、自分の人生において一度、思いっきりタッチされ、いきなりitになって

【国　語】〈五〇分〉〈満点：一〇〇点〉

一　次の文章を読んで、後の各問に答えよ。

日本語と英語とが比較されるとき、決まって前者のほうが曖昧だという話になる。

ジャパニーズ・ランゲージは白黒をつけない、グレーゾーンにただようおぼろげな表現が多いと、①相場が決まっているようだ。そんなどんぶりaカンジョウの日本語に対し、英語は正確で明朗会計に思われているらしい。

その延長線上で、ネイティヴ・イングリッシュ・スピーカーのぼくは、しょっちゅういわれる。「日本語って、はっきりしないことが多いから、覚えるのに苦労したでしょ？」

もちろん、語学は楽な道ではない。でも、どんな外国語を選んでも、覚えるのに苦労するはずだ。日本語は難しいところがいっぱいあるが、世界の中でとりわけ曖昧というわけでもなく、習得する者がひっかかってしまう欠陥などないと、ぼくは思う。

「□は言うに優《まさ》る」や「□が花の吉野山」といった表現に見られるように、余韻を大切にする日本語の流れは脈々とつづいている。しかしどの言語にも、微妙な綾《あや》とニュアンスによって伝えられる意味が必ずあって、②その類《たぐ》いの「みなまで言うな」の表現を呑み込み、身につけるプロセスこそが語学ではないか。もっといえば、最初、曖昧に思われた言葉が次第に曖昧ではなく、よくわかる細やかな言葉に変身していけば、やっとそこで言語を習得できたということになるのだ。

日本語に深くわけ入り、あらためて英語と比べてみると、むしろ後者のほうが曖昧じゃないかと思えることもある。たとえば、「鬼ごっこ」に関してだ。

ぼくは二十二歳のときに来日したので、当初のひとり暮らしの中、鬼ごっこに興じる機会は巡ってこなかった。ところが、池袋の近所の習字教室に通い始め、先輩の小学生たちと仲よくなり、そのうちメンコだのガチャガチャだのを教わり、ランドセルもちょっと背負ってみたりして、また休日に小学校の校庭での「鬼ごっこ」にも参加させてもらった。

まずその呼び名に驚いた。「鬼ごっこ」と聞いて初めは、なにかモンスターのまねごとでもするのかと思っていたら、ルールは自分が子どものころにミシガンでさんざんやった**tag**というゲームと、b酷似しているではないか。

いや、そう思ってみんなといっしょに遊んでみたら、ルールが似ているどころかまったく同じだった。「鬼ごっこ」イコール**tag**と、完璧な同意語なのだ。

tagという単語は、古い英語に由来していて**touch**とか**rap**と同様の意味。したがって、直訳すると「タッチ」といったネーミングだ。ま、鬼がほかの連中を追い回し、だれかにタッチすれば、今度はそいつが鬼になるという遊びなので、英語名はそのメカニズムに焦点を当てているわけだ。でも「鬼」のことを**monster**とも**devil**とも**ogre**とも**demon**とも呼ばずに、オールラウンドでどうにでも解釈できる、極めてうやむやな代名詞の**it**が使われる。

「お前が鬼だ」というときは“**You're it.**”だし、「鬼はだれ？」と聞く場合は“**Who's it?**”となる。そんな**it**が具体的に、果たしてどういう意

2019年度

解　答　と　解　説

《2019年度の配点は解答欄に掲載してあります。》

＜数学解答＞

1　(1)　$-\frac{a^3b}{12}$　(2)　$x=-1,\ 3$　(3)　$-\frac{7}{2}+3\sqrt{3}$

2　(1)　$a=24,\ b=-6$　(2)　$\frac{1}{4}$　(3)　$72°$

3　A　420個，B　480個（求め方は解説参照）

4　(1)　$P(-1,\ 1)$，$Q\left(-\frac{1}{2},\ \frac{1}{4}\right)$　(2)　$-2<t<1$　(3)　$t=\frac{-2\pm\sqrt{2}}{4}$

5　(1)　解説参照　(2)　①　$2\sqrt{5}$　②　$\frac{4\sqrt{5}}{3}$　③　$\frac{10}{3}$

6　(1)　$\sqrt{6}$　(2)　①　2　②　$\frac{4\sqrt{3}}{3}$

○推定配点○

1　各5点×3　2　各5点×3　3　12点　4　各6点×3

5　(1)　10点　(2)　各5点×3　6　各5点×3　計100点

＜数学解説＞

1　（単項式の乗除，2次方程式，平方根）

(1)　$\left(\frac{a^2b}{2}\right)^2\div(-ab)-\frac{a^2}{2}\times\left(-\frac{ab}{3}\right)=-\frac{a^4b^2}{4}\times\frac{1}{ab}+\frac{a^3b}{6}=-\frac{3a^3b}{12}+\frac{2a^3b}{12}=-\frac{a^3b}{12}$

(2)　$(2x-3)^2+2(2x-3)-15=0$　$\{(2x-3)+5\}\{(2x-3)-3\}=0$　$(2x+2)(2x-6)=0$　$(x+1)(x-3)=0$　$x=-1,\ 3$

(3)　$\frac{(\sqrt{5}+\sqrt{2})(\sqrt{5}-\sqrt{2})}{\sqrt{3}}-\frac{(2-\sqrt{3})^2}{2}=\frac{5-2}{\sqrt{3}}-\frac{4-4\sqrt{3}+3}{2}=\sqrt{3}-\frac{7}{2}+2\sqrt{3}=-\frac{7}{2}+3\sqrt{3}$

2　（反比例，確率，角度）

基本　(1)　xの変域が負の範囲でyの変域も負の範囲であるから，$a>0$　$y=\frac{a}{x}$に$x=-8$，$y=-3$を代入して，$a=(-3)\times(-8)=24$　$y=\frac{24}{x}$に$x=-4$，$y=b$を代入して，$b=-6$

(2)　さいころの目の出方の総数は$6\times6=36$(通り)　$1\leqq\frac{ab}{7}<2$より，$7\leqq ab<14$　これを満たすa，bの値の組は，$(a,\ b)=(2,\ 4)$，$(2,\ 5)$，$(2,\ 6)$，$(3,\ 3)$，$(3,\ 4)$，$(4,\ 2)$，$(4,\ 3)$，$(5,\ 2)$，$(6,\ 2)$の9通りだから，求める確率は，$\frac{9}{36}=\frac{1}{4}$

基本　(3)　直線BEと線分ACとの交点をFとする。三角形の内角と外角の性質より，△AEFにおいて，$\angle AFE=110°-34°=76°$　△BCFにおいて，$\angle BCF=76°-22°=54°$　四角形ABCDはひし形だから，$\angle ACD=\angle BCF=54°$　よって，$\angle ADC=180°-\angle BCD=180°-54°\times2=72°$

3 （方程式の応用）

Aをa個，Bをb個仕入れたとすると，1日目の売れた総数について，$\frac{75}{100}a+\frac{30}{100}b=\frac{1}{2}(a+b)+9$　$15a+6b=10(a+b)+180$　$5a-4b=180$…①　2日目の売れた総数について，$\left(1-\frac{75}{100}\right)a+\left(1-\frac{30}{100}\right)b\times\frac{1}{2}=273$　$5a+7b=5460$…②　②－①より，$11b=5280$　$b=480$　これを①に代入して，$5a-4\times480=180$　$5a=2100$　$a=420$　これらは解として適する。

4 （図形と関数・グラフの融合問題）

基本 (1)　点Dのx座標は，$-\frac{3}{2}+1=-\frac{1}{2}$だから，点Pの$x$座標$p$は，$-\frac{3}{2}<p<-\frac{1}{2}$　$y=x^2$に$y=1$を代入して，$x^2=1$　$x<0$より$x=-1$　よって，P$(-1,\ 1)$，点Qのx座標は$-\frac{1}{2}$だから，$y=x^2$に$x=-\frac{1}{2}$を代入して，$y=\frac{1}{4}$　よって，Q$\left(-\frac{1}{2},\ \frac{1}{4}\right)$

(2)　$y=x^2$と$y=1$との交点のx座標は±1だから，点Dのx座標$t+1$が，$t+1\leqq-1$のとき，すなわち，$t\leqq-2$のとき，題意を満たさない。また，点Aのx座標tが$1\leqq t$のときも題意を満たさない。よって，題意を満たすtの範囲は，$-2<t<1$である。

重要 (3)　線分PQが長方形ABCDの対角線の交点Rを通るとき，長方形の面積は2等分される。点Rのy座標は，$\left\{1+\left(-\frac{1}{4}\right)\right\}\div2=\frac{3}{8}$　直線$y=\frac{3}{8}$と線分AB，DCとの交点をそれぞれM，Nとする。右の図の△PMRと△QNRにおいて，MR＝NR　∠PMR＝∠QNR＝90°　対頂角だから，∠PRM＝∠QRN　1辺とその両端の角がそれぞれ等しいので，△PMR≡△QNR　よって，PM＝QN　点P，Qのy座標はそれぞれt^2，$(t+1)^2$だから，$\frac{3}{8}-t^2=(t+1)^2-\frac{3}{8}$　または，$t^2-\frac{3}{8}=\frac{3}{8}-(t+1)^2$　いずれも整理すると，$2t^2+2t+\frac{1}{4}=0$　$8t^2+8t+1=0$　解の公式を用いて，$t=\frac{-8\pm\sqrt{8^2-4\times8\times1}}{2\times8}=\frac{-8\pm4\sqrt{2}}{16}=\frac{-2\pm\sqrt{2}}{4}$

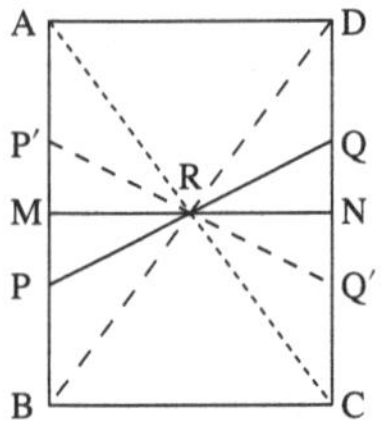

5 （平面図形の証明と計量）

基本 (1)　△AFCと△DCBにおいて，弧BCに対する円周角だから，∠FAC＝∠CDB…①　仮定より，弧AD＝弧BEだから，∠ABD＝∠BCE…②　AB＝ACだから，∠ABC＝∠ACB…③　②，③より，∠BCE＋∠ACB＝∠ABD＋∠ABC　すなわち，∠ACF＝∠DBC…④　①，④より，2組の角がそれぞれ等しいから，△AFC∽△DCB

重要 (2)　①　∠DBC＝90°より，線分CDは直径となり，$\text{CD}=\sqrt{\text{BC}^2+\text{BD}^2}=\sqrt{4^2+3^2}=5$　また，∠ACE＝∠ACF＝∠DBC＝90°だから，線分AEも直径となり，AE＝5　∠ABE＝90°　よって，直角三角形の斜辺と他の1辺がそれぞれ等しいので，△ABE≡△ACE　したがって，AEは二等辺三角形の頂角の二等分線であるから，AEとBCとの交点をMとすると，$\text{BM}=\text{CM}=\frac{1}{2}\text{BC}=2$　∠AMB＝90°　すると，2組の角がそれぞれ等しいから，△BME∽△AMB　EM：BM＝BM：AM　EM＝xとおくと，$x:2=2:(5-x)$　$4=x(5-x)$　$x^2-5x+4=0$　$(x-1)(x-4)=0$　AM＞EMより，$x=1$　よって，AM＝4となり，$\text{AC}=\text{AB}=\sqrt{\text{AM}^2+\text{BM}^2}=\sqrt{4^2+2^2}=2\sqrt{5}$

②　△AFC∽△DCBより，AF：AC＝DC：DB＝5：3　よって，$\text{AF}=\frac{5}{3}\text{AC}=\frac{10\sqrt{5}}{3}$　したがっ

て，$BF=\frac{10\sqrt{5}}{3}-2\sqrt{5}=\frac{4\sqrt{5}}{3}$

③　$BE=\sqrt{EM^2+BM^2}=\sqrt{1^2+2^2}=\sqrt{5}$　　$\angle EBF=90^\circ$だから，$\triangle BFE=\frac{1}{2}\times\frac{4\sqrt{5}}{3}\times\sqrt{5}=\frac{10}{3}$

重要　6　（空間図形の計量）

（1）　3点A，M，Oを通る平面を考える。△ABDは直角二等辺三角形だから，$AO=BO=\frac{1}{2}BD=\frac{1}{2}\times 6\sqrt{2}=3\sqrt{2}$　　AMは1辺の長さが6の正三角形の高さに等しいから，$AM=\frac{\sqrt{3}}{2}\times 6=3\sqrt{3}$　　また，$OM=\frac{1}{2}CD=\frac{1}{2}\times 6=3$　　$\triangle AOM=\frac{1}{2}\times OM\times AO=\frac{1}{2}\times AM\times OH$　　よって，$OH=\frac{3\times 3\sqrt{2}}{3\sqrt{3}}=\sqrt{6}$

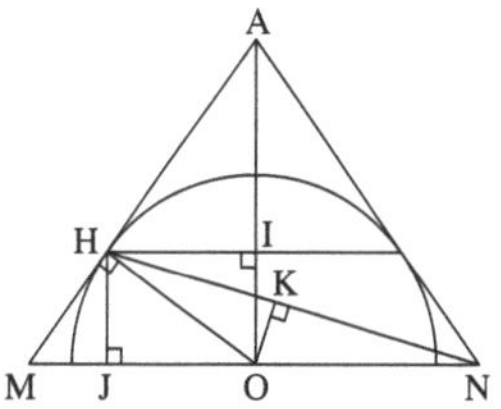

（2）　①　△OMHにおいて，$HM=\sqrt{3^2-(\sqrt{6})^2}=\sqrt{3}$　　よって，$AH:HM=(3\sqrt{3}-\sqrt{3}):\sqrt{3}=2:1$だから，3点P，Q，Rを通る平面は点Hも通る。HからAOにひいた垂線をHIとすると，HI//MOだから，$HI:MO=AH:AM=2:3$　　よって，$HI=\frac{2}{3}MO=2$　　したがって，切り口の円の半径は2である。

②　3点P，Q，Dを通る平面は点Eも通るから，線分DEの中点Nも通る。HからMNにひいた垂線をHJとすると，$HJ:AO=MJ:MO=MH:MA=1:3$　　よって，$HJ=\frac{1}{3}AO=\sqrt{2}$　　$MJ=\frac{1}{3}MO=1$　　したがって，$HN=\sqrt{(\sqrt{2})^2+(6-1)^2}=3\sqrt{3}$　　OからHNにひいた垂線をOKとすると，$\triangle HON=\frac{1}{2}\times ON\times HJ=\frac{1}{2}\times HN\times OK$　　よって，$OK=\frac{3\times\sqrt{2}}{3\sqrt{3}}=\frac{\sqrt{6}}{3}$　　したがって，切り口の円の半径は，$HK=\sqrt{OH^2-OK^2}=\sqrt{(\sqrt{6})^2-\left(\frac{\sqrt{6}}{3}\right)^2}=\frac{4\sqrt{3}}{3}$

★ワンポイントアドバイス★

出題構成，難易度も例年とほぼ同じである。図形や関数の大問は，前の小問を手がかりにして考えることが大切である。

＜英語解答＞

Ⅰ　A　（1）　A　　（2）　C　　（3）　A　　（4）　B　　（5）　D　　B　問1　（1）　B　　（2）　D
問2　（1）　dropped　　（2）　almost　　（3）　anything

Ⅱ　問1　C　　問2　learn how slow the process of movie making is
問3　（例）　スクリーン上にはほんの数分間しか映らないシーンを撮影するのに丸一日かかることもある。　　問4　wait　　問5　B　　問6　C　　問7　（例）　仕事のない俳優が，エキストラの仕事を通じて，本当の演技の仕事を得ること

Ⅲ　問1　A　　問2　she seemed as smart as a person　　問3　3-①　weighs　　3-②　tells
3-③　puts　　問4　ask him to repeat the lesson as many times as they like
問5　C　　問6　D　　問7　（例）　もうひとつキズメットが子どものようにすることは，おもちゃで遊んで退屈すると目を閉じて眠ってしまうということである。

問8　(例1)　I want to have a machine friend. First, he will never be angry. He will never say anything bad to me. Second, he will always help me. For example, when I am busy, he will do my homework for me.　(例2)　I don't want a machine friend. Machines do not understand human's emotions, so he will not understand my feelings. I have many real friends who make me happy. They also cheer me up when I am sad.

Ⅳ　(1)　I'm surprised that many people play games while they are walking.
(2)　You'll have a lot of trouble if you don't look around.

○推定配点○

Ⅰ　各2点×10　Ⅱ問1・問4～問6，Ⅲ問1・問3・問5・問6　各3点×10
Ⅱ問2・問3・問7，Ⅲ問4・問7　各5点×5　Ⅲ問2　4点
Ⅲ問8，Ⅳ　各7点×3　計100点

＜英語解説＞

Ⅰ　リスニング問題解説省略。

Ⅱ　**(長文読解問題・説明文：語句選択補充，語句整序，英文和訳，語句補充，指示語)**

(全訳)　普通の人々は，いつでも映画や映画スターの世界に引きつけられてきた。この世界に近づくための1つの方法は，映画のエキストラになることだ。映画のエキストラを見ても，その人たちにあまり多くの注意を向けてはこなかっただろう。エキストラは，2人の主要な俳優が会話をしているときにレストランのテーブルに座っている人々だ。彼らは主要人物たちの結婚式の招待客だ。彼らは「悪役」が警察に追いかけられているときに通りを横断している人々だ。エキストラは普通，何にもせりふをしゃべらないが，そのシーンを本物ののように見せる。

映画のエキストラになることはとても楽しいように思われるかもしれない。シーンの背後で人生とはどのようなものかがわかるようになる。しかし，エキストラをするということは実は仕事であり，ほとんど何もしないに等しいのだということを忘れてはならない。初めてのエキストラは。映画作りの工程がどれほど遅いものかを知って，しばしばショックを受ける。完成した映画では，動きが速いかもしれない。しかし，スクリーン上にはほんの数分間しか映らないシーンを撮影するのに丸一日かかることもある。

エキストラになるための主要な必要条件は，(4)待つ能力である。午前5時とか6時に仕事に行かなくてはならないかもしれないし，それから監督が担当のシーンの準備ができるまで待つのだ。これに数時間かかることもあるだろう。それから，技術面での問題があるかもしれず，そうなればさらに待たなくてはならない。監督が「本番」と言ってから最初の「撮影」をして，監督がそのシーンに満足しなければもう一度やらなくてはならないかもしれない。実際，同じシーンを何度も何度もやらなくてはならないこともあるのだ。何時間もセットにいなくてはならず，ときにはとても暑かったり寒かったりする中で屋外で待つこともあるだろう。午後11時，あるいは真夜中まで終わらないかもしれない。支払いも良くはない―最低賃金をほんの少し上回るくらいのこともしばしばだ。そして，仕事を与えてくれた仲介業者に10パーセント程度の手数料を支払わなければならない。

それでは，だれが映画のエキストラになりたいと思うだろうか。長い時間と低い給料にもかかわらず，それでも多くの人々がその仕事に応募する。中には本当に仕事を楽しんでいる人もいる。彼らは映画のセットにいることが好きで，仲間のエキストラたちとの親交を楽しむのだ。彼らのほとんどは融通の利く予定があって，そのため都合がつくのだ。彼らは学生であったり，ウエイターで

あったり，主婦[夫]であったり，退職した人であったり，仕事のない俳優だったりするかもしれない。仕事のない俳優の中には，その仕事が本当の演技の仕事を得るのに役立つことを望む者もいるが，そうしたことはあまり起こらない。映画産業のほとんどの人々はエキストラと俳優を厳しく区別するので，エキストラはたいてい，もっと大きな役に考慮されないのだ。

次に映画を見るときには，スターだけを見ないことだ。背景にいる人々をもっとよく見て，自分自身にこう問いかけるのだ。彼らはだれなのだろうか。彼らはなぜそこにいるのだろうか。彼らは生活の中で他に何をしているのだろうか。その群衆の中には自分とよく似た人がいるかもしれない。

問1　空所を含む文は〈make ＋目的語＋動詞の原形〉「～に…させる」を用いた文で，主語は they（＝ extras）。エキストラの人々が映画のシーンをどのようにする働きをするかを考える。look real で「本物のように見える」という意味で，エキストラが映画のシーンを本物らしく見えるようにさせるという文意になり，文脈に合う。

問2　(First-time extras are often shocked to) learn how slow the process of movie making is. 全訳を参照。are often shocked の後に感情の原因・理由を表す不定詞を続けて，「初めてのエキストラは～してしばしばショックを受ける」という英文を作る。learn の目的語として，how slow で始まる間接疑問を続ける。how slow 以下の主語を the process of movie making「映画作りの工程」とする。

問3　〈It takes ＋時間＋ to ＋動詞の原形〉「～するのに（時間が）…かかる」の構文。whole は「全体の，全～」という意味で，a whole day で「丸一日」という意味になる。shoot a scene は「シーンを撮影する」という意味。その直後の that は関係代名詞で，appears 以下が a scene を後ろから修飾している。

問4　空所には動詞の原形を入れて，〈to ＋動詞の原形〉が直前の名詞 ability「能力」を修飾する形を考える。空所を含む文の後には，「午前5時とか6時に仕事に行かなくてはならないかもしれない」，「監督が担当のシーンの準備ができるまで待つ。これに数時間かかることもあるだろう」，「技術面での問題があるかもしれず，そうなればさらに待たなくてはならない」，「監督が最初の『撮影』をして，そのシーンに満足しなければもう一度やらなくてはならないかもしれない」，「同じシーンを何度も何度もやらなくてはならないこともある」，「何時間もセットにいなくてはならず，ときにはとても暑かったり寒かったりする中で屋外で待つこともある」など，エキストラの仕事は耐えて待つことを伴うことが書かれているので，この内容に合うように wait を入れて，「待つ能力」とするのが適切。

問5　空所を含む if 節の主語 he or she は director「（映画の）監督」を指す。ここでは，さまざまな理由によってエキストラが待たされる状況が説明されているので，if 節の内容を，「監督がそのシーンに満足しなければ」とするのが適切。　disappointed with は「～に失望する」，scared of は「～を恐れる」，tired of は「～に飽きる」という意味。

基本　問6　空所を含む文の冒頭 in spite of ～ は「～にもかかわらず」という意味。同じ文の後半「それでも多くの人々がその仕事に応募する」ことを妨げるような条件が述べられていることになるので，「長い時間と低い給料」とするのが適切。

重要　問7　it は「あまり起こらない」ことである。この前に書かれていることで起こりにそうなこととしては，直前の「仕事のない俳優にとって，エキストラの仕事が本当の演技の仕事を得るのに役立つ」という内容が適切。

Ⅲ　**（長文読解問題・説明文：文選択補充，語句整除，語句選択補充，条件英作文，英文和訳，英問英答）**

（全訳）　ロボットは賢い。そのコンピューターの脳を使って，それらは危険だったり，汚かったり，退屈だったりするために人間がしたがらない仕事をすることができる。[1]いくつかのロボットは人々から仕事を取り去っている。ボビーはワシントンD. C. の大きな事務所の建物の中で郵便を持ってくる，郵便配達ロボットだ。合衆国には何百もの郵便配達ロボットがある。世界の70を超える病院で，ヘルプ・メイトというロボットが薬を持って廊下を回ったり，エレベーターを呼んだり，食事を配膳したりしている。ワシントンD. C. ではスミソニアン博物館のツアーガイドがミネルバというロボットだ。ミネルバを見た人のおよそ20パーセントが，彼女は人と同じくらい賢いようだと言った。教師を勤めるロボットさえある。

リーチム先生は4学年の教師ロボットだ。彼は重さが200ポンド，身長6フィートで教師としていくつかの利点を持っている。1つの利点は詳細を忘れないことだ。彼はそれぞれの子どもの名前，その親の名前，そしてそれぞれの子どもが何を知っていて何を知る必要があるかを知っている。さらに，彼はそれぞれの子どものペットや趣味も知っている。リーチム先生は間違いをしない。それぞれの子どもはリーチム先生に自分の名前を伝えて認識番号を入力する。彼のコンピューターの脳が子どもの声と番号を合わせる。彼は間違えずにその子どもを認識する。それから授業を始めるのだ。

もう1つの利点は，リーチム先生は適応力があることだ。子どもが何かわからないことがあれば，彼らは何度も好きなだけ彼に授業を繰り返すよう頼むことができるのだ。子どもがよく勉強すると，彼は子どもにその趣味についておもしろいことを話す。授業が終わると，子どもはリーチム先生のスイッチを切る。リーチム先生のよいところは，人間のような感情がないことで，そのために，子どもが「難しく」ても彼は腹を立てない。

今日，科学者は人間のような感情を示すロボットを創り出そうとしている。MIT(マサチューセッツ工科大学)で，シンシア・ブレジールはキズメットというロボットを創り出した。現時点では，そのロボットには頭しかない。ブレジールが来てキズメットの前に座ると，そのロボットの気分が変わる。そのロボットがほほえむのだ。ブレジールは母親が子どもに対するように話しかけると，キズメットはよく見てほほえむ。ブレジールが前後に動き出すと，キズメットはそれが気に入らず，腹を立てているように見える。キズメットが発しているメッセージは，「やめてくれ！」ということだ。ブレジールがやめると，キズメットは(6-①)喜ぶ。ブレジールが今度はキズメットに関心を示さないと，ロボットは(6-②)悲しむ。ブレジールがキズメットの方を向くと，ロボットは再び(6-③)うれしがる。もうひとつキズメットが子どものようにすることは，おもちゃで遊んで退屈すると目を閉じて眠ってしまうということである。ブレジールは今もキズメットを開発中である。キズメットはその個性に欠けているものがたくさんある。それにはまだ人間のすべての感情はないが，いつかそうなるだろう！

かつて，人々はコンピューターが感情を持つことはできないと言った。将来，科学者が感情を持ち，友だちにさえなることのできるコンピューターを開発することは十分に可能なように見える。しかし，機械の友だちを持つことの利点とは何であろうか。

問1　空所の後には，それまで人間がしていた仕事をしているロボットについて具体的に述べられているので，Aが適切。Bは「ロボットは未だに人が難しい仕事をする手助けができない」，Cは「ロボットの中には，それを必要とする人々に適した仕事を見つけることができるものもある」，Dは「ロボットが持っているコンピューターの脳は，人間の脳よりも優れている」という意味。

問2　(About 20 percent of the people who met Minerva said that) she seemed as smart as a person.　ロボットが優れていることを具体的に述べている段落であることを念頭に置いて英文を組み立てる。seem は「～のように思われる」という意味の動詞で，smart「賢い」を補語にする。文全体は as ～ as … の構文で，ミネルバというロボットと人間を比較した文にする。

問3　全訳を参照。　(3-①)　空所の後の pounds は重さの単位 pound（約450グラム）の複数形。weigh は「(重さが)～ある」という意味の動詞。　(3-②)　子どもが教師ロボットのリーチム先生を使うときの手順を説明した部分。空所の後は〈「人に」を表す目的語（リーチム先生）＋「もの」を表す目的語〉の語順。子どもがロボットのリーチム先生に自分の名前を「伝える」とすると文意が通る。　(3-③)　put ～ together で「～を合わせる」という意味。ここでは，リーチム先生が子どもの名前と認識番号をまとめて，その子どもを特定する過程を説明している。

やや難　問4　子どもが授業内容をよく理解できない場合に，その子どもがすることのできることを説明した文。与えられた語句から，〈ask ＋人＋ to ＋動詞の原形〉「(人)に～するように頼む」の形を考える。また，授業内容がわからないときのことなので，「その授業を繰り返すことを頼む」とすると文脈に合う。さらに，何度でもその授業を受けられるとすると，授業内容がわからない子どものために有効となることから，as many times as they like「彼ら（＝子ども）が好きなだけ何度も」と続ける。

問5　リーチム先生が，扱いの難しい子どもに対しても「腹を立てない」ことから，Cが適切。A「子どもは再び彼のスイッチを入れることができる」，B「彼は人間の教師と同じくらい上手に教える」，D「子どもは彼をどこにでも持ち運ぶことができる」では，「リーチム先生が，扱いの難しい子どもに対して腹を立てない」ことの理由にならない。

重要　問6　人間と同じように感情を持つロボットの動きについて説明した部分。ロボットが気に入らない人の動きをやめた場合，ロボットを無視した場合，再びロボットの方を向いた（＝関心を示した）場合について，一般的にどのような感情を抱くかを考える。

問7　主語は Another thing で，Kismet does like a child「キズメットが子どものようにする」が後ろから主語を修飾している。動詞は is で，直後の to play「遊ぶこと」以下が補語。to の後に来る動詞の原形が play，become，close，go と4つ and でつながれている形の文。become bored with ～ it は「～に退屈する」という意味。

やや難　問8　質問は，「あなたは機械の友だちがほしいですか。それはなぜですか」という意味。まず，ほしいかほしきないかを明らかにして，その理由を述べる。解答例1は「私は機械の友だちがほしい。まず，彼は決して怒らないだろう。彼は決して私に悪いことをしないだろう。次に，彼はいつでも私を助けてくれるだろう。例えば，私が忙しいときに，私の代わりに宿題をしてくれるだろう」という意味。First, ～, Second, … の形で理由を2つ挙げている。解答例2は「私は機械の友だちはほしくない。機械は人間の感情を理解しないので，彼は私の感情がわからないだろう。私には，私を幸せにしてくれる友だちがいる。彼らはまた，私が悲しんでいるときに私を元気づけてくれる」という意味。機械に感情がないことを挙げて，機械の友だちをほしいと思わない理由を説明している。

やや難　**Ⅳ　（和文英訳）**

(1)　主語を I にする。「驚く」は be surprised で表す。「～ということに驚く」と，後に驚く対象となる事実などを続けるときは接続詞 that でつなぐことができる。that 以下は，「多くの人々が歩きながらゲームをしている」という内容を続ける。「歩きながら」は「歩いている間に」と考えて，while they are walking と表せる。　(2)　「たいへんなことになる」と「周りを見ない」を if でつなぐ。解答例では you を主語にしているが，自分自身を含めて一般の人を指すと考えて we を主語にしてもよい。「たいへんなことになる」は，「多くの問題がある」と考えて have a lot of problem などと表せるほか，「大きな問題」と考えて，have great problem などとすることもできる。

★ワンポイントアドバイス★

Ⅲの問8は英語の質問に英語で答える問題。このような問題では，内容が重要であることはもちろん，答える形も重要である。最初に機械のロボットがほしいかどうかをはっきり答えたうえで，その理由を続けて書くことが大切である。

＜国語解答＞

一　問一　(例)　世間一般に定まっている考えや評価。　問二　言わぬ　問三　(例)　言葉では明確に表現されない微妙な綾やニュアンスを理解し，使いこなしていくこと。
問四　エ　問五　ウ　問六　(例)　実際は人でない「老い(らく)」が，人間(好ましくない客人)となって訪ねてくること。　問七　「もしも」の飛躍の力　問八　“You're it”(「お前が鬼だ」)　問九　(例)　今の自分には母のように強く生きることはできそうもないと途方に暮れつつも，それをただ嘆き，あきらめてしまうのではなく，「もし，母が勇気を残してくれていたら」と想像することで母と自分を重ね，いつかは母のようになれることを信じたいという思いを込めている。　問十　a　勘定　b　こくじ　c　かも(し)
d　偶然　e　鑑賞

二　問一　(例)　つねに他人との関わりのなかにあって喜怒哀楽に満ちた生活。(28字)
問二　イ　問三　(一)　(前)　あまり感情的にならない人間(13字)　(後)　感情の起伏に乏しい「自分」(13字)　(二)　(例)　以前は沈着冷静な性格だと思っていたが，エチオピア体験後は面白みのない人間だと思うようになった。　問四　(例)　ライブ会場に行き，踊るつもりはなかったが，周りはそうしているので自分も合わせて盛り上がること。
問五　(逆)カルチャーショック　問六　ストレスを感じないで済むシステム(16字)
問七　身体的な生理現象・言葉・社会的な文脈　問八　ウ　問九　(例)　人が落下していく様子がおかしくて仕方ない。

○推定配点○

一　問三・問六　各6点×2　問九　8点　問十　各2点×5　他　各4点×6
二　問三(一)・問七　各2点×5　問四・問九　各6点×2　他　各4点×6　計100点

＜国語解説＞

一　**(随筆－情景・心情，内容吟味，文脈把握，脱文・脱語補充，漢字の読み書き，語句の意味，ことわざ・慣用句)**

問一　「そうば」と読み，もとは市場で取引される株や債券などの取引のこと。直前の「ジャパニーズ・ランゲージは白黒をつけない，グレーゾーンにただようおぼろげな表現が多い」は，世間一般に定まっている考えや評価であることから，ここでの意味を推察する。

問二　「□は言うに優る」は，黙っているほうが口に出して言うよりかえって思いを伝えられる，「□が花(の吉野山)」は，口に出して言わないほうが味わいがあって問題も起こらない，という意味になる。後に「余韻を大切にする」とあるのもヒントになる。

問三　――線部②の「その類い」は，「微妙な綾とニュアンスによって伝えられる意味が必ずあ」ることを指し示し，言語におけるその「微妙な綾やニュアンス」を「呑み込み，身につける」ことが語学学習において大切だと筆者は考えている。「微妙な綾やニュアンス」が具体的でわかりやすくなるように「言葉では明確に表現されない」などの言葉を補い，「呑み込み」を理解するなどの語に置き換えてまとめる。

問四　直後の文の「怪しい『人でなし』といった印象」にふさわしい表現を選ぶ。イの「おぞましい」はいかにも嫌な感じがするという意味なので，意味が強すぎる。

問五　同じ文の文脈から「鬼ごっこのタッチ」によって「体験」するのは何かを考える。「tagという単語は」で始まる段落に「鬼がほかの連中を追い回し，だれかにタッチすれば，今度はそいつが鬼になる」とある。「タッチ」によって「体験」するのは，違うものに変わってしまうウの「変身」だとわかる。

やや難　問六　直前の文に「日本語の原文」とあるので，『古今和歌集』の歌とその英訳に「Old Age」について述べているとわかる。「老いらくの来むと知りせば門さしてなしと答へて逢はざらましを」の歌は，老いが訪ねてくると知っていたならば，門を閉ざして誰もいないと答えて逢いはしなかっただろうに，という意味である。実際は人でない「老い(らく)」が，人間(好ましくない客人)となって訪ねてくることを「Old Age　の変身」といっている。

基本　問七　「if」はもしも，「バネ」はジャンプさせるもの，という意味であることを確認し，同じ意味の表現を探す。「けれど，詩を書く」で始まる段落に「『もしも』の飛躍の力」とある。

問八　直前の段落「飛行機の墜落事故で父親が死んで……長男のぼくが父親の立場になってしまった」ときに，筆者がささやかれた言葉を考える。直後の文「親を失えば，とてつもないitにタッチされたみたいに，立場ががらりと変わる」に着目する。鬼ごっこやtagで立場が変わるときに言う語がふさわしい。

重要　問九　――線部⑤の直前の文に，ミレーは，亡くなった「母親の強さを岩にたとえて，同じ荷を背負えない自分をしみじみと描いた」とある。ミレーは，詩の冒頭で「母が持っていた勇気は，いっしょに／去っていき，今も母とともにある。」と，今の自分には母のように強く生きることはできそうもないと嘆いている。また，詩の最終連「母がもし，岩のようなあの勇気を／かわりに残してくれていたら！……でもわたしにあったなら，どんなにか。」が，――線部⑤の「母の勇気へ背伸びするためのバネ」である「if」に通じる。ミレーは，もし，母が勇気を残してくれていたらと想像することで母と自分を重ね，いつかは母のようになれることを信じたいという思いを込めている。冒頭の連と，最終の連から読み取れる内容をつなげてまとめる。

問十　a　代金を支払うこと。「どんぶり勘定」は，細かく計算をしないでおおまかにお金を出し入れすること。　b　非常によく似ていること。「酷」を使った熟語には他に「酷薄」「酷寒」などがある。　c　「醸し出す」は，ある気分や感じをそれとなく作り出すこと。「醸」の音読みは「ジョウ」で，「醸造」などの熟語がある。　d　何の因果関係がなく予期しないできごとが起こること。　e　芸術作品などを観たり聴いたりして味わうこと。同音異義語の「観賞」「感賞」「観照」などと区別する。

二　（論説文ー内容吟味，文脈把握，指示語の問題，脱文・脱語補充）

問一　「そんな生活」とは，エチオピアの村での生活のことなので，筆者が過ごしたエチオピアの村での生活について述べている部分を探す。直前の段落に「腹の底から笑ったり，激しく憤慨したり，幸福感に浸ったり，毎日が喜怒哀楽に満ちた時間だった」，「村で過ごしているあいだも」で始まる段落に「生活のすべてがつねに他人との関わりのなかにあって，ひとりのプライベートな時間など，ほとんどない」とある。この二箇所の表現から，どのような生活か説明する。

基本　問二　「お辞儀する女性従業員」について，一つ後の段落で「おそらく，お辞儀する女性は……券売機の『ご利用ありがとうございます』という機械音と同じ『記号』だった」と説明している。この「機械音と同じ『記号』」に通じるのは，「感情のないままに形だけしたから」とあるイ。

重要 問三 (一) 「筆者が日本にいるときの自分」について述べている部分を探す。「それまで」で始まる段落に「それまで，自分はあまり感情的にならない人間だと思っていた」とあり，ここから十五字以内の表現を一つ抜き出す。また，「そのうち」で始まる段落に「そのうち，自分がもとの感情の起伏に乏しい『自分』に戻っていることに気づいた。」から，もう一つの表現を抜き出す。この「感情の起伏に乏しい『自分』」には，否定的な見方が含まれていることも確認する。

(二) 直前の「顔の表情筋の動きも，すっかり緩慢になった。顔つきまで変わっていたかもしれない」や，直後の段落の「薄っぺらで，すぐに跡形もなく消えてしまう軽いものだった」，一つ後の段落の「多くの感情のなかで，特定の感情／欲求のみが喚起され，多くは抑制されているような感覚。エチオピアにいるときにくらべ，自分のなかに生じる感情の動きに……どこか意図的に操作されているようにも思えた」から，以前は沈着冷静だと思っていた性格が，エチオピア体験後は，どのように感じられるようになったのかをまとめる。感情が抑制され誰かに操作されているような薄っぺらい面白みのない人間だと思うように変化したと述べている。

やや難 問四 一つ前の段落の「過剰なくらい趣向を凝らしたCMが繰り返し流され，物欲をかき立て」られることや，「疑問もなく観ていたお笑い番組も，無理に笑うという『反応』を強いられている」ことが，自分の感情を操作されている例にあたる。この例と同様の，自分の感情が操作され思わず合わせるという具体的な状況を考える。ここでは，ライブ会場に行き踊るつもりはなかったが，周りはそうしているので自分も合わせて盛り上がるという状況を考えてまとめている。

問五 「自分の居場所と調査地とを往復する」は，筆者の例では日本からエチオピアを訪れたことにあたる。エチオピアから「自分の居場所」である日本に帰ってきたときに感じた「『ずれ』や『違和感』を端的に表す一語を探す。「そんな生活」で始まる段落に「日本に戻ったとき，不思議な感覚に陥った」とあり，その「不思議な感覚」について「つねに心に」で始まる段落で「その洗練された仕組みの数々に，逆カルチャーショックを受けた」と説明している。ここから適当な一語を抜き出す。「カルチャーショック」は，異なる文化に接したときに受ける違和感という意味。

問六 日本社会の環境について，「つねに心に」で始まる段落で「つねに心に波風が立たず，一定の振幅におさまるように保たれている。その洗練された仕組みの数々」と説明している。ここから，日本社会において感情をめぐる何が「構築されている」のかを考えて抜き出す。

重要 問七 「感情をどう感じているだろうか」という問いかけに対する考察の対象を三つ読み取る。「だから，ぼくらは」で始まる段落の「知らない言葉の感情を感じることができない」や，「感情を『わかる』」で始まる段落の「感情を『わかる』ための手がかりは『言葉』だけではない」から，一つ目の考察は「言葉」からなされているとわかる。また。「これは，感情が」で始まる段落に「これは，感情が身体的な生理現象だけではない」とあることから，涙などの「身体的な生理的現象」も考察の対象となる。また「そして，感情が」で始まる段落に「感情が社会的な文脈で生じるのであれば」とあるように，「社会的な文脈」からも考察を進めているとわかる。

問八 前の「『もののあわれ』という言葉の意味を知らなければ，『いやあ，もののあわれを感じるなぁ』とは言えない。でも言葉を知り，その『感じ』がぼんやりとでもわかると，そうした感情を覚えることができる」に続く部分であることから考える。いったんその言葉を知ると，その感情をそうとしか表現できなくなる，という意味を述べているものを選ぶ。

問九 直前の段落，映画『タイタニック』の「客船が傾き，甲板の手すりにしがみついていた人が海へと落下していく」場面で，「大爆笑が起こった」ときのエチオピア人の様子を補う直後の文「満員の観客が観客は手を叩きながら，互いに顔を見合わせて笑っている」からも，映画の場面で人が落下していく様子がおかしくて仕方ないからだと読み取れる。

★ワンポイントアドバイス★

問題文中の表現を使って簡潔にまとめる記述式の設問が多い。ふだんから意識して練習しておくことで，初めて試験時間中に対応できるようになる。新しく言葉を覚えたらその言葉を簡潔に説明したり，文章の要約をしたりという練習を重ねておくことが大切だ。

MEMO

大切なことはメモしておこうネ！

解答用紙集

○月×日　△曜日　天気（合格日和）

◆ご利用のみなさまへ
＊解答用紙の公表を行っていない学校につきましては、弊社の責任において、解答用紙を制作いたしました。
＊編集上の理由により一部縮小掲載した解答用紙がございます。
＊編集上の理由により一部実物と異なる形式の解答用紙がございます。

人間の最も偉大な力とは、その一番の弱点を克服したところから生まれてくるものである。　——カール・ヒルティ——

東京学参株式会社

桐朋高等学校　2024年度

◇数学◇

※ 135%に拡大していただくと，解答欄は実物大になります。

1	(1)		(2)		(3)	
2	(1)	$a=$	(2)	$(a, b)=$	(3)	

3

（求め方）

（答）$x=$　　　　，$y=$

4	(1)	$a=$　　　，C(　　　，　　　)	(2)	△OAB：△OAC＝　　：
	(3)			

5

(1)（証明）

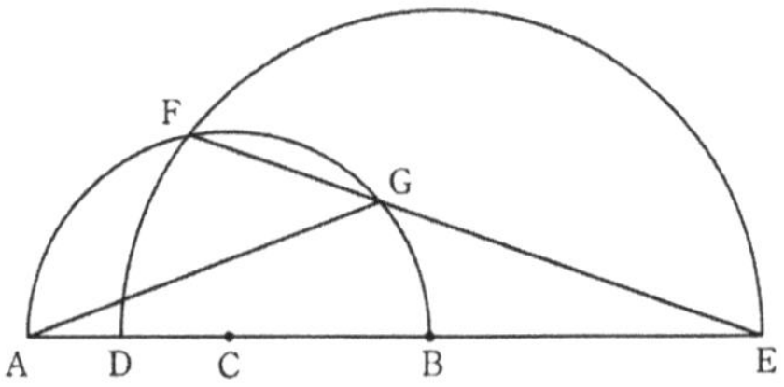

(2) ①　　②　　③

6	(1)		(2)		(3)	

桐朋高等学校　2024年度

◇英語◇

※ 135%に拡大していただくと，解答欄は実物大になります。

I

A

(1)	(2)	(3)	(4)	(5)

B　問1

(1)	(2)

問2　ア

イ

II

問1　1-a　1-b　1-c　1-d　問2

問3

問4

問5　問6

問7

問8
①

②

III

問1　問2　問3　問4　問5　A　B　C　D　E　F

問6

35　40

問7　問8 (1)　(2)　(3)　(4)

IV

(1)

(2)

◇国語◇

桐朋高等学校　２０２４年度

※１４７％に拡大していただくと，解答欄は実物大になります。

一

問一 ①　②

問二

問三

問四

問五

問六

問七

問八

問九

問十

問十一

問十二 a　b しく　c　d う

二

問一 a える　b み

問二

問三

問四

問五

問六

問七

問八

桐朋高等学校　2023年度

◇数学◇

※ 135％に拡大していただくと，解答欄は実物大になります。

1	(1)		(2)		(3)	
2	(1)		(2)		(3)	
3	（求め方） （答）$x=$　　　，$y=$					
4	(1)		(2)			
	(3)					
5	(1)	$a=$　　　，$b=$　　　，$c=$				
	(2)	①　　　倍	② P(　　,　　)	(3)		
6	(1)	（証明）				
	(2)	①	②			

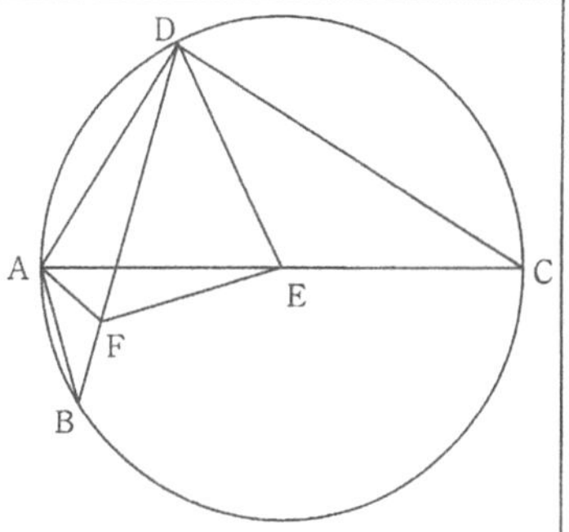

桐朋高等学校　2023年度

◇英語◇

※ 135%に拡大していただくと，解答欄は実物大になります。

I

A

(1)	(2)	(3)	(4)	(5)

B　問 1

(1)	(2)

問 2　15

II

問 1　1-a　1-b　1-c　1-d

問 2　40

問 3

問 4

問 5　5-a　5-b　5-c

問 6　A　B　C　D　E　F

問 7　①

②

III

問 1　問 2　問 3　3-a　3-b

問 4

問 5

問 6

問 7

IV

(1)

(2)

◇国語◇

桐朋高等学校　2023年度

※147%に拡大していただくと、解答欄は実物大になります。

一

問一

問二　問三　問四 〜

問五

問六　問七　問八

問九

問十　a　b　c かして　d

二

問一　a　b

問二

問三

問四

問五　A　B

問六　問七　問八　故　新

問九

桐朋高等学校　　2022年度　　◇数学◇

※ 135％に拡大していただくと，解答欄は実物大になります。

1	(1)		(2)	$x=$　　　，$y=$	(3)	
2	(1)	cm	(2)	$a=$　　　，$b=$	(3)	
3	(1)	分速　　　m				
	(2)	（求め方） （答）$x=$				
4	(1)	$a=$	(2)			
	(3)		(4)			
5	(1)	（証明）				
	(2)	①	②	③		
6	(1)		(2)		(3)	

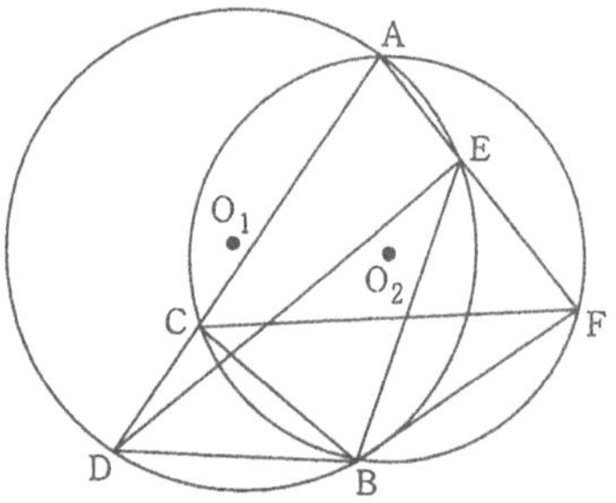

※ 135％に拡大していただくと，解答欄は実物大になります。

I

A

(1)	(2)	(3)	(4)	(5)

B　問１

(1)	(2)

問２　ア　10

イ　15

II

問１　問２

問３　問４

問５

問６　6-a　6-b　問７

問８　問９

III

問１　問２　2-a　2-b　2-c　2-d

問３

問４　4-a　4-b

問５

問６　25

問７

IV

(1)

(2)

◇国語◇

桐朋高等学校　２０２２年度

※１４７％に拡大していただくと、解答欄は実物大になります。

一

問一

問二 〜

問三

問四

問五

問六

問七 〜

問八

問九

問十

問十一 a b c d

二

問一 a b c

問二

問三

問四

問五

問六

問七

問八

問九

桐朋高等学校　2021年度　　◇数学◇

※ 145％に拡大していただくと，解答欄は実物大になります。

1	(1)		(2)	$x=$	(3)	
2	(1)		(2)		(3)	∠PQR＝

3

（求め方）

（答）　$x=$　　　，　$y=$

4

(1)

（証明）

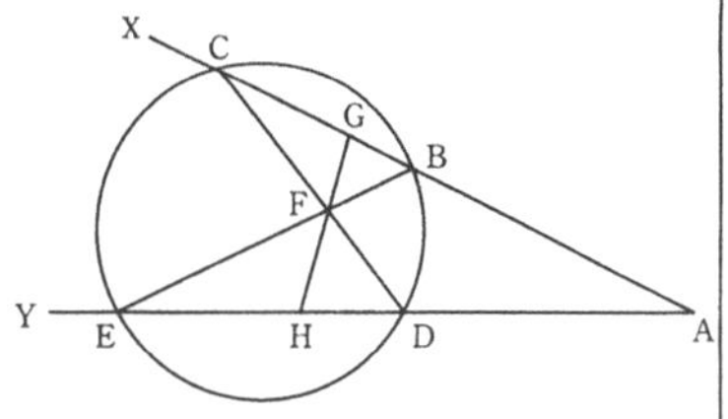

(2)　①　　②　　③

5	(1) $a=$	(2) ① $b=$	②	

6

(1)　（ア）　　（イ）　　（ウ）　　（エ）　　（オ）

(2)　　　倍

桐朋高等学校　2021年度

◇英語◇

※ 143％に拡大していただくと，解答欄は実物大になります。

I

A

(1)	(2)	(3)	(4)	(5)

B　問 1

(1)	(2)

問 2　ア　10

イ　10

II

問 1　1-a　1-b　1-c　1-d

問 2　⇒　⇒　⇒

問3

問 4

問 5

問 6

問 7　①

②

III

問 1

問 2

問 3

問 4

問 5

問 6

IV

(1)

(2)

◇国語◇

桐朋高等学校　２０２１年度

※ １５２％に拡大していただくと，解答欄は実物大になります。

一

問一

問二 A B C

問三

問四 という考え。

問五

問六

問七

問八

問九

問十

問十一 a って b c まして d e なさ

二

問一

問二

問三

問四

問五 〜

問六 〜 こと。

問七

桐朋高等学校　2020年度

◇数学◇

※ 137％に拡大していただくと，解答欄は実物大になります。

1	(1)		(2)		(3)	$x=$
2	(1)		(2)		(3)	$a=$

3	(1)	（求め方） $x=$ ，$y=$
	(2)	$a=$

4	(1)	$a=$	(2)	$y=$	(3)	$t=$

5	(1)	（証明）
	(2)	①　②　③　④

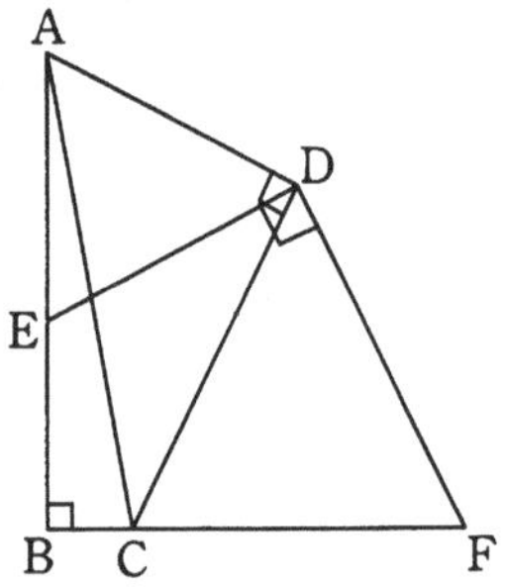

6	(1)	①　②	(2)	①　②

桐朋高等学校　2020年度　　◇英語◇

※ 136％に拡大していただくと，解答欄は実物大になります。

I

A

(1)	(2)	(3)	(4)	(5)

B　問１

(1)	(2)

問２ (ア)　(イ)

II

問１　問２

問３

問４　・　10　・　10　・　10

問５

問６

問７

問８

III

問１

問２

問３　性　問４

問５

問６

問７ ア　イ　ウ　問８

IV

(1)

(2)

◇国語◇

桐朋高等学校　２０２０年度

※１５０％に拡大していただくと、解答欄は実物大になります。

一

問一

問二　②　③　④　⑤

問三

問四

問五

問六

問七

問八

問九

問十

二

問一　a　b　c　ね　d　e

問二

問三

問四

問五

問六

問七

問八

桐朋高等学校　2019年度

◇数学◇

※この解答用紙は154％に拡大していただくと，実物大になります。

1

(1)		(2)	$x=$	(3)	

2

(1)	$a=$　　　　　，$b=$	(2)		(3)	

3

（求め方）

A　　　　　個，B　　　　　個

4

(1)	P(　　　，　　　)，　Q(　　　，　　　)

(2)		(3)	$t=$

5

(1)（証明）

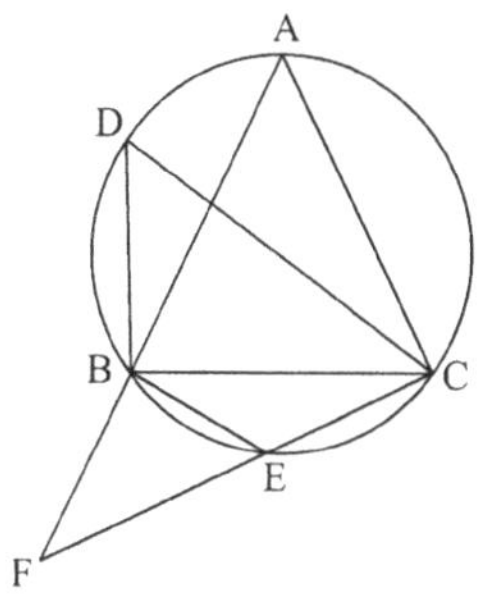

(2)	①	②	③

6

(1)		(2)	①	②

桐朋高等学校　2019年度

◇英語◇

※この解答用紙は149％に拡大していただくと，実物大になります。

I

A

⑴	⑵	⑶	⑷	⑸

B　問１

⑴	⑵

問２　(1)　(2)　(3)

II

問１

問２

問３

問４　問５　問６

問７

III

問１　問２

問３　3-①　3-②　3-③

問４

問５　問６

問７

問８

IV

⑴

⑵

◇国語◇

桐朋高等学校　２０１９年度

※この解答用紙は１５４％に拡大していただくと、実物大になります。

一

問一

問二

問三

問四

問五

問六

問七

問八

問九

問十　a　b　c　し　d　e

二

問一

問二

問三　㈠　(前)

(後)

㈡

問四

問五

問六

問七

問八

問九

〜公立高校志望の皆様に愛されるロングセラーシリーズ〜

公立高校入試シリーズ

・全国の都道府県公立高校入試問題から良問を厳選
※実力錬成編には独自問題も！
・見やすい紙面、わかりやすい解説

数学

合格のために必要な点数をゲット

目標得点別・公立入試の数学 基礎編

- 効率的に対策できる！　30・50・70点の目標得点別の章立て
- web解説には豊富な例題167問！
- 実力確認用の総まとめテストつき

定価：1,210円（本体1,100円＋税10%）／ISBN：978-4-8141-2558-6

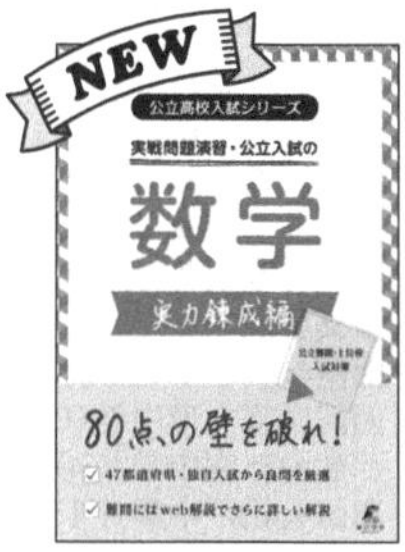

応用問題の頻出パターンをつかんで80点の壁を破る！

実戦問題演習・公立入試の数学 実力錬成編

- 応用問題の頻出パターンを網羅
- 難問にはweb解説で追加解説を掲載
- 実力確認用の総まとめテストつき

定価：1,540円（本体1,400円＋税10%）／ISBN：978-4-8141-2560-9

英語

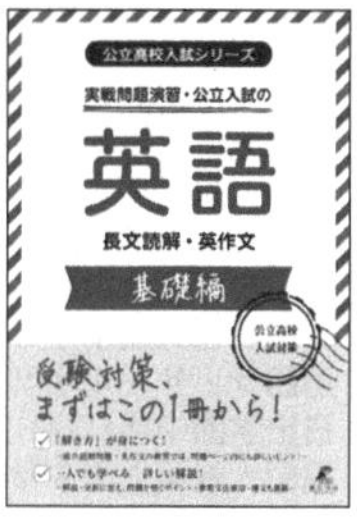

「なんとなく」ではなく確実に長文読解・英作文が解ける

実戦問題演習・公立入試の英語 基礎編

- 解き方がわかる！　問題内にヒント入り
- ステップアップ式で確かな実力がつく

定価：1,100円（本体1,000円＋税10%）／ISBN：978-4-8141-2123-6

公立難関・上位校合格のためのゆるがぬ実戦力を身につける

実戦問題演習・公立入試の英語 実力錬成編

- 総合読解・英作文問題へのアプローチ手法がつかめる
- 文法、構文、表現を一つひとつ詳しく解説

定価：1,320円（本体1,200円＋税10%）／ISBN：978-4-8141-2169-4

理科

短期間で弱点補強・総仕上げ

実戦問題演習・公立入試の理科

- 解き方のコツがつかめる！　豊富なヒント入り
- 基礎〜思考・表現を問う問題まで
重要項目を網羅

定価：1,045円（本体950円＋税10%）
ISBN：978-4-8141-0454-3

社会

弱点補強・総合力で社会が武器になる

実戦問題演習・公立入試の社会

- 基礎から学び弱点を克服！　豊富なヒント入り
- 分野別総合・分野複合の融合など
あらゆる問題形式を網羅
※時事用語集を弊社HPで無料配信

定価：1,045円（本体950円＋税10%）
ISBN：978-4-8141-0455-0

国語

最後まで解ききれる力をつける

形式別演習・公立入試の国語

- 解き方がわかる！　問題内にヒント入り
- 基礎〜標準レベルの問題で
確かな基礎力を築く
- 実力確認用の総合テストつき

定価：1,045円（本体950円＋税10%）
ISBN：978-4-8141-0453-6

東京学参の

中学校別入試過去問題シリーズ

＊出版校は一部変更することがあります。一覧にない学校はお問い合わせください。

東京ラインナップ

あ　青山学院中等部(L04)
麻布中学(K01)
桜蔭中学(K02)
お茶の水女子大附属中学(K07)
か　海城中学(K09)
開成中学(M01)
学習院中等科(M03)
慶應義塾中等部(K04)
啓明学園中学(N29)
晃華学園中学(N13)
攻玉社中学(L11)
国学院大久我山中学
（一般・CC）(N22)
（ＳＴ）(N23)
駒場東邦中学(L01)
さ　芝中学(K16)
芝浦工業大附属中学(M06)
城北中学(M05)
女子学院中学(K03)
巣鴨中学(M02)
成蹊中学(N06)
成城中学(K28)
成城学園中学(L05)
青稜中学(K23)
創価中学(N14)★
た　玉川学園中学部(N17)
中央大附属中学(N08)
筑波大附属中学(K06)
筑波大附属駒場中学(L02)
帝京大中学(N16)
東海大菅生高中等部(N27)
東京学芸大附属竹早中学(K08)
東京都市大付属中学(L13)
桐朋中学(N03)
東洋英和女学院中学部(K15)
豊島岡女子学園中学(M12)
な　日本大第一中学(M14)
日本大第三中学(N19)
日本大第二中学(N10)
は　雙葉中学(K05)
法政大学中学(N11)
本郷中学(M08)
ま　武蔵中学(N01)
明治大付属中野中学(N05)
明治大付属八王子中学(N07)
明治大付属明治中学(K13)
ら　立教池袋中学(M04)
わ　和光中学(N21)
早稲田中学(K10)
早稲田実業学校中等部(K11)
早稲田大高等学院中学部(N12)

神奈川ラインナップ

あ　浅野中学(O04)
栄光学園中学(O06)
か　神奈川大附属中学(O08)
鎌倉女学院中学(O27)
関東学院六浦中学(O31)
慶應義塾湘南藤沢中等部(O07)
慶應義塾普通部(O01)
さ　相模女子大中学部(O32)
サレジオ学院中学(O17)
逗子開成中学(O22)
聖光学院中学(O11)
清泉女学院中学(O20)
洗足学園中学(O18)
捜真女学校中学部(O29)
た　桐蔭学園中等教育学校(O02)
東海大付属相模高中等部(O24)
桐光学園中学(O16)
な　日本大中学(O09)
は　フェリス女学院中学(O03)
法政大第二中学(O19)
や　山手学院中学(O15)
横浜隼人中学(O26)

千・埼・茨・他ラインナップ

あ　市川中学(P01)
浦和明の星女子中学(Q06)
か　海陽中等教育学校
（入試Ⅰ・Ⅱ）(T01)
（特別給費生選抜）(T02)
久留米大附設中学(Y04)
さ　栄東中学（東大・難関大）(Q09)
栄東中学（東大特待）(Q10)
狭山ヶ丘高校付属中学(Q01)
芝浦工業大柏中学(P14)
渋谷教育学園幕張中学(P09)
城北埼玉中学(Q07)
昭和学院秀英中学(P05)
清真学園中学(S01)
西南学院中学(Y02)
西武学園文理中学(Q03)
西武台新座中学(Q02)
専修大松戸中学(P13)
た　筑紫女学園中学(Y03)
千葉日本大第一中学(P07)
千葉明徳中学(P12)
東海大付属浦安高中等部(P06)
東邦大付属東邦中学(P08)
東洋大附属牛久中学(S02)
獨協埼玉中学(Q08)
な　長崎日本大中学(Y01)
成田高校付属中学(P15)
は　函館ラ・サール中学(X01)
日出学園中学(P03)
福岡大附属大濠中学(Y05)
北嶺中学(X03)
細田学園中学(Q04)
や　八千代松陰中学(P10)
ら　ラ・サール中学(Y07)
立命館慶祥中学(X02)
立教新座中学(Q05)
わ　早稲田佐賀中学(Y06)

公立中高一貫校ラインナップ

北海道　市立札幌開成中等教育学校(J22)
宮　城　宮城県仙台二華・古川黎明中学校(J17)
市立仙台青陵中等教育学校(J33)
山　形　県立東桜学館・致道館中学校(J27)
茨　城　茨城県立中学・中等教育学校(J09)
栃　木　県立宇都宮東・佐野・矢板東高校附属中学校(J11)
群　馬　県立中央・市立四ツ葉学園中等教育学校・
市立太田中学校(J10)
埼　玉　市立浦和中学校(J06)
県立伊奈学園中学校(J31)
さいたま市立大宮国際中等教育学校(J32)
川口市立高等学校附属中学校(J35)
千　葉　県立千葉・東葛飾中学校(J07)
市立稲毛国際中等教育学校(J25)
東　京　区立九段中等教育学校(J21)
都立大泉高等学校附属中学校(J28)
都立両国高等学校附属中学校(J01)
都立白鷗高等学校附属中学校(J02)
都立富士高等学校附属中学校(J03)
都立三鷹中等教育学校(J29)
都立南多摩中等教育学校(J30)
都立武蔵高等学校附属中学校(J04)
都立立川国際中等教育学校(J05)
都立小石川中等教育学校(J23)
都立桜修館中等教育学校(J24)
神奈川　川崎市立川崎高等学校附属中学校(J26)
県立平塚・相模原中等教育学校(J08)
横浜市立南高等学校附属中学校(J20)
横浜サイエンスフロンティア高校附属中学校(J34)
広　島　県立広島中学校(J16)
県立三次中学校(J37)
徳　島　県立城ノ内中等教育学校・富岡東・川島中学校(J18)
愛　媛　県立今治東・松山西中等教育学校(J19)
福　岡　福岡県立中学校・中等教育学校(J12)
佐　賀　県立香楠・致遠館・唐津東・武雄青陵中学校(J13)
宮　崎　県立五ヶ瀬中等教育学校・宮崎西・都城泉ヶ丘高校附属中学校(J15)
長　崎　県立長崎東・佐世保北・諫早高校附属中学校(J14)

公立中高一貫校
「適性検査対策」
問題集シリーズ

総合編　作文問題編　資料問題編　数と図形編　生活と科学編　実力確認テスト編

私立中・高スクールガイド
THE《ザ》 私立
私立中学＆高校の学校生活がわかる！

〈ダウンロードコンテンツについて〉

本問題集のダウンロードコンテンツ、弊社ホームページで配信しております。現在ご利用いただけるのは「2025年度受験用」に対応したもので、**2025年3月末日**までダウンロード可能です。弊社ホームページにアクセスの上、ご利用ください。

※配信期間が終了いたしますと、ご利用いただけませんのでご了承ください。

高校別入試過去問題シリーズ

桐朋高等学校　2025年度

ISBN978-4-8141-2911-9

[発行所] 東京学参株式会社

〒153-0043　東京都目黒区東山2-6-4

書籍の内容についてのお問い合わせは右のQRコードから　⇒

※書籍の内容についてのお電話でのお問い合わせ、本書の内容を超えたご質問には対応できませんのでご了承ください。

2024年7月11日　初版